国家林业和草原局普通高等教育"十四五"规划教材

林业保险学

秦 涛 富丽莎 罗伟强 主编

中国林业出版社
China Forestry Publishing House

内 容 简 介

本教材在全面深化集体林权制度改革和推动林业高质量发展背景下，对林业保险的基本内涵、功能作用、发展方向与核心目标做出新的理论阐释。突破了以往森林保险产品体系设计局限，重构林业保险产品体系，全面归集了包括公益林保险、商品林保险、国家储备林保险、经济林产量保险、经济林价格保险、经济林收入保险、经济林天气指数保险、林业碳汇保险、城市园林公共责任保险和野生动物肇事公众责任保险在内的 10 余个保险产品，并对各类保险产品的概念内涵、功能作用、发展情况、存在问题、产品设计及典型案例等进行系统阐述。基于全新的林业保险产品体系，创新提出了"林业保险+信贷"和"林业保险+期货"合作模式，以及相对应的财政补贴机制。

本教材聚焦于林业保险产品创新应用，每个案例均包括实施背景、产品要素和主要成效等方面内容，可用于林业金融与林业保险相关专业和方向的教学参考，也可作为商业银行、农村信用合作社、保险公司等金融机构和大型企业培训的学习资料，有助于学生、林业主管部门和保险从业人员把握整体林业保险发展方向和学科前沿，将为全国各地区开展林业保险产品创新与实践探索提供理论支撑和决策参考，也为维护生态安全、保障木材安全、助力乡村振兴、落实双碳目标、维护社会稳定等重大战略提出保险解决方案。

图书在版编目（CIP）数据

林业保险学／秦涛，富丽莎，罗伟强主编. — 北京：
中国林业出版社，2024.8. —（国家林业和草原局普通
高等教育"十四五"规划教材）. — ISBN 978-7-5219
-2817-4

Ⅰ. F842.66

中国国家版本馆 CIP 数据核字第 2024064DF7 号

策划编辑：丰　帆
责任编辑：丰　帆
责任校对：苏　梅
封面设计：时代澄宇

出版发行：中国林业出版社
　　　　　（100009，北京市西城区刘海胡同 7 号，电话 83223120）
电子邮箱：jiaocaipublic@163.com
网　　址：https：//www.cfph.net
印　　刷：北京中科印刷有限公司
版　　次：2024 年 8 月第 1 版
印　　次：2024 年 8 月第 1 次印刷
开　　本：787mm×1092mm　1/16
印　　张：14.75
字　　数：338 千字
定　　价：47.00 元

《林业保险学》编写人员

主　编　秦　涛　富丽莎　罗伟强

副主编　张　敏　吴　今　刘　诚　宋　蕊　姚　雪

编写人员　(按姓氏拼音排序)

富丽莎(中国农业科学院农业信息研究所)

黄运中(山西省林业和草原局核算中心)

刘　诚(北京林业大学)

罗伟强(广西北部湾林业产权交易中心)

秦　涛(北京林业大学)

申　飞(河北省林业和草原技术推广总站)

宋　蕊(北京林业大学)

魏腾达(中国农业大学)

吴　今(国家林业和草原局财会核算审计中心)

姚　雪(北京林业大学)

于溶辉(北京林业大学)

张嘉敏(北京林业大学)

张　敏(广西北部湾林业产权交易中心)

张雪亮(河北省林业和草原技术推广总站)

朱彩霞(北京林业大学)

朱　然(北京林业大学)

前　言

　　林业保险作为一种金融产品，具有风险补偿和金融增信双重功能，是应用市场化机制应对林业自然灾害损失的有效保障机制和重要风险管理工具。作为生态建设和林业产业发展的"减震器"和"助推器"，全面推进林业保险高质量发展是党中央、国务院推出的一项兴林富民的重大战略，是持续巩固集体林权制度改革和脱贫攻坚成果的重要抓手，也是促进林业产业发展、支撑乡村振兴战略、助力双碳目标实现、保障农民增收致富，以及维护社会稳定和公众安全的有效途径，更是推进新时代生态文明建设和林业现代化建设的必然选择。2019 年，财政部、农业农村部、中国银行保险监督管理委员会、国家林业和草原局联合印发了《关于加快农业保险高质量发展的指导意见》，标志着在新的历史时期，党中央、国务院对林业保险的新定位、新要求，为我国林业保险指明了发展目标和方向；2023 年，中共中央办公厅、国务院办公厅印发《深化集体林权制度改革方案》，明确提出加大金融支持力度，支持保险机构创新开发各类林业保险产品，鼓励地方政府将林业保险产品纳入地方优势特色农产品保险奖补政策范围，林业保险迎来更加广阔的发展空间。

　　我国自 2009 年实施中央财政森林保险保费补贴政策以来，保险覆盖范围不断扩大，截至 2023 年已包括全国 28 个省（自治区、直辖市）、4 个计划单列市和 4 大森工企业在内的 36 个地区及单位，参保面积从 2.03 亿亩增长到 24.79 亿亩，保费收入从 1.20 亿元提高到 39.10 亿元，补贴规模也从 0.95 亿元扩大至 34.08 亿元，各级财政保费补贴比例已将近 90%。然而，我国森林保险发展不平衡、不充分的问题仍然存在，目前纳入中央财政保费补贴范围的品种主要以公益林和商品林保险为主，保险产品和服务供给与林业现代化发展的需求还有很大的差距。

　　虽然部分地区探索性地推行了国家储备林保险、经济林保险，以及林业碳汇保险、城市园林责任保险、野生动物肇事公众责任保险等保险品种，但由于没有形成针对林业发展定位和林业经营主体多元化需求的保险产品体系，仍然无法满足国家公园等重大工程项目建设和国家储备林、经济林等产业发展的风险管理要求，也缺乏在"碳达峰、碳中和"背景下林业碳汇保险的丰富实践经验，缺少城市园林公共责任处理和野生动物肇事损失补偿的新思路，无法对林业金融服务体系形成有力支撑，更难以满足林业产业高质量发展和乡村振兴战略的现实需求。因此，需要从以公益林和商品林为主的森林保险产品体系，逐步向以满足林业各个领域风险管理需求的林业保险产品体系转变，构建包括公益林保险，商品林保险，国家储备林保险，经济林产量、价格与收入保险，经济林天气指数保险，林业碳汇保险，城市园林公共责任保险和野生动物肇事公众责任保险等在内的多元化产品体系，以此来满足不同林业经营主体多样化和多层次的保障需求，并推动林业信贷和期货与林业保险协同发展，从而实现生态文明建设与林业产业发展、乡村振兴的有效衔接。

在此背景下，北京林业大学林业金融与保险研究团队基于多年来理论研究和实践经验，联合有关机构共同编写《林业保险学》这本教材，突破以往森林保险产品体系设计局限，基于林业在维护区域生态安全、保障木材产业安全、助力乡村振兴战略、落实双碳战略目标以及维护社会稳定发展的战略定位，对林业保险基本内涵、主要特征、功能作用、内在要求、发展方向与核心目标做出新的理论阐释，重构了林业保险产品体系：以保障生态公益林等生态系统修复为目标的生态保险；以保障商品林特别是国家储备林等资产安全为目标的价值保险；以保障林果类和木本油料类经济林等经营收益为目标的产量、价格、收入和天气指数保险；以保障林业碳汇资源和资产价值为目标的碳汇保险；以弥补城市园林意外损失和野生动物肇事损失为目标的公众责任保险；并基于全新的林业保险产品体系创新提出"林业保险+信贷"和"林业保险+期货"合作模式，以及相对应的财政补贴机制，为全国各地区开展林业保险产品创新与实践探索提供理论支撑和决策参考。

本教材既注重对林业保险基本原理的阐释和保险产品体系的重构，又突出保险理论与创新实践相结合，保险产品体系完整、案例素材丰富。本教材一共十四章，主要内容如下。

第一章，明确了林业保险内涵概念、主要特征、功能作用、发展方向、产品体系和核心目标。遵循《关于加快农业保险高质量发展的指导意见》中对林业保险发展的要求，总结林业保险高质量发展的内涵和特征，从林业肩负的维护区域生态安全、保障木材产业安全、全面支持乡村振兴、助力绿色低碳发展和维护社会稳定发展五大战略目标入手，提出实现林业保险高质量发展的推进方向，构建包括公益林保险、商品林保险、国家储备林保险、经济林保险、林业碳汇保险、城市园林公众责任保险和野生动物肇事公众责任保险等在内的多层次林业保险产品体系。

第二章到第十一章，根据第一章所构建的全新林业保险产品体系，分别从内涵界定与功能作用、发展情况与存在问题、保险产品与要素设计，以及保险产品的典型案例等方面，详细介绍了公益林保险、商品林保险、国家储备林保险、经济林产量保险、经济林价格保险、经济林收入保险、经济林天气指数保险、林业碳汇保险、城市园林公众责任保险和野生动物肇事公众责任保险的相关内容。

第十二章到第十四章，详细阐述了"林业保险+信贷"与"林业保险+期货"合作模式，以及林业保险财政补贴机制。深入分析林业保险与信贷、林业保险与期货耦合机制，论证"林业保险+"合作机制的理论依据和现实基础，列举国内现有"林业保险+"典型案例，提出林业保险与林业信贷、林业期货的合作模式；在此基础上，以经济学理论为指导，围绕为什么补、怎么补、补多少等问题，对林业保险财政补贴依据、财政补贴方式、财政补贴标准以及财政补贴责任划分进行系统梳理，进而从"林业保险+"与财政补贴机制两个方面保障林业保险产品体系有效运行。

　　《林业保险学》旨在为林业保险发展实践和产品创新提供理论支撑和决策参考。坚持理论基础与实践案例相结合，政策目标与市场逻辑相结合。希冀本教材能为林业保险领域的理论和实践创新提供全面的基础知识，为相关专业领域的本科生、研究生构建完整的林业保险理论和实务的知识体系，也为宏观决策层和微观实务界的业务培训提供指南，并为对林业保险有兴趣的读者提供一些有益的参考。本教材主要有以下三大特色。

　　（1）系统性。本教材区别于仍停留在以公益林和商品林为主的森林保险产品体系的其他教材，重新构建了多层次、多元化的林业保险产品体系，涵盖了林业保险的运行机制和结构构架，详细介绍了公益林保险、商品林保险、国家储备林保险、经济林保险、林业碳汇保险、城市园林公众责任保险以及野生动物肇事公众责任保险等多种林业保险产品的概念内涵、发展情况、存在问题、产品设计等。从理论分析到产品设计再到典型案例，既参考了严谨的学术文献，也包含了最新的政策文件和行业信息，有助于学生全面系统地掌握林业保险产品体系，培养学生扎实的理论功底和专业意识。

　　（2）应用性。本教材聚焦于各类林业保险产品功能定位，明确这些保险产品的特性和要素设计原理，可以为林业主管部门的工作人员和保险行业的从业人员提供参考和借鉴。同时将经典理论与实践案例紧密结合，每章均附有丰富的产品创新案例，选择各地区具有代表性的林业保险产品以及影响力广泛、具有较高研究价值和启发性的案例，每个案例包括背景情况、产品要素和开展效果等内容，是课程教学内容的有益补充和不可或缺的组成部分。因此，本教材有助于提高学生和相关行业人员解决实际问题的能力，增强林业保险产品创新和应用能力。

　　（3）前瞻性。目前全国高校和学术界缺乏针对林业保险产品体系构建及创新应用方面的教材，而本教材把握林业保险发展的新趋势和新定位，基于对各类林业保险产品的产生背景、应用效果、面临问题的深入剖析，对林业保险产品体系的未来发展方向进行展望，有助于学生、林业主管部门和保险从业人员把握林业保险产品的发展方向和学科前沿。

　　本教材是国家林业和草原局普通高等教育"十四五"规划教材，并得到以下项目资助：国家社会科学基金一般项目"森林保险精准扶贫效果评估与财政补贴机制优化研究"（编号：19BGL052）、北京林业大学2022年度"双一流"建设项目"生态产品价值实现机制与碳金融支撑体系"（编号：2022XKJS0305）、北京林业大学中央高校基本科研业务费项目"森林保险支持乡村振兴作用机制与实现路径研究"（编号：2023SKY03）。

　　本教材的完成归功于北京林业大学林业金融研究院、北京林业大学中国碳金融研究院多年来一直聚焦于林业保险领域的科学研究与实践探索，感谢团队成员为教材资料收集和整理的辛苦付出。教材具体编写分工：第一章由秦涛、罗伟强、张敏编写，第二章由秦涛、富丽莎、罗伟强编写，第三章由刘诚、张敏、黄运中编写，第四章由宋蕊、姚雪、罗伟强编写，第五章由姚雪、张敏、罗伟强编写，第六章由富丽莎、张敏、于溶辉编写，第七章由秦涛、姚雪、宋蕊编写，第八章由朱彩霞、吴今、申飞编写，第九章由朱然、罗伟强、刘诚编写，第十章由张嘉敏、吴今、宋蕊编写，第十一章由富丽莎、刘诚编写，第十二章由秦涛、张敏、张雪亮编写，第十三章由秦涛、魏腾达、刘诚编写，第十四章由富丽莎、吴今编写。同时还要感谢国家林业和草原局规划财务司、国家林业和草原局林业工作站管理总站、国家公园(自然保护地)发展中心、广西壮族自治区林业局、北京市园林绿化局、广西北部湾林业产权交易中心、山西省林业和草原局、河北省林业和草原局、浙江省林业局、丽水市林业局、中国人寿财产保险股份有限公司、中国人民财产保险股份有限公司、中华联合财产保险股份有限公司、太平洋财产保险股份有限公司、中国林业集团、北京绿色交易所、安华农业保险股份有限公司、航天信德智图(北京)科技有限公司、北京地林伟业科技股份有限公司等单位和机构的大力支持。在本教材编写过程中参考了诸多林业保险相关的教材和论著，吸收和引用了许多专家同仁的观点，为了行文方便不一一注明，书后所附参考文献是本书重点参考论著。在此，特向在本教材编写过程中引用和参考(已注明和未注明)的教材、著作、文章的作者表示诚挚的谢意。

尽管我们全力以赴，但由于主客观条件所限，本教材尚有诸多不尽如人意之处，热忱盼望各位专家和读者批评指正，以便于日后不断完善和提高！

编 者

2023 年 12 月

目　录

前　言

第一章　林业保险概述 ……………………………………………… (1)

　第一节　林业风险概念与管理方法 ……………………………… (1)

　　一、概念与分类 ………………………………………………… (1)

　　二、林业风险管理主要方法 …………………………………… (4)

　第二节　林业保险概念与功能作用 ……………………………… (8)

　　一、概念界定 …………………………………………………… (8)

　　二、主要特征 …………………………………………………… (9)

　　三、功能作用 ………………………………………………… (11)

　第三节　林业保险产品体系 …………………………………… (12)

　　一、发展内涵与内在要求 …………………………………… (12)

　　二、战略定位与发展方向 …………………………………… (14)

　　三、产品体系和核心目标 …………………………………… (17)

第二章　公益林保险 …………………………………………… (22)

　第一节　内涵界定与功能作用 ………………………………… (22)

　　一、内涵界定 ………………………………………………… (22)

　　二、功能作用 ………………………………………………… (23)

　第二节　发展情况与存在问题 ………………………………… (23)

　　一、发展情况 ………………………………………………… (23)

　　二、存在问题 ………………………………………………… (28)

　第三节　保险产品与要素设计 ………………………………… (30)

　　一、保险责任划分 …………………………………………… (31)

　　二、保险金额设定 …………………………………………… (32)

　　三、保险费率厘定 …………………………………………… (33)

　　四、定损理赔方式 …………………………………………… (33)

　第四节　典型案例 ……………………………………………… (35)

第三章 商品林保险 ……………………………………………………… (37)

第一节 内涵界定与功能作用 …………………………………… (37)

一、内涵界定 ……………………………………………………… (37)

二、功能作用 ……………………………………………………… (37)

第二节 发展情况与存在问题 …………………………………… (38)

一、发展情况 ……………………………………………………… (38)

二、存在问题 ……………………………………………………… (42)

第三节 保险产品与要素设计 …………………………………… (44)

一、保险责任划分 ………………………………………………… (44)

二、保险金额设定 ………………………………………………… (45)

三、保险费率厘定 ………………………………………………… (46)

四、定损理赔方式 ………………………………………………… (47)

第四节 典型案例 ………………………………………………… (47)

一、广西东兰县商品林保险 ……………………………………… (47)

二、江西德安县商品林保险 ……………………………………… (48)

第四章 国家储备林保险 ………………………………………………… (50)

第一节 内涵界定与功能作用 …………………………………… (50)

一、内涵界定 ……………………………………………………… (50)

二、功能作用 ……………………………………………………… (50)

第二节 发展情况与存在问题 …………………………………… (52)

一、广西全区:森林火灾保险附加自然灾害保险 ……………… (53)

二、河南鹤壁:商业性林木保险 ………………………………… (55)

三、湖北襄阳:商业性林木综合保险 …………………………… (56)

第三节 保险产品与要素设计 …………………………………… (57)

一、国家储备林保险独立运行模式 ……………………………… (57)

二、国家储备林保险银保合作模式 ……………………………… (59)

第五章 经济林产量保险 ………………………………………………… (62)

第一节 内涵界定与功能作用 …………………………………… (62)

一、内涵界定 ……………………………………………………… (62)

二、功能作用 ……………………………………………………… (63)

第二节 发展情况与存在问题 …………………………………… (65)

一、发展情况 ……………………………………………………… (65)

二、存在问题 ……………………………………………………… (66)

第三节 保险产品与要素设计 …………………………………… (67)

　一、保险责任划分 ………………………………………………… (67)

　二、保险金额设定 ………………………………………………… (68)

　三、保险费率厘定 ………………………………………………… (68)

　四、保险期限划分 ………………………………………………… (69)

　五、定损理赔方式 ………………………………………………… (70)

第四节　典型案例 …………………………………………………… (71)

　一、内蒙古商业性经济林木产量保险 …………………………… (71)

　二、四川省商业性核桃产量保险 ………………………………… (72)

　三、重庆市渝北区经济林产量保险 ……………………………… (74)

　四、北京市平谷区桃树产量保险 ………………………………… (75)

　五、海南省陵水县芒果"大灾＋产量"保险 …………………… (75)

第六章　经济林价格保险 …………………………………………… (77)

第一节　内涵界定与功能作用 ……………………………………… (77)

　一、内涵界定 ……………………………………………………… (77)

　二、功能作用 ……………………………………………………… (77)

第二节　发展情况与存在问题 ……………………………………… (79)

　一、发展情况 ……………………………………………………… (79)

　二、存在问题 ……………………………………………………… (80)

第三节　保险产品与要素设计 ……………………………………… (81)

　一、保险责任划分 ………………………………………………… (81)

　二、保险金额设定 ………………………………………………… (81)

　三、保险费率厘定 ………………………………………………… (82)

　四、保险期限划分 ………………………………………………… (83)

　五、定损理赔方式 ………………………………………………… (83)

第四节　典型案例 …………………………………………………… (84)

　一、四川省攀枝花芒果价格指数保险 …………………………… (84)

　二、福建省漳州市平和县琯溪蜜柚价格指数保险 ……………… (86)

　三、山东省乐陵市金丝小枣价格指数保险 ……………………… (87)

　四、浙江省安吉县毛竹收购价格指数保险 ……………………… (88)

第七章　经济林收入保险 …………………………………………… (90)

第一节　内涵界定与功能作用 ……………………………………… (90)

　一、内涵界定 ……………………………………………………… (90)

　二、功能作用 ……………………………………………………… (90)

第二节　发展情况与存在问题 ……………………………………… (92)

　一、发展情况 ……………………………………………………… (92)

二、存在问题 ……………………………………………………（93）

第三节　保险产品与要素设计 …………………………………（94）

一、保险责任划分 ………………………………………………（94）

二、保险金额设定 ………………………………………………（94）

三、保险费率厘定 ………………………………………………（95）

四、保险期限划分 ………………………………………………（95）

五、定损理赔方式 ………………………………………………（95）

第四节　典型案例 ………………………………………………（96）

一、广西油茶收入保险 …………………………………………（96）

二、陕西苹果收入保险 …………………………………………（98）

三、海南橡胶收入保险 …………………………………………（99）

四、甘肃核桃综合收入保险 ……………………………………（100）

第八章　经济林天气指数保险 ……………………………………（103）

第一节　内涵界定与功能作用 …………………………………（103）

一、内涵界定 ……………………………………………………（103）

二、功能作用 ……………………………………………………（103）

第二节　发展情况与存在问题 …………………………………（104）

一、发展情况 ……………………………………………………（104）

二、存在问题 ……………………………………………………（104）

第三节　保险产品与要素设计 …………………………………（106）

一、保险责任划分 ………………………………………………（106）

二、保险金额设定 ………………………………………………（107）

三、保险费率厘定 ………………………………………………（107）

四、定损理赔方式 ………………………………………………（109）

第四节　典型案例 ………………………………………………（110）

一、油茶天气指数保险 …………………………………………（110）

二、低温气象指数保险 …………………………………………（112）

三、浙江省仙居杨梅采摘期降水指数保险 ……………………（114）

四、浙江省诸暨香榧高温干旱气象指数保险 …………………（116）

五、海南省橡胶树风灾指数保险 ………………………………（116）

第九章　林业碳汇保险 ……………………………………………（118）

第一节　内涵界定与功能作用 …………………………………（118）

一、内涵界定 ……………………………………………………（118）

二、功能作用 ……………………………………………………（118）

第二节　发展情况与存在问题 …………………………………（123）

一、发展情况 …………………………………………………………… （123）

二、典型模式 …………………………………………………………… （126）

三、存在问题 …………………………………………………………… （135）

第三节　保险产品与要素设计 ……………………………………… （136）

一、林业碳汇储量定额保险 ………………………………………… （137）

二、林业碳汇储量指数保险 ………………………………………… （138）

三、林业碳汇项目价值保险 ………………………………………… （139）

四、林业碳汇价格指数保险 ………………………………………… （140）

第十章　城市园林公众责任保险 ………………………………… （142）

第一节　内涵界定与功能作用 ……………………………………… （142）

一、内涵界定 …………………………………………………………… （142）

二、功能作用 …………………………………………………………… （143）

第二节　发展情况与存在问题 ……………………………………… （144）

一、发展情况 …………………………………………………………… （144）

二、存在问题 …………………………………………………………… （153）

第三节　保险产品与要素设计 ……………………………………… （154）

一、保险责任划分 …………………………………………………… （154）

二、投保主体选择 …………………………………………………… （154）

三、投保资金来源 …………………………………………………… （155）

四、定损理赔方式 …………………………………………………… （155）

第四节　典型案例 …………………………………………………… （155）

一、海南城市园林绿化保险 ………………………………………… （155）

二、福建福州永泰县古树名木保险 ………………………………… （156）

第十一章　野生动物肇事公众责任保险 ………………………… （158）

第一节　内涵界定与功能作用 ……………………………………… （158）

一、内涵界定 …………………………………………………………… （158）

二、功能作用 …………………………………………………………… （158）

第二节　发展情况与存在问题 ……………………………………… （160）

一、国外发展情况与经验启示 ……………………………………… （160）

二、国内发展情况与存在问题 ……………………………………… （166）

第三节　保险产品与要素设计 ……………………………………… （172）

一、投保主体选择 …………………………………………………… （172）

二、保险责任划分 …………………………………………………… （173）

三、保险金额设定 …………………………………………………… （173）

四、保险费率厘定 …………………………………………………… （174）

五、定损理赔方式 ···(175)

第十二章　林业保险与信贷合作模式 ·······································(176)

第一节　合作机理与功能作用 ···(176)
一、合作机理 ···(176)
二、合作路径 ···(178)
三、功能作用 ···(179)

第二节　典型案例与发展模式 ···(180)
一、典型案例 ···(180)
二、发展模式 ···(190)

第十三章　林业保险与期货合作模式 ·······································(192)

第一节　合作机理、业务流程与功能作用 ·································(192)
一、合作机理 ···(192)
二、业务流程 ···(193)
三、功能作用 ···(194)

第二节　典型案例与合作模式 ···(195)
一、典型案例 ···(195)
二、合作模式 ···(200)

第十四章　林业保险财政补贴机制 ···(203)

第一节　财政补贴依据 ···(203)
一、林业保险的准公共物品属性 ·······································(203)
二、林业保险的正外部经济性 ···(204)
三、林业保险财政补贴的经济学机理 ·································(206)

第二节　财政补贴方式 ···(208)
一、直接补贴方式 ···(208)
二、间接补贴方式 ···(208)
三、直接与间接补贴相结合方式 ·······································(210)

第三节　财政补贴标准 ···(210)
一、财政补贴规模 ···(210)
二、财政补贴比例 ···(213)

第四节　财政补贴责任划分 ···(214)
一、责任划分依据 ···(214)
二、事权划分特征 ···(215)
三、责任划分影响因素 ···(216)

参考文献 ···(218)

第一章 林业保险概述

本章作为林业保险理论基础部分，首先，介绍林业生产所面临的风险及风险管理；其次，系统概括林业保险的内涵与特征，阐述林业保险的功能作用；最后，明确林业保险高质量发展的内涵，提出实现林业保险高质量发展的推进方向，创新构建多层次林业保险产品体系。

第一节 林业风险概念与管理方法

一、概念与分类

(一)林业风险概念

风险即在未来一段时间和一定空间范围内，由于决策者无法确定与控制的外在因素，导致决策者在特定的活动中获得的实际收益低于预期收益的可能性。风险具有如下属性：一是未来性，即风险是指向未来的，已经发生的事实不属于风险；二是不确定性，即对决策者而言，风险存在的前提是未来发生的结果具有不确定性，如果未来事件的结果完全由决策者控制，或者可以被认为是确定的，则不存在风险；三是不利性，即风险会给决策者带来成本或损失；四是客观性，即风险的存在是由客观环境决定的，它不随决策者的主观意志为转移；五是主体性，即风险是相对一定的利益主体而言的，同一因子是否存在风险因主体而异。

基于对风险的定义，从林业生产的独特性、林木生长的物质属性、林业经济的周期波动性、林业灾害的空间关联性、林业市场的动态均衡性等角度出发，结合已有研究，本教材将林业风险定义如下：林业经营主体在生产和经营过程中，由于自身无法控制的外在不确定因素的影响，导致最终获取的经济收益低于预期收益的可能性。需要说明的是，林业风险不仅影响林业经营主体(包括林农、家庭林场、林业合作社、森工集团等)本身，也会影响林业产业链上其他主体(如林业生产资料的供应商、林产品加工商、贸易商)，以及服务林业的其他金融机构(如保险公司、商业银行、担保公司等)和政府的经济利益。

(二)林业风险特点

一般而言，风险除了具有普遍性和客观性外，还具有某一具体风险发生的偶然性、大量风险发生的必然性和风险的可变性等特点。而林业风险除了上述一般风险的特点外，还具有一些其他特征。

1. 时空关联性

自然灾害的发生通常具有地域性特征，灾害波及的范围很广，风险单位(一次风险事故所造成的损失范围)在灾害事故及灾害损失中常常表现为高度的时间与空间的相关性。加之林木一般具有连片种植的特点,区域间并不完全独立,当部分林木遇到某种风险,一定区域内的其他林木也会遇到同种风险。例如,病虫鼠害等自然风险的发生,均具有一定的区域性,对林业生产的影响不只涉及个别林木,而是具有区域连片的特点。又如,价格波动等市场风险的发生,对林业的影响不仅是区域性的,甚至是全局性的。因此,林业风险具有高度时空关联性,风险一旦发生,其影响范围往往很大。

2. 广泛伴生性

林业生产有其特殊性,林产品的价值在其生长发育过程中是动态变化的,会随着其生长周期的变化以及人类劳动和耗费投入的积累而产生变化。因此,对于林产品而言,在不同生长期受到自然灾害的冲击(即使灾害大小一致),其风险损失程度是有所差异的,且其风险程度具有不确定性。此外,在林业生产中,单一风险事故的发生往往会引起另一种或多种风险事故的发生,导致林业损失扩散化,而且由于这种损失是多种灾害事故的综合结果,很难区分各种风险事故各自的损失后果。例如,在雨涝灾害季节,高温高湿很容易诱发疫情。在该情形之下,单一风险理赔很难区分不同风险事故各自的损失后果。

3. 评估复杂性

林业生产是自然再生产和经济再生产相交织的生产过程,林产品价值的形成是吸收自然能量和营养进行生长发育而形成价值的过程,同时又离不开人类活动,是人类生产活动的结晶。这就说明林产品价值的形成不仅受自然因素制约,而且受人类主观因素的影响,人们采取的生产技术、投入水平、管理行为和抗灾救灾措施等在相当程度上决定和影响着林业生产成果。因此,遭受相同自然灾害的林业生产单位可能会有不同损失结果,而这往往又被生产者行为所放大或缩小,从而造成评估林业生产风险损失的复杂性。

(三)林业风险分类

在分析林业风险产生的原因、林业风险的性质及环境等方面的基础上,按照林业风险的来源将林业风险划分为林业自然风险和林业市场风险。林业自然风险指因自然环境的突然变化所导致的不确定性,使林业生产经营过程中经营主体所面临的损失和福利减少的可能性,亦即来自自然界的与林业生产经营相关的灾害性因素所产生的危害林业生产经营活动、造成林产品产量和质量下降从而带来经济损失的可能性。林业市场风险指社会经济环境变化的不确定性所导致的市场波动,使林业生产经营过程中经营主体所面临的损失和福利变化的可能性。由于我国是社会主义市场经济国家,政策、环境、技术、体制、资源等风险的最终效果都将反映在市场风险中,因此这些类别的风险都划归为市场风险范畴。

1. 自然风险

林业生产周期长,在林木生长过程中存在的自然风险主要有自然灾害和生物灾害。自然灾害包括森林火灾、干旱、霜冻、冰雹、雪灾、风灾、洪涝灾害等,其中森林火灾对林木生长的危害最大。据国家森林草原防灭火指挥部办公室统计,2008—2018年全国共发生 58 545 起森林火灾，受灾森林面积达 27.9 万公顷。2008 年是森林火灾次数最多、受灾面积最广、造成直接经济损失最大的年份；森林病虫鼠害是影响林业生产的主要生物灾害，2008—2018 年全国发生病虫鼠害生物灾害的森林面积达 13 021.1 万公顷，其中森林病害面积为 1464.4 万公顷，森林虫害面积为 9376.8 万公顷，森林鼠害面积为 2179.9 万公顷。

（1）森林火灾

森林火灾是一种突发性强、破坏性大、处置救助较为困难的自然灾害。森林火灾广泛分布于全球森林生态系统，是驱动森林结构与功能动态的重要自然干扰因子。同时，森林火灾也被视为世界性的林业灾害。据估计，全球每年约有 1% 的森林面积毁于森林火灾。我国是一个森林火灾频发的国家，呈现"东多西少、北多南少"的分布规律。通过文献数据和统计分析得知，我国森林火灾面积大，平均每次森林火灾面积为 52.1 公顷，尤其在一些偏远林区，多为大面积森林火灾。引起森林火灾的原因主要包括雷电、自燃和人为原因，其中至少 80% 的森林火灾是人为造成的，在一些区域这一比例甚至高达 99%。

（2）森林病虫鼠害

我国是森林病虫鼠害灾情严重的国家，表现为爆发频率高、覆盖范围广以及造成的经济损失严重等特征。森林病虫鼠害是一种常见的自然现象，如果对灾情控制不当会造成整个森林生态系统的破坏，甚至会影响整个系统的物质交换和能量传输，带来严重的经济损失。因此，要充分了解森林病虫鼠害的特征，及时防控灾情，采用机械、化学、物理、生物等多种防治方式，减少病虫鼠害的影响。一般来说，森林病虫鼠害具有周期性明显、危害性大以及覆盖范围广等特点。①周期性明显。病虫鼠害灾害具有明显的周期性，随季节变迁，病虫鼠害的活跃季节集中在特定时期，且有害生物和物种疾病都与生态环境密切相关。同种生物在特定的湿度和温度下会呈现不同的危害周期性，尤其是在人工林区中，病虫鼠害的周期性更为明显。②危害性大。森林灾情的出现会直接造成经济损失，同时由于森林资源的特殊性，会对当地的生态系统造成不可估量的损失，灾害后续会间接造成更大的经济损失和生态系统损失，甚至会危及人类的健康。③覆盖范围广。森林对于病虫灾害的抵抗能力较差，一旦某一区域爆发了病虫鼠害，在很短的时间内会波及整个林区资源，给当地林业经济造成严重损失。

（3）森林气象灾害

森林气象灾害主要包括旱灾、强降雨和低温霜冻灾害。

旱灾是指在长时间无降水或者长期降水量很少的情况下出现的一种气象灾害。这种气象灾害在我国发生概率高、影响范围大，对林业生产造成的不利影响也较为严重。一方面，干旱降低了幼林和新造林地的保存率，制约了春季造林进程，提高了造林成本；另一方面，干旱使得森林防火、森林病虫鼠害防治和植树造林等林业工作形势异常严峻。现阶段，国家气象部门将一定区域内发生干旱的情况依据严重程度划分为 5 个等级，同时对其造成的生态影响以及对农业生产造成的破坏程度进行了细致划分。通过对近年来不同地区的气象资料进行分析可以发现，我国南北方均有发生旱灾的可能，其中北方地区的发生率相对较高，主要种类为伏旱和春旱。在我国西北地区，由于受到地理位置的影响，几乎每年都会发生不同程度的旱灾，甚至在一些特殊年份会发生数次旱灾。

强降雨是当前一种较为常见的气象灾害。现阶段，对强降雨的定义是指在 24 小时之内降水量达到 50 毫米以上的降水天气。依据降水的强度不同将强降雨灾害划分为 3 个等级：24 小时之内降水量在 50~99 毫米的降雨称为暴雨；降水量在 100~249.9 毫米的降雨称为大暴雨；降水量超过 250 毫米的降雨称为特大暴雨。在发生强降雨灾害时，排水不畅易引起积水成涝，土壤孔隙被水充满，造成林木根系缺氧，导致林业作物受害而减产。

低温霜冻灾害是一种会对林业产生较大不利影响的典型气象灾害。这种灾害主要是指在一定区域内较短时间出现气温突然降低的气象情况。这种气象灾害一旦发生，会对林木的生长发育造成威胁。现阶段，我国气象部门将低温霜冻灾害细致划分为 4 种，即冷害、冻害、霜冻和寒害。通过对近年来的气象资料进行分析研究可以发现，低温冻害发生的季节主要集中在每年的春季和冬季。

(4) 森林地质灾害

广义的地质灾害应包括地震、火山活动等地壳内部的自然过程引起的灾害。根据我国从 2004 年 3 月 1 日起施行的《地质灾害防治条例》，地质灾害是指由自然因素或者人为活动引发的危害人民生命和财产安全的山体崩塌、滑坡、泥石流、地面塌陷、地裂缝、地面沉降等与地质作用有关的灾害。在森林自然灾害中，最常见的地质灾害是风蚀和水蚀，主要通过侵蚀土地来对森林进行侵蚀、破坏，对森林的破坏极为严重。此外，自然环境中由于某些原因而形成的泥石流、滑坡、崩塌等灾害造成岩石的滑动或者崩裂，都会直接作用于森林中的树木，受灾树木会被连根拔起，且无法恢复，造成森林资源大量损失。

2. 市场风险

在林业生产和林产品销售过程中，由于市场供求失衡、林产品价格波动、经济贸易条件等因素变化、资本市场态势变化等方面的影响，或者由于经营管理不善、信息不对称、市场前景预测偏差等，导致林业经营主体经济上遭受损失。其中，价格波动是影响林业生产经营的重要因素，这种影响既可能是林业生产所需的生产资料价格上涨，也可能是林产品价格下跌，还可能是林业所需生产资料价格上涨高于林产品价格上涨。

林业生产的周期较长导致市场调节具有滞后性。然而，由于计划经济时代我国所实行的统购统销以及严格的价格管制等制度安排，林业的市场风险表现得并不明显。但改革开放以来，随着市场化进程的加快，市场体制的不断完善，林产品流通体制的改革以及价格管控的放开，林产品价格波动幅度和频率都在增强，林业市场风险的影响日趋上升。

二、林业风险管理主要方法

(一)林业风险管理概念

林业风险管理并不是要消除风险，而是林业风险管理主体基于自身的风险管理目标，在对林业风险环境进行识别、评估和分析的基础上，运用一系列风险管理工具和手段，寻求投入成本、承担风险和未来收益之间的平衡和最佳组合。关于这一概念，需要说明以下几点。

第一，这里所提到的林业风险管理主体，有广义和狭义之分。狭义的林业风险管理主体仅包括林业经营主体，即林业风险管理的直接受益者。而广义的林业风险管理主体还包括政府，这是因为林业风险尤其是林业巨灾风险是一种介于私人风险和公共风险之间的风险，林业风险管理具有福利外溢性和显著的"准公共物品"属性。

第二，林业风险管理主体是基于自身的风险管理目标对林业风险进行管理的。不同的风险管理目标会使风险管理主体对林业风险识别、评估的侧重点存在差异，也会造成风险管理方式上的差异。

第三，林业风险管理应该以对风险的识别、评估和分析为基础。本教材认为风险是客观存在和可以测度的，识别风险的来源、评估风险的大小、分析风险的演变规律，是提出风险管理措施的基础。

第四，林业风险管理是对一系列风险管理工具和手段的运用。林业风险管理需要通过对具体风险管理的工具和手段的综合运用或创新来实现。在林业风险管理过程中，需要根据不同的风险类型、阶段和条件选择合适的管理方法。

第五，林业风险管理最终需要在投入成本、承担的风险和收益之间实现最佳的平衡。风险管理措施可以降低林业风险带来的收益不确定性，也可以减轻风险带来的损失，但是风险管理也是有成本的，风险管理并不是要将可能的风险损失降到最低或杜绝风险事件的发生，因为这样可能会使投入成本高于潜在收益。风险和投入成本都会影响未来收益的概率分布，因此，林业风险管理的主体必须要在投入成本、承担风险和未来收益之间寻求最佳的平衡。

（二）林业风险管理意义

1. 有利于经营主体的收入保障

开展林业风险管理，可以保护林业经营主体的经济利益，提高其进行林业生产的积极性。林业风险管理通过避免、消除、转移林业风险等方式，为林业经营主体正常进行林业生产活动提供了最大程度的安全保障，消除了其对林业风险的忧虑，极大地提高了生产积极性，有助于林业生产的顺利进行，促进了林业经济的稳定发展和效率提高，同时也有助于林业经营主体生活水平的提高。

2. 有利于林业资源的有效配置

林业风险管理通过积极地防治和控制风险，能在很大程度上减少风险损失，并为风险损失提供补偿，促使更多的社会资源合理地向所需部门流动。因此，林业风险管理有利于消除或减少风险所带来的社会资源浪费，有利于提高社会资源利用效率。

3. 有利于林业可持续发展与生态环境改善

林木在其漫长的生长周期内面临着多种多样的风险。如不对这些风险进行相应管理，从长远来看必定阻碍林业的可持续发展，也不利于生态环境的改善。对林业风险进行管理，就是通过对林业生产过程中的诸多风险因素进行预防、管理和控制，有效消除或化解林业生产中的不利因素，降低林业风险，保障林业生产的正常开展，从而促进林业的可持续发展和生态环境的改善。

4. 有利于林业科技成果的转化与推广普及

开展林业风险管理，可以为林业风险的防范、转移等提供有效途径，从而提高林业经营主体的风险承受能力。如当林业新技术在推广过程中因受到挫折而减产时，林业经营主体能够得到一定的补偿，其生产和生活都能有一定的保障，从而消除他们的后顾之忧，极大提高其采用新技术的积极性和主动性。

(三) 林业风险管理方法

1. 风险预防

风险预防是一种主动的风险管理策略。在风险预防中，可以对有关人员进行林业风险和林业风险管理等内容的教育，让他们充分了解所面临的各种林业风险，并认识和掌握控制这些风险的方法。通过教育，使他们认识到个人的任何疏忽或错误的行为，都可能给林业造成巨大损失，这对森林火灾和森林病虫鼠害等风险的预防具有极其重要的作用。例如，长期开展森林防火教育，并有针对性地采取切实可行的预防措施，建立火险预测、预报网络制度，可以有效地改善我国目前的森林火灾状况，从而达到保护林业建设成果的目的。在风险预防中，也可以通过建立相应的制度和程序来预防风险，从而减少不必要的损失。

2. 风险回避

风险回避是指当发生林业风险的可能性很大、不利后果很严重却又无其他策略可用时，主动放弃或改变林业目标与行动方案，从而规避风险的一种策略，具有简单易行、全面彻底的优点，能将风险的概率降到零，但在回避风险的同时也放弃了获得收益的机会。

3. 风险控制

当特定林业风险不能被规避时，通常要采取行动以减少与之相联系的损失，这种处理风险的方法就是风险控制。风险控制不是放弃特定活动，而是在开展这些活动时，有意识地做出一些安排，其目标可以是减少损失发生的可能性，也可以是降低损失发生时产生的成本。林业经营主体在林业风险不能避免或在势必面临某些风险时，首先想到的是如何控制风险、降低风险发生率、减少风险所造成的损失。风险控制可以从两方面来考虑：一是控制风险因素，减少林业风险的发生；二是控制风险发生的频率，降低风险损害程度。要控制林业风险发生的频率、降低风险损害程度，就要对以往林业风险发生规律进行分析研究，采取相应的措施，并对林业风险进行准确的预测。

4. 风险接受

风险接受是指有意识地选择承担风险后果。若林业经营主体认为可以承担风险带来的损失，便可采用这种策略，前提是采取其他风险规避方法的费用超过风险事件造成的损失数额。例如，林业风险中的自然风险通常只能接受，因为这类风险具有客观存在性和不可控制的特点。但是面对这类风险时也不是没有工作可做，应结合林业的具体情况有针对性地收集相关气象、地质、水文等资料信息，并进行分析研究，为风险估计和制订林业风险的应对方案提供依据。

5. 风险转移

林业生产是自然再生产和社会再生产的结合，有些林业风险已超出林业经营主体所能管理和承受的范围，将可能发生的风险采用各种方法转移给他人，从而避免自己单独承担风险损失的做法被称为风险转移。风险转移有两种方式：一种是保险转移，另一种是非保险转移。前者是在经营权和所有权不变的情况下，运用财务方式来转移风险。在目前的市场经济条件下，保险转移是一种比较好的风险转移方式，即通过参加保险将一部分风险转移给保险公司，从而降低自身的风险损失。后者则是通过转移所有权或经营权的方式来转移风险，包括购买期货、转让、装包、转租等方式。

6. 风险补偿

林业风险补偿是指依靠政府或社会力量对受灾地区的林业经营主体给予经济补偿的方式，采用的形式多种多样，救灾和救济就是补偿风险较为常见的方法，有的是向灾民发放救济款，有的是提供优惠贷款，还有的是以实物形式进行补偿，目的都是在发生重大、特大自然灾害情况下，帮助林业经营主体恢复生产。

(四)林业风险管理流程(图 1-1)

1. 确定风险管理目标

目标是行动的导向，在研究如何对风险进行管理之前，首先应该明确风险管理的目标。林业风险管理目标分为安全目标、经济目标和生态目标三类，但对于不同林业风险管理主体，风险管理目标侧重点也存在差异，即林业经营主体进行风险管理的目标可能更多地从实现自身经济福利最大化的角度考虑；政府作为林业风险管理的宏观主体，在进行林业风险管理时不仅要考虑生产经营者自身的收益问题，还需要考虑生态环境等社会问题。因此，林业风险管理的首要任务是通过林业风险管理系统的研究作业，确定系统目标，即通过对资料的收集、分类、比较和解释等活动，确定林业风险管理目标。

2. 风险识别

林业风险识别是对林业自身所面临的风险加以判断、归类和鉴定其性质的过程。考虑到各种不同性质的风险时刻威胁着林业安全，必须采取有效方法和途径识别所面临的各种风险。林业风

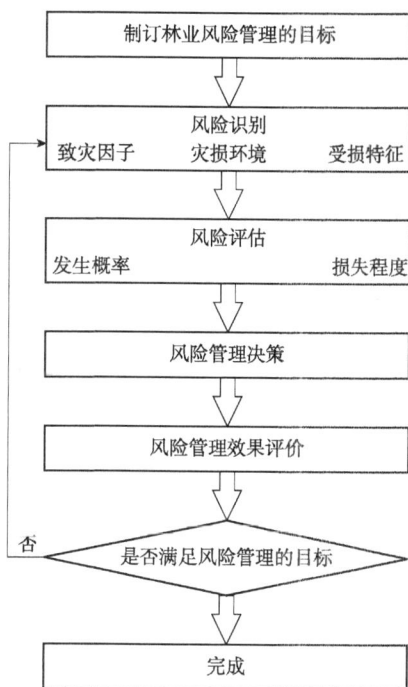

图 1-1　林业风险管理的流程

险因素识别可以通过感性经验进行判断，同时也必须根据会计、统计、经营等方面的资料及风险损失记录进行分析、归纳和整理，从而发现面临的各种林业风险及其损害情况，并对可能发生的风险性质进行鉴别，了解可能发生何种损益或波动。

3. 风险评估

林业风险评估建立在林业风险识别的基础上，通过对所收集的资料进行分析，对林业风险发生概率和损失程度进行估测和衡量，对林业收益的波动进行计量，能够为采取有效林业风险处理措施提供科学依据。

4. 风险管理决策

为实现林业风险管理目标，风险管理主体根据林业风险识别和衡量情况，选择并实施林业风险管理策略、工具和方法。林业风险管理技术包括控制型风险管理技术和财务型风险管理技术。前者以降低损失频率和减少损失幅度为目的，后者则以提供基金的方式减小风险发生所带来的损失为目的。如在林业培育管护期主要面临自然风险，风险管理可考虑采取发展林业保险、实行技术推广和建立服务体系、开展森林资源资产证券化业务、建立林业风险基金等措施。

5. 风险管理效果评价

林业风险管理主体在选择了最佳风险管理决策后，要对风险管理效果进行评价。因为林业风险的性质和情况是经常变化的，风险管理者的认识水平具有阶段性，只有定期检查与修正林业风险的识别、评估和技术选择等，才能保证林业风险管理技术的最优化，从而达到预期的林业风险管理目标和效果。

第二节　林业保险概念与功能作用

一、概念界定

林业保险指保险机构根据林业保险合同，对被保险人在从事公益林、商品林、国家储备林、经济林、林木种苗、林下经济、林业产品加工业、林业碳汇、森林生态旅游、森林康养、野生动物保护等生态建设与生产经营过程中，因保险标的遭受自然灾害、市场风险、意外事故、疫病等保险事故所造成的经济损失，承担赔偿保险金责任的保险活动。

全国森林面积 33 亿亩，天然草原近 60 亿亩*，湿地 8 亿亩，还有超过 1 万处的自然保护区、世界自然遗产、地质公园、森林公园等自然保护地，这几项面积总和占到了国土面积的 70% 以上，森林、草原、湿地、荒漠等自然资源形成了最珍贵的自然资产，依托这些自然资源，林业绿色生态产业发展具备良好的基础条件。而且随着"山水林田湖草沙"系统治理和生态文明建设的全面推进，森林草原资源保护、国家储备林、经济林、林木种苗、林下经济、林业产品加工业、林业碳汇、森林生态旅游、森林康养、野生动物保护等生态建设和产业发展空间巨大，林业保险将迎来跨越式发展的关键点，新领域保险业务将不断涌现。然而，面对林业保险市场多样化需求的不断涌现，目前我国纳入中央财政补贴范围的品种仍主要以商品林保险和公益林保险为主，保险产品和服务供给与林业现代化发

＊　1 亩＝666.67 平方米。

展的需求还有很大的差距。虽然部分地区探索性地推行了针对经济林、林木种苗、花卉苗木、林业碳汇等的保险品种，但仍然无法满足不同林业经营主体的实际需要。现行的商品林保险保障水平较低，无法覆盖抵押融资的林权资产价值或林木价值，难以达到金融机构对贷款风险控制的要求，项目主体需要另行投保商业性林业保险，极大地加重了贷款主体的融资成本，未能充分发挥保险的风险补偿和金融增信作用；国家储备林保险、林业碳汇保险、野生动物肇事和城市园林公众责任保险还处于探索阶段，保险产品推广应用还面临诸多挑战。总体来说，现行林业保险产品的金融增信功能尚未充分发挥，无法对林业金融服务体系形成强有力支撑，难以满足林业产业高质量发展和乡村振兴战略的现实需求。

林业保险要与林业现代化发展阶段相适应，与林业经营主体的需求相契合，创新林业保险的体制、机制、产品类型和经营模式，不断提高林业保险的保障水平，力争覆盖完全成本以至保障收入，逐步从单一的林业保险体系向多元化林业保险产品体系转变。未来林业保险需要重新构建发展格局，探索开发设计包括公益林保险、商品林保险、国家储备林保险、经济林(产量、价格、收入和天气指数)保险、林业碳汇保险、城市园林公众责任保险、野生动物肇事公众责任保险等多元化产品体系，以此满足不同经营主体多元化和多层次的保障需求。同时要积极推动有条件的地方探索从保物化成本、完全成本到保产量、保价格、保收入的转变；推动实行因地制宜、分级分档的商业性林业保险产品结构，使产品更加适应林业经营主体的需求；引导保险与信贷、期货等金融工具的深度融合，借助林业保险发展保单贷款、融资租赁、产权流转等市场交易活动，从而推动林业信贷、期货与林业保险协同发展，更好地支撑林业产业发展、乡村生态保护，实现生态文明建设与乡村振兴的有效衔接。

二、主要特征

林业具有生产周期长、见效慢、商品率低、占地面积大、受地理环境制约强、林木资源可再生等特点，林木一旦受灾不仅很难恢复，而且损失巨大。因此，林业保险相比其他保险产品有其自身特点。

(一)林业保险续保周期长

由于林业生产经营的长周期特性，与农业保险相比，林业保险的最大特点是可续保周期长。在农业保险中，保险期等同于其保险标的生长周期，通常来说只有几个月，而林业保险标的则是林木，生长期长，即使一般速生用材林的生长周期都在 10 年以上，风景林或珍贵树种甚至达百年以上。

(二)林业保险风险分散难

林业风险具有非独立性(相邻区域内)、相关性和巨灾性等特点，导致林业保险的超赔风险较大。保险公司开展林业保险业务时面临诸多制约因素：

1. 林木损失风险集中，不易分散

相邻区域内林业保险标的之间的风险不独立，且随区域位置的远近，相关性由弱到强。一次林业灾害事故往往涉及范围较广，在一个风险单位内，承保的林业经营主体越多，承保的面积越大，风险也就越集中，损失也会越大，保险人的经营风险也就越大；即

使一场中等强度的林业自然灾害影响面积也会很大。这种相关性破坏了保险的独立性原则，使"大数法则"的适用性在一定程度上受到限制，降低了风险转移的效率。

2. 林业灾害风险具有广泛的伴生性

一种林业保险事故很可能会引起另一种或多种风险事故的发生，导致造成损失的因素具有多样性，不易将各种保险事故与相应的损失后果严格区分开来。

3. 林业灾害可保性差

林业灾害发生比较频繁，局部地区的损失规模可能较大，风险在一定地域范围内难以分散，导致林业保险可保性差。

(三)林业保险经营成本高

林业保险经营成本高主要体现在以下几点：

1. 展业成本高

保险公司在开展林业保险过程中，积极探索推进林业保险的渠道，其中业务人员下乡推广保险是开展林业保险的主要方式，但受限于我国小农经营的基本国情农情，这种方式会带来较高的经营成本。

2. 保费收取成本高

由于林区往往地处偏僻，山高地广，交通困难，收取保费困难，林业生产点多、面广、线长，从业人员数量多，经营分散，管护难度大，保费收缴工作困难。

3. 林业经营保险技术复杂，核损和理赔成本高

由于林地状况、树种、林龄等的情况复杂，林业保险的承保、查勘、定损技术难度大，逆向选择和道德风险都比较严重，因此需要专业的技术人员，然而林业保险业务的低盈利性使得保险经营机构没有招募和保有专业技术人员的积极性，专业化理赔队伍明显不足。特别是林业保险的出险地区一般都比较偏远，受灾面积一般较大，往往需要二次勘察理赔，理赔周期长，理赔人员需要长时间高强度地对现场进行勘察。考虑到大部分林业经营主体经营规模小、保险标的分散，保险公司经营必须投入大量的人力、物力成本，风险管理的难度大。此外，由于林业分布面广、不同林业经营主体的林木分界不清，给承保和理赔时确定对象和数量带来了一定的困难。

(四)林业保险价值确定难度大

保险合同中的保险金额应根据保险标的的价值来确定。在普通财产保险中，保险标的的价值在投保前一般可以事先确定，而在林业保险中，保险标的的价值在投保之前仍未形成，通常是根据经验和预期来确定其保险价值，但这个价值并不固定，而是会随着林木的生长、劳动和资金的投入发生变化；加上林业资源市场价值会随着市场的波动而发生变化，使得合理确定林业保险保额变得更加困难。

(五)林业保险费率厘定难

林业资源分布在广阔的林地上，不能仓储、封闭，管理难度大，森林火灾、虫灾、盗伐等自然或人为灾害频繁发生，使得林业经营面临巨大风险。另外，我国幅员辽阔，林业资源分布不均，各类林业灾害事故的发生极不规律，林业灾害损失程度在各地之间、同一地区不同年度之间都存在差异；加之以前不够重视对有关林业灾害事故发生情况进行数据收集和积累，导致测定林业灾害发生频率难度大，从而难以科学合理厘定林业保险费率，最终影响林业保险业务的开展。

（六）林业保险理赔定损难度大

林业资源内部结构复杂，植被丰富，品种繁多，功能多样，这些特点使得林业价值本就难以确定。而且，由于林业受灾时间和受灾程度不同，造成的损失也会有所不同。因此，在各种环境因素的综合影响下，林业灾害的损失难以测定。另外，林业保险标的在不同的生长阶段有着不同的价值，林木生长周期长，未来市场价值难以预测，一旦发生灾害事故损毁标的，现场查勘、定损、赔付等工作求证不易，且费时费力，易产生偏差。特别是林木生长具有季节性，必须要等到来年春季才能观测到受损树木的实际损失程度，林业保险的灾后勘察期将长达几个月。由此可见，在诸多因素的作用下，林业保险的出险理赔定损难度远比一般财产保险大。

三、功能作用

林业保险具有风险补偿和金融增信功能，是林业风险管理的重要工具和核心手段。全面推进林业保险发展是党中央、国务院推出的一项兴林富民的政策措施，是巩固集体林权制度改革和脱贫攻坚成果的一项重大战略选择，是支撑国家"双碳"战略、促进乡村振兴、保障农民增收致富、维护农村和谐稳定的有效途径，也是推进新时代生态文明建设和林业现代化建设的必然选择。

（一）林业保险是风险补偿与金融增信的主要工具

林业保险的风险补偿作用不仅体现在损失补偿上，更体现在管理服务上，从根本上降低林业经营风险的同时为林业生态安全打下坚实基础。当前，随着林业保险快速发展，保险机构承保面积不断扩大，保险机构不断加强与其他部门的联系，共同搭建风险管理平台，建立健全林业保险防灾减损体系，充分发挥大数据、卫星遥感和无人机等先进技术手段的作用，提高风险管理服务能力，把风险管理服务贯穿于保险业务与经营管理的始终，将林业保险的经营模式从单纯的"灾后赔付"转为"防赔结合"，实现林业保险服务与供给升级。就金融增信而言，在林业经营主体因缺乏林业生产资金而需要向银行申请贷款时，需要购买相应的以林业生产项目为标的的林业保险，将保单"质押"给银行并签订协议，当所投保的项目因发生自然灾害导致林业经营主体无法偿还银行贷款的本息时，信贷机构将作为第一受益人，在本息范围内获得保险公司的承保额。林业信贷和林业保险在业务经营上相互弥补、互相合作，可以将各自的交易成本尽量降到最小。

（二）林业保险是助力林业高质量发展的重要措施

目前，我国林业进入了快速发展时期，林业产业结构不断优化，森林食品、森林康养、特色经济林、苗木花卉、林业碳汇、野生动植物繁育与利用等新兴产业快速发展，使得过去分散化、小规模经营转变为集中化、规模化经营，并涌现出大量的新型林业经营主体，而这些林业经营主体因经营规模不同、生产环境不同，所面临的风险种类和大小各异，所具有的风险偏好和风险承担能力也有所不同。自2009年林业保险实施以来，公益林保险和商品林保险规模和覆盖率显著提升，运行机制不断优化，保险服务能力稳步提高，取得了较好的成绩。同时，当前各地积极探索推进经济林价格保险、收入保险试点，探索开发国家储备林、古树名木保护救治、野生动物肇事等保险品种，形成多维度、多样性的林业保险产品体系，可满足不同经营主体多元化和多层次的保障需求，也有助于精细化、精准化地服务林业产业发展。

（三）林业保险是支撑乡村振兴战略的关键保障

作为农村金融服务体系的重要组成部分，林业保险是分散林业生产经营风险的重要手段，在保障林业产业安全、促进特色林业产业快速发展、保障林业经营主体收益等方面，发挥着"防火墙"和"安全网"的关键作用，对推进现代林业发展、促进林业经济高速增长、保障林业经营主体收益等具有重要意义。同时，我国林业资源丰富，区域特色显著，发展特色林业产业具有一定优势，而引入保险机制抵御产业风险，能够增强各地特色林业产业内生发展动力，有效支持各地优势特色林业产业发展。此外，林业保险拥有完善的、可以触达一线的农村基层服务网络，掌握着客观、真实、全方位的林业生产经营信息，同时借助林业保险的增信作用，未来可成为农村金融的底层架构基础，不断探索创新"林业保险+"的综合金融服务模式，实现与林业期货、信贷、担保等充分联动，推动社会逐步建立并完善农村普惠金融综合服务体系，助力林业产业兴旺，全方位服务乡村振兴事业。

第三节　林业保险产品体系

一、发展内涵与内在要求

（一）发展内涵

在全面推进乡村振兴战略的新阶段，林业自然风险和市场风险将大量聚集，新型林业经营主体的风险管理和信贷需求也将快速增加，而具有风险补偿和金融增信等功能的林业保险完全契合这些需求，是乡村振兴过程中最适合的风险管理工具。当前阶段，推进现代林业发展、促进林业产业振兴、稳定林业经营主体收入、提升林产品质量、保护乡村生态环境、完善林业金融服务体系建设等各方面都对林业保险提出了更高的要求，亟须林业保险有新突破。2019年10月，财政部、农业农村部、银保监会、林草局等四部门联合印发《关于加快农业保险高质量发展的指导意见》，对农业保险高质量发展提出了新的要求，指出农业保险要向持续提质增效、转型升级的发展阶段迈进；2021年4月，银保监会发布《关于2021年银行业保险业高质量服务乡村振兴的通知》，提出推动农业保险"提标、扩面、增品"，鼓励因地制宜发展地方优势特色农产品保险，探索开发收入保险、气象指数保险等新型险种。因此，林业保险发展的主要定位和任务是加快推进林业保险高质量发展，不断满足乡村振兴过程中日益增长的风险保障需求。

对于林业保险高质量发展内涵，有学者将其阐述为一种"发展目标更加明确，顶层设计更加统一，财政支持更加有力，地方责任更加清晰，基础设施更加完善，管理要求更加严格"的发展，一种更好地满足"三农"领域日益增长的风险保障需求的发展。有学者总结概括为以高效率服务方式为"三农"稳定持续地提供高质量的风险保障产品和服务的发展。有学者认为应当秉承"一个定位"和"三个全新"。"一个定位"是从国家农业发展目标出发，立足于服务三农治理体系和治理能力现代化，明确和坚定林业保险的"政策性"定位；"三个全新"指的是林业保险应当满足人民美好生活的新需要，把握新机遇并打造新能力，为林业保险的发展注入新动力。我们认为，林业保险高质量发展内涵具体包括以下几个方面：其一，高质量发展的林业保险应当坚持需求导向，构建多层次产品体系。林业保险要与林业现代化发展阶段相适应，与林业经营主体需求相契合，不断创新林业保险的体制、机制、产品类型和经营模式。其二，高质量发展的林业保险应当坚持市场运作，实现多极化竞争格局。广泛参考广大林业经营主体对承保机构的服务满意程度，建立以服务能力为导向的保险机构招投标和动态考评机制。其三，高质量发展的林业保险应当坚持激励相容，制定多元化补贴方式。基于财政补贴机制、产品体系及定价机制三者的有效联结，从供给方保费水平与需求方支付水平间的缺口确定财政补贴规模，科学设计财政补贴标准。其四，高质量发展的林业保险应当坚持协作共赢，形成多样化合作模式。开展"银行—收储—评估—保险"合作模式，建立"政府、银行、保险"三方信息共享与合作机制，持续增强金融支持水平。

（二）内在要求

1. 产品服务优是林业保险高质量发展的立足点

林业保险高质量发展首先体现在能够提供高质量的保险产品和服务上，应充分契合乡村振兴战略的新形势、新特点，坚持"扩面、增品、提标"，从广度、深度、宽度三个维度，使林业保险保障更宽、产品更全、服务更优。具体来说，一是扩大覆盖面积，结合木材安全和重要林产品保障战略，对现有纳入中央和地方财政补贴范畴的保险标的和险种实现愿保尽保，逐步提高业务占比；二是增加保险品种，结合乡村振兴和林业现代化发展的新需求，不断开发和增加适应市场需求的林业保险标的和险种，扩大中央和地方财政补贴范畴；三是提高保障水平，根据生产成本变动推动保障水平调整，继续开发完全成本保险等高保障险种，实现"保物化成本、保完全成本"，并积极开展价格保险、收入保险，防范自然灾害和市场变动双重风险；四是拓宽服务领域，推进"林业保险+"，提供一揽子、全流程的保险服务，推动林业保险与信贷、期货等跨界合作。

2. 运行效率高是林业保险高质量发展的关键点

林业保险高质量发展应具有高效率的保险运行机制，按照"政府引导、市场运作"原则，发挥政府在保费补贴、大灾赔付、提供信息数据方面的支持引导作用，发挥保险机构在产品开发、精算定价、承保理赔方面的主观能动性，充分调动政府和市场的资源和力量，包括：完善林业保险运作秩序和市场竞争规范，将林业保险经营条件与机构网点、服务能力、专业化经营、风险管控能力充分衔接，同时引入退出机制，积极引导保险机构从低层次的价格竞争、费用竞争转变为产品竞争、服务竞争；健全风险防范机制，压实保险经营主体防范风险的主体责任，建立多层次、内外衔接的再保险体系，完善依法合规的内控制度和技术体系。

3. 协同效应强是林业保险高质量发展的突破点

林业保险高质量发展应当不断满足林业产业发展和乡村振兴过程中旺盛、迫切的金融需求，以林业保险作为林业金融的底层基础架构，围绕建立和完善林业金融服务体系，与信贷、担保、信用评定、期货等联动，推进"保险+担保""保险+信贷""保险+质押""保险+期货（权）"等金融工具的联动，积极探索"保险+银行+林业经营主体"的多方信贷风险分担补偿机制，丰富资金需求方的融资方式，不断提高、放大财政资金的使用效率，为林业产业发展提供金融支撑，从而更好地助推乡村振兴战略的实施。

4. 基础设施稳是林业保险高质量发展的支撑点

林业保险高质量发展需要稳固的基础设施作为支撑，做好基层服务网点建设、保险条款设计开发、风险区划和费率厘定、数据信息共享、保险科技应用等基础性工作，构建面向未来的现代化林业保险基础设施。通过创新驱动发展将现代数字科技工具更广泛地引入林业保险经营管理过程之中，优化业务流程、简化实务手续、强化后台支撑，实现林业保险的数字化和智能化转型；树立以林业经营主体为中心的服务理念，不断丰富保险便民惠民举措，维护好投保主体权益，更好发挥赔付款对林业经营主体稳产增收的作用，切实提升林业经营主体获得感和幸福感。

5. 发展可持续是林业保险高质量发展的出发点

林业保险高质量发展还应具有一个相对稳定和可持续发展的状态和环境，表现在行业体系内各业务结构合理、偿付能力充足和健康稳健，行业内和行业外合作顺畅、协调发展。林业保险运营是一个涉及多重风险来源、多元市场主体、多类保险产品和多环节风险链条的复杂过程，这种复杂性不仅体现在林业风险具有不同于其他风险的特殊性，还体现在政府要把握好其在林业保险管理中的角色和作用，更体现在林业保险发展中要协调处理好政府部门间和上下层级间、政府和市场、制度规范和创新发展等各类关系。发展可持续要求林业保险要树立全局观念，明确和理顺各方主体的利益关系和职责定位，强基础、补短板、防风险，协调配合，合力推动。

二、战略定位与发展方向

我国林业保险要紧紧围绕国家实施的"双碳"战略和乡村振兴战略，立足深化林业产业供给侧结构性改革，充分发挥公共财政对林业保险的支撑保障作用，积极稳妥地推进林业保险，保护林业经营主体的利益，提高林业抵御风险和可持续发展能力，优化健全林业保险风险保障机制，提升林业保险服务水平，引导林农、林场、林业企业、林业专业合作组织等承保主体积极开展林业保险工作，提高资金到位率、理赔兑现率，提升政策知晓度、参与度和满意度，充分发挥林业保险作为林业经营主体稳产增收的"稳定器"、乡村振兴的"助推器"和林业稳定发展的"防护网"作用，推动林业保险高质量发展，促进现代林业强国建设，为建设美丽中国保驾护航。

（一）战略定位

林业在维护生态安全、保障产业安全、支持乡村振兴、落实双碳战略以及维护社会稳定等方面发挥着重要作用，因此林业保险体系构建应当围绕林业发展定位，为大力提升公益林发展质量维护生态安全、深入推进商品林与国家储备林建设，实现木材产业安全、全面发展经济林与林下经济助力乡村振兴战略实施、积极开展林业碳汇资源开发利用支撑双碳战略，以及有效保护生物多样性促进社会稳定，提供合理有效的风险保障和管理手段。

1. 维护区域生态安全

保障生态安全需要发挥公益林的重要作用，公益林发挥着改善生态环境、维护森林生态系统稳定性等生态服务功能。为了提升公益林的风险抵御能力，公益林保险需不断扩大风险覆盖范围、提高保额并降低费率，为我国生态安全保驾护航。

2. 保障木材产业安全

实现木材产业安全需要依靠商品林与国家储备林的建设与发展。商品林与国家储备林的建设与发展需要防范林木生长过程中面临的各种自然灾害，同时国家储备林项目主体还面临向国家开发银行(简称国开行)和中国农业发展银行(简称农发行)进行融资的难题，亟需保障水平更高、保险价格更低的优质商品林保险和国家储备林保险，为林业产业安全起到有力的支撑作用。

3. 全面支持乡村振兴

助力乡村振兴战略需要着重推进经济林与林下经济的发展，用产业振兴带动乡村振兴。近年来，我国利用丰富的森林资源禀赋大力发展经济林与林下经济，在经济林与林下经济的规模上、年产值上、惠及林业经营主体数量上以及带动主体增收上均有所突破，已然成为乡村产业振兴的重要动力。为推进经济林与林下经济的发展，减少林木、林果和林下经济产品的风险损失，满足这部分林业经营主体更强的风险管理意识，经济林和林下经济保险在助力乡村振兴战略实现的过程中发挥着不可替代的作用。

4. 助力绿色低碳发展

"双碳"战略的落实需要充分发挥林业碳汇间接减排的作用，分析林业碳汇项目开发潜力，编制林业碳汇发展方案，开展森林生态系统碳库专项调查，推动林业碳汇资源开发和利用。同时，为了规避碳汇林生长过程中的碳汇损失风险，加强与农发行、农行、农信社、中国人寿、中国平安等金融部门的沟通，开发符合我国实际的林业碳汇指数保险产品，盘活碳资产，与国家"双碳"战略实现顺利接轨。

5. 维护社会稳定发展

维护社会稳定需要重点关注居民的人身安全和财产安全，而野生动物肇事事件的发生使得居民人身安全和财产安全得不到保障，阻碍了生产、生活的有序进行。野生动物肇事保险对居民的人身、农作物、经济林木等提供必要的风险保障，凭借着定损理赔及时的优势，在缓解人与野生动物冲突、维护社会稳定中发挥着重要作用。

(二)发展方向

围绕构建林业保险体系、创新林业保险产品、优化参保模式、健全赔付机制、完善补贴机制等方面，有效提升参保水平和风险补偿作用，全面实现林业保险高质量发展。

1. 根据林业发展定位，构建多层次林业保险体系

多层次保险体系是满足不同经营主体保险需求的基本前提。应根据林业发展的目标定位，明确林业保险在维护区域生态安全、保障木材产业安全、支持乡村振兴战略、落实"双碳"战略目标以及维护社会稳定发展等方面的功能作用，谋划构建以生态保险为主体，价值保险、收入保险、碳汇保险和责任保险为补充的林业保险体系（图1-2）：一是构建以保障生态公益林、草原、湿地、国家公园等自然保护地生态系统修复为目标的生态保险，满足灾后生态恢复需要；二是构建以保障商品林特别是国家储备林等产业发展为目标的价值保险，达到风险管理要求；三是构建以保障林果类和木本油料类经济林等经营收益为目标的收入保险，实现经营主体稳产稳收；四是构建以保障林业碳汇资源和碳汇资产价值为目标的碳汇保险，促进碳汇开发交易；五是构建以弥补城市园林绿化、野生动物肇事损失补偿为目标的公众责任保险，缓解社会冲突矛盾（图1-3）。多层次林业保险体系的构建，有助于推动森林保险产品由"供给驱动型"向"需求导向型"的有效转变，使保险产品更加匹配生态保护、产业发展和乡村振兴等多方面需求，为林业经营主体提供更为广泛的风险保障。

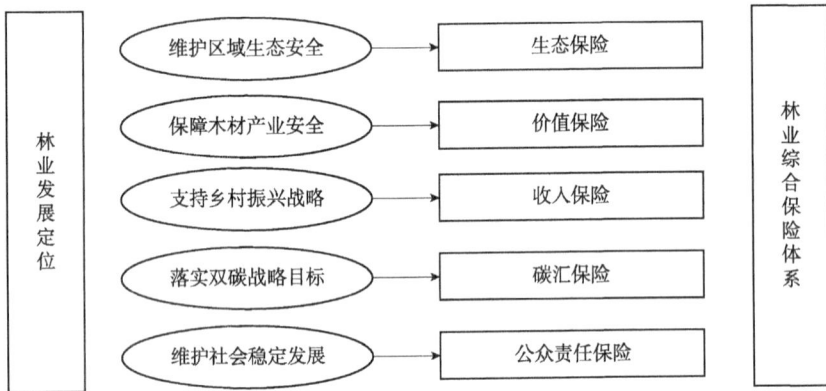

图 1-2　林业发展定位与林业保险体系

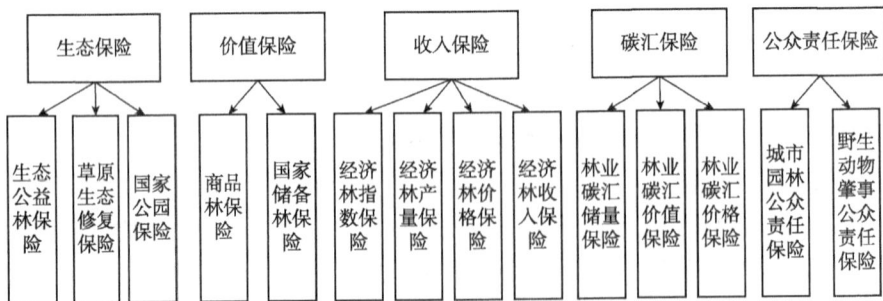

图 1-3　林业保险产品体系

2. 基于风险管理需求，创新多元化林业保险产品

多元化保险产品是增强经营主体参保动力的核心因素。一是根据林业风险管理需求，设计涵盖林草资源管理、国家公园建设、野生动植物保护、防灾减灾、林业产业发展等业务多元化的保险险种。二是要合理划分保险责任，积极推广北京市"一切险"的保障模式，并将在灾前、灾中、灾后所发生的预警责任、施救费用、碳汇损失和清理费用等纳入森林

保险的保险责任范围,为林业经营主体提供最大程度的赔付保障,有效激发经营主体参保意愿。三是科学设定保险金额,积极探索从保物化成本、生产成本、完全成本保险到产量保险、价格保险、收入保险的转变,根据经营主体差异化的风险管理需求进行确定保险金额,不断提升风险保障水平。四是优化保险定价机制。保险费率厘定应以风险区划为前提,根据地理位置、气候条件、交通情况、地域风险特征、历史理赔数据等因素,在各地区内划分若干风险区来制定差别费率,客观反映林木损失风险水平。同时引入无赔款优待机制,根据是否出险、赔付金额等具体情况进行费率动态调整,使费率真实地反映出保险标的面临的风险,避免道德风险和逆向选择。

3. 优化运行管理机制,形成规模化业务发展模式

规模化参保模式是提升参保水平的重要支撑。公益林可延续当前做法,继续推广统保统赔模式,提升保险公司业务承办效率;商品林则探索"自愿+统保"的方式,以规模化经营主体为主要承保对象,采用整村推进的方式,实行一村一保单,保费可由村统一收取或征得村民同意后扣缴。农村经济合作社或农村经济股份合作社核定全村投保面积后委托县级林业主管部门投保和灾后的据证索赔,理赔资金直接支付到合作社,主要用于恢复林业生产经营。在逐步实现规模化参保以后,后续可以根据分散经营主体的实际需求开展承保业务。

4. 建立防赔结合机制,提供全方位风险保障服务

全方位赔付机制是改善林业保险赔付水平的关键所在。林业工作的核心在于灾害预防,林业保险工作也应当贯彻"以防为主,防赔结合"的理念,积极探索风险减量管理模式,并逐步建立包含灾前预防、灾中减损、灾后赔付在内的防赔结合机制。其中,灾前预防包括保险机构投入的防灾减损费用以及预警费用;灾中减损涉及支付给被保险人的施救费用,用于灾害发生中防止或减少保险林木损失;灾后赔付涵盖了合同约定风险导致的林木损失、碳汇损失以及清理费用,用于灾害发生后的恢复生产。在防赔结合机制下,林业经营主体能够通过林业保险减损止损、风险补偿,充分发挥全方位的风险管理功能,解决长期制约我国林业保险发展的低赔付率难题。

5. 合理确定补贴标准,设定差异化财政补贴政策

差异化补贴政策是扩大参保规模的有力保障。在产品体系构建与保险要素优化前提下,满足各类林业经营主体的保险产品的保费会随着保障水平的提升而增加,将会极大地提高林业经营主体的保费负担,在此基础上给予一定比例的财政补贴更有助于激发林业经营主体的参保意愿,发挥补贴政策的激励参保作用,进而提升财政资金的补贴效果和补贴效率。此外,由于各地区森林资源状况差异较大,地方政府财政实力不同,应当充分考虑区域特点,逐步推行差别化补贴政策,根据不同区域的森林资源状况、地方财政收入水平等因素,对不同区域的补贴标准进行合理调整,设置差异化补贴标准,缓解地方财政资金的配套难题,为保险规模的扩大以及保险产品创新提供有效的资金支持。

三、产品体系和核心目标

依据林业保险高质量发展目标,为了解决现有保险产品与实际需求不匹配的现实难

题，根据林业发展的目标定位，基于林业在维护区域生态安全、保障木材产业安全、支持乡村振兴战略、落实"双碳"战略目标以及维护社会稳定发展的战略定位，构建多层次综合保险体系。

（一）优化公益林保险产品，满足灾后恢复造林需要

完全成本保险即保险金额覆盖物质与服务费用、人工成本和土地成本等生产总成本的保险。目前我国政策性森林保险的保障范围主要还是再植成本，即林木受灾损失后按造林技术规程恢复森林第一年内的总费用，而根据《中央财政农业保险保险费补贴管理办法》的有关要求，保障范围应当包括苗木和肥料等生产资料购买、林地清理、整地、施肥、栽植及必要抚育管护到造林成活率达标期间所需要的各种费用，因此应当探索公益林完全成本保险，以满足灾后恢复造林的实际需要。

（二）开发商品林价值保险，达到财产风险管理要求

从发达国家林业保险发展经验来看，"保价值、保收入"是林业保险（特别是商品林保险）的主流，我国林业保险的再植成本与造林完全成本仍有较大的差距。"十四五"期间应积极突破现有"再植成本"政策，探索主要商品林造林树种完全成本保险，并逐步向"保价值、保收入"发展。

（三）国家储备林工程保险，符合项目融资增信条件

国家储备林建设是维护国家生态安全和木材安全、全面保护天然林的重要举措，是促进绿色增长和高质量发展的重要途径。根据《国家储备林建设规划（2018—2035年）》，到2035年规划建设国家储备林2000万公顷，工程建设总投资超过4000亿元，由于国家储备林项目建设的资金来源是以国家开发银行和中国农业发展银行的开发性政策性金融贷款为主，国家储备林项目贷款中林权抵押贷款需要林业保险作为风险保障和金融增信支持，这就为国家储备林工程保险提供了政策引导。国家储备林工程保险可为国家储备林工程建设提供风险分散与转移机制，对提升国家储备林项目风险综合保障能力、完善国家储备林风险管理机制具有重要价值。目前国家储备林建设尚处于起步阶段，随着创新国家储备林工程保险产品与相应运行管理模式的完善，国家储备林保险将获得广阔的发展空间。

当前国家储备林建设处于全面推进阶段，纳入中央财政保费补贴范围的政策性商品林保险的保障水平较低，无法覆盖抵押林权（林木）资产价值，难以达到国家开发银行、中国农业发展银行对国家储备林项目贷款风险控制的要求，亟需开展针对国家储备林项目特色的保险业务，通过保险增信功能，提高储备林经营主体信用等级，以解决贷款主体的融资难、融资贵的问题。各地应立足于自身区域特色，开发设计国家储备林保险，为国家储备林项目提供更高层次的风险保障水平，并将该保险产品作为多样化林业保险体系中的重要部分，推动国家储备林保险与信贷协同发展，完善并拓宽林业保险制度体系的建设。

（四）经济林综合保险体系，实现经营主体稳产增收

我国现有经济林主要包括果树林、食用原料林、林化工业原料林、药用林和其他经济林，合计总面积近6亿亩，约占全国森林面积的20%。从总量上看，全国经济林的年产量超过了2亿吨、产值超过2万亿元，从事经济林生产的农村人口超过1亿，经济林种植成了广大林业经营主体脱贫致富的主要产业；从增量上看，现在每年人工造林面积中，新造的经济林占比超过30%，经济林已然成为未来森林覆盖率增加的主要贡献因素。与此同时，全国各地区大力发展以林下种植、林下养殖、相关产品采集加工和森林景观利用等林业高附加值产业为主要内容的林下经济，取得了积极成效。这些林业经营主体往往具有更强的风险管理意识，也具有更强的保险购买能力，给林下经济保险发展带来重要机遇。

为了降低经济林和林下经济生产经营过程中遭受的林业灾害影响，减少经营主体的经济损失，需建立经济林综合保险体系。经济林的迅猛发展带动了保险的旺盛需求，传统的林木成本保险无法对产量风险与价格风险进行保障，已不能满足经营主体的需求，对产量保险、价格保险、收入保险、气象指数保险等高保障险种的需求不断涌现。与此同时，经济林和林下经济的蓬勃发展使得林业保险出现了一些新趋势，集中表现在创新发展了经济林产量险、收入险、价格指数险、气象指数险，以及"保险+"等新产品、新模式，极大地解决了林业经营主体的现实需求。近年来，新疆南疆地区开发了香梨、苹果、红枣、核桃等6个经济林保险产品，青海开发了林木种苗保险和枸杞经济林保险产品，陕西、湖南、四川、浙江等省开发了油茶、核桃、油橄榄等木本油料经济林保险产品，四川开发了芒果价格指数保险试点。

但产量保险和价格保险都只能单一地保障产量风险和价格风险，甚至可能出现引起违背保险初衷的情况。例如：如果林业经营主体投保了产量保险，当年受自然灾害影响导致产量降低触发赔偿条件，但由于价格上涨使得林业经营主体实际收入是提高的，这时林业经营主体若获得保险赔偿，显然与保险损失补偿的初衷相违背，价格指数保险可能也会引起同样的情况。而气象指数保险研发成本高和推广难度较大，在产品设计环节一般需要30年以上的历史气象数据和产量损失数据，并需通过专业的精算技术来测度产量损失和气象指数间的关系，且不同地区具有不同的气候特征，需要进行单独的费率厘定和产品设计，研发成本高。气象指数保险还存在着基差风险的问题，使得气象指数保险难以成为具有普适性和可广泛推广的产品。

收入保险是以目标收入为保险标的的产品，在林业经营主体产量下降（常常是因为受自然灾害、病虫害等不利因素的影响）或者因为价格下降等原因造成实际收入低于目标收入时，根据实际收入与目标收入的差额进行经济补偿。与成本保险、产量保险、价格指数保险等险种相比，收入保险在保障农户收入方面具有明显的优势——只有在收入受损时才进行赔偿，有效避免了产量保险或者价格指数保险可能出现的违背保险损失补偿原则的情况。对农户来说，产量和价格共同决定了收入，林业经营主体最需要保障的是收入的稳定，而不是产量或者价格的稳定，而成本保险、产量保险、价格指数保险等林业保险险种都无法全面地保障收入的稳定，显然收入保险更符合广大林业经营主体的保险需求。此外，从国际经验和我国林业保险的实践来看，收入保险将是未来林业保险产品的主导形态。因此，各地应立足经济林资源特色，结合当地特色林产品区域布局和林下经济模式，针对林粮、林禽、林畜、林药、林菌等领域开发林下经济综合保险，为良种选育、病虫害防治、森林防火、林产品加工、储藏、物流配送、电子商务等产业链提供全面风险保障，丰富林业保险产品体系，为林业产业进一步发展保驾护航。

（五）林业碳汇项目保险，支持碳汇开发交易融资

随着全球极端天气发生频率和强度的明显增加，国际社会逐渐对通过"碳中和"应对全球气候变化达成共识，我国也正在重点推行"碳达峰，碳中和"战略。林业碳汇作为应对气候变化的自然解决方案，是实现"碳中和"的重要路径之一，其碳抵消作用被认为是最经济的且有多种效益的。为加快发展林业碳汇，2018年国家九部委联合印发的《建立市场化、多元化生态保护补偿机制行动计划》中明确提出"将具有生态、社会等多种效益的林业温室气体自愿减排项目优先纳入全国碳排放权交易市场"的构想。保险作为风险规避的重要金融工具，可以有效保障碳交易市场中的碳资产损失风险和碳汇林生长过程中的碳汇损失风险，对支持林业碳汇发展意义重大。

加快推进林业碳汇资源开发，有助于提高林业增汇能力、增加碳汇收入、拓展碳资产管理业务、加快专业化发展，对助力绿色低碳发展和国家"双碳"战略目标实现具有重要意义。目前福建、江西和广东等地已经开展了碳汇指数保险、碳汇价值保险等林业碳汇保险的试点工作，可以充分吸取上述省份在林业碳汇保险产品设计方面的经验，创新林业碳汇保险产品，从保险标的、保险责任、保险金额、保险费率和赔偿方式等产品要素优化完善，将林业碳汇保险纳入林业保险产品体系中，这对林业保险体系完善与发展具有重要意义。

（六）建立公众责任保险，保障群众人身财产安全

城市园林面临的风险种类多，风险事故发生概率高。城市园林不仅面临气象灾害、病虫害等自然风险，同时还面临城市特殊性引起的风险，如城市空气质量相对较差，且城市土壤pH值、光污染、地下管道设施、居民活动等都会对园林植物的正常生长产生一定的影响。因此，为避免风险事故的发生可能对城市园林施工方、维修养护部门以及地区政府的经济造成较大影响，城市园林公众责任保险的建立与推广也十分必要。城市园林公众责任保险不仅保障被保险人的财产安全，也可赔偿第三人的损失，避免被保险人因承担对第三人损害赔偿责任从而遭受巨大的经济损失，可以同时维护被保险人和第三人的利益。创新开展城市园林公众责任保险一方面可在遭遇风险事故后对园林建设方与维修养护方以及园林等相关政府部门进行经济补偿，增强城市园林建造与维修养护的资金保障，进而促进城市园林内部生态系统的恢复与稳定，对持续有效地建设城市园林与维护园林良性发展以及整个城市生态系统的可持续发展具有重要意义；另一方面，促进城市园林健康持续发展，为城市居民的休憩空间与生活环境提供了保障，同时，城市园林公众责任保险也可为以经营城市园林为主要收入来源的施工者、经营者及管理者的收入稳定性提供保障，使其在城市园林遭遇灾损后及时得到经济补偿，维持其正常生活秩序，稳定其生活生计。

随着野生动物种群和栖息地的逐渐恢复，野生动物肇事事件频发，给人民群众的生命、财产安全带来巨大威胁，政府直接补偿这一方式存在补偿责任难落实、补偿方式单一、补偿标准低等问题，无法有效弥补群众的经济损失，需要野生动物肇事公众责任保险这一风险管理工具发挥财政资金的杠杆作用，保障受损主体及时得到应有赔偿。按照《中央财政农业保险保费补贴管理办法》中"补贴险种的保险责任应当涵盖当地主要的自然灾

害、重大病虫鼠害、动物疾病疫病、意外事故、野生动物毁损等风险"的规定，将野生动物肇事毁损造成被保险林木的直接经济损失纳入林业保险责任范围。该做法在一定程度上保障了野生动物对农林业损害的风险补偿，但相较于独立开展公众责任险，存在没有将野生动物肇事毁损造成的人身伤亡和其他财产损失(如房屋家具等)纳入保障范围、保障水平有限(保险金额为标的损失后的再植成本)的弊端，仍然无法有效保障受灾群众的合法权益，开展野生动物肇事公众责任保险的需求日益迫切。创新开展野生动物肇事责任保险可以全面保障野生动物肇事对农作物、经济林木以及其他财产和人员伤害造成的损失，弥补其他保险产品未涵盖野生动物肇事这一保险责任，成为多元化林业保险产品体系中的重要补充。

第二章 公益林保险

第一节 内涵界定与功能作用

一、内涵界定

公益林保险特指在政府的财政支持下，将公益林①作为保险标的，由被保险人（林业经营主体或地方林业部门）向保险人缴纳约定的保险费，以在保险标的遇灾时获取赔偿的契约行为。公益林保险旨在通过财政补贴保费、保险公司承保来抵御公益林损害风险、筹措公益林复植经费等。投保人可以是国有林业单位、集体制林场、林业股份制公司或林农。发展公益林保险是促进我国生态文明建设的一项重要配套措施，对于有效保护公益林资源、维护与改善生态环境、保持生态平衡、保护生物多样性、促进林业持续健康发展具有重要意义，也能为受损的公益林资源尽快得到恢复提供资金支持，使村集体或林业经营主体在大灾面前尽量减少经济损失，有效保护和调动社会各界投资林业的信心，为公益林资源长期稳定发展打下一个坚实的基础。

公益林保险的直接受益对象表现为国有林场及林业经营主体，但由于生态公益林大多位于生态区位非常重要或生态状况非常脆弱的地区，对国土生态安全、生物多样性保护和经济社会可持续发展具有非常重要的作用，且通常以提供森林生态和社会服务产品为主要经营目的，公益林保险的间接受益对象则是一个较大范围内的区域生态循环系统，包括社区、企事业单位和居民等。

公益林保险一般分为公益林单一险和公益林综合险。公益林单一险是指以生态公益林作为保险标的，由被保险人（林业经营主体或地方林业部门）向保险人缴纳约定的保险费，在保险期内因某单一自然灾害发生造成保险公益林林木损毁（包括流失、掩埋、主干折断、倒伏、死亡或者推断死亡等表现在内的直接经济损失），保险公司按保险合同约定的赔偿标准负责赔偿的契约行为。公益林单一险可依据林业风险类型进行划分，包括火灾、病虫鼠害、水灾、旱灾、冻灾、其他气象灾害以及人为活动引起的灾害等，如公益林火灾险、公益林风灾险、公益林病虫害险等。公益林综合保险是指以生态公益林作为保险标的，由被保险人（林业经营主体或地方林业部门）向保险人缴纳约定的保险费，在保险期内遭遇火灾、林业有害生物、洪水、暴雨、泥石流、暴风、霜冻、冰雹、暴雪等时获得赔偿的契约行为。公益林综合保险是将地区森林重点灾害类型基本全涵盖在内，包含了多种自然灾

---

① 公益林是以改善生态环境、保持生态平衡、保护物种资源、利于生态旅游等需求为主要目标的森林，是森林生态资源的重要组成部分。[浙江岱山：绘就公益林"成长图"国家林业和草原局政府网]

害；因覆盖范围内的某单一自然灾害或多种自然灾害造成的损失，保险公司均可按保险合同约定负责赔偿。公益林综合保险的涵盖范围也可根据各地具体情况进行调整。

二、功能作用

生态公益林是以保护和改善人类生存环境、保持生态平衡、保存物种资源、科学实验、森林旅游、国土保安等需要为主要经营目标的森林和灌木林。在其漫长的生长周期内面临着多种多样的风险，这些风险对公益林造成极大的损害，影响了公益林生态功能的发挥。如不对这些风险进行相应管理，从长远来看必定阻碍林业的可持续发展，更不利于生态环境的改善。公益林保险通过对生态公益林生产过程中的诸多风险因素进行预防、管理和控制，有效消除或化解了生态公益林生产中的不利因素，降低了林业风险，有利于生态公益林生产的正常开展，及其经济、生态功能与效益的有效发挥。此外，通过投保公益林保险，使得公益林资源在遭受自然灾害后，能够获得理赔资金进行灾后重植，为公益林灾后恢复再生产提供及时的资金支持，减少林业经营主体损失，对于有效保护公益林资源、维护生态安全、促进林业持续健康发展具有重要意义。

第二节　发展情况与存在问题

一、发展情况

自 2009 年中央财政森林保险保费补贴政策实施以来，我国公益林保险也随之发展，参保面积和保费收入稳步增长。目前，中央财政对公益林提供专项的保险保费补贴，2020 年公益林保费的财政补贴比例为 95.41%（一般为在地方财政给予 40% 保费补贴的前提下，中央财政再补贴 50%）。险种主要是火灾险和综合险，保险责任涵盖林业主要自然灾害、有害生物灾害、意外事故、疫病、疾病等。保险金额原则上是林木损失后的再植成本，每亩 400~1250 元不等。各地区结合实际情况制定了差异化的保险政策，部分地区按照风险差别进行了费率区分，部分地区按照林种、树种和生长周期等对险种进行了细分，部分地区制定了查勘定损标准、防灾防损资金使用办法、灾后恢复治理办法等相关规范性文件。总体而言，各地区在公益林保险制度建设方面举措多元、自主空间较大。

（一）运行情况

根据各级政府保费补贴比例的不同，公益林保险的运行机制可以分为部分补贴下的经营主体参保模式和全额补贴下的地方林业部门统保模式。

在部分补贴模式下，林业经营主体自行与保险公司签订公益林保险合约，中央和地方财政部门对公益林经营主体所缴保费进行补贴，各省份的补贴方案有所不同，一般情况下中央财政补贴 50%，省级财政补贴 25%~50%，市（县）财政补贴 5%~25%，林业经营主体自担 0%~10%。在理赔环节，个体直接投保的保险赔偿由保险公司直接支付给林业经营主体的"一折通"或其他银行账户；集中投保的情况下则由保险公司将保险赔偿金拨付给村

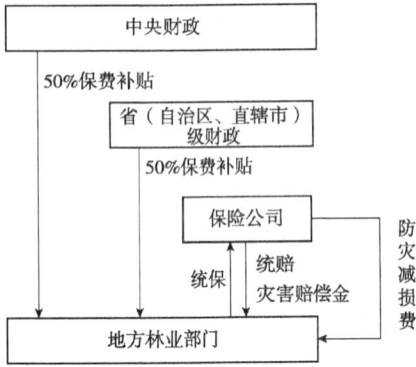

图 2-1　我国公益林保险运作模式

集体或生产合作社统一管理并专项用于受灾林地的灾后造林工作。

在全额补贴模式下，中央和市级财政各承担50%保费，林业经营主体无需承担保费；具体运作模式如图2-1所示。目前，以北京市为代表的18个省（自治区、直辖市）公益林保险采取这种模式。公益林保险只涉及两方主体，即政府部门与保险公司。我国公益林保险具有较强的地域性，采取"中央+省级+市（县）"三级财政补贴的机制，参与投保的政府部门为市（县）一级的地方林业部门，承保公司也主要是由市（县）级公司开展业务。在投保环节，地方林业局代理投保，代替林业经营主体统一与保险公司签订保险合同，统一确定保额、保费以及保险责任等，保险合约仅涉及地方林业部门和保险公司；在理赔环节，当公益林受灾后，保险公司直接将保险赔付资金支付给相关的基层林业部门，由地方林业部门对赔付资金进行管理，将其用于受灾林地的恢复造林和灾后抚育工作。

（二）参保情况

随着中央财政保费补贴工作逐步深入开展，我国生态公益林保险业务快速增长，保险覆盖率持续增长，保费收入规模也不断扩大。截至2020年年底，全国公益林累计参保面积18.27亿亩，承保面积覆盖全国总投保面积的74.97%。2012—2020年，公益林保险面积增加了10.56亿亩，增长136.96%。2020年，全国公益林保费总额达24.85亿元，占森林保险总保费的68.25%，比2019年增加了0.47亿元，同比增长了1.93%；亩均保费为1.36元，与2019年保持一致；保费率为2.19‰，比2019年下降了0.03个千分点（表2-1）。

表 2-1　2012—2020 年全国公益林保险参保情况

年份	投保面积（亿亩）		保额（亿元）	保费（亿元）
	总计	公益林		
2012	12.89	7.71	3758.69	9.29
2013	19.57	14.28	6377.62	17.46
2014	21.03	15.88	7901.30	19.95
2015	21.74	16.44	8834.79	21.46
2016	20.44	16.99	9590.54	22.94
2017	22.40	17.92	10 134.77	24.35
2018	23.26	18.28	11 053.23	25.39
2019	23.56	17.93	10 991.53	24.38
2020	24.37	18.27	11 371.16	24.85

公益林在政府对其基本实现全额补贴的前提下参保面积呈现逐年上升态势，公益林保险面积占森林保险总面积的比例稳步提高。参保面积和保费收入的不断增长，体现了我国公益林保险工作的全面推进，政府支持力度不断加大，我国公益林保险制度体系日益完

善，公益林保险的风险保障功能日趋显现。

2020 年，全国 33 个参保地区和单位均开展了公益林保险，但在险种上存在一定的差异。浙江省、青岛市和云南省投保公益林火灾险，其他参保地区和单位都投保了公益林综合险，另外，宁波市、贵州省同时投保了两个险种。从参保地区和单位参保面积来看，2020 年公益林参保面积排名前 5 位的地区和单位依次为内蒙古自治区、四川省、云南省、陕西省和内蒙古森工集团(表 2-2)。

表 2-2　2020 年各地区和单位公益林保险参保面积情况

面积(万亩)	0~1000	>1000~5000	>5000~10 000	>10 000~30 000
地区和单位	厦门市、大连市、青岛市、江苏省、宁波市、吉林森工集团	海南省、北京市、山东省、长白山森工集团、河南省、安徽省、吉林省、湖北省、青海省、河北省、重庆市、福建省、浙江省、辽宁省	江西省、广东省、山西省、大兴安岭林业集团、湖南省、广西壮族自治区、甘肃省、贵州省、内蒙古森工集团	陕西省、云南省、四川省、内蒙古自治区

从 2020 年公益林保险参保面积变化幅度看(图 2-2)，江苏省、长白山森工集团、湖北省和青海省的公益林参保面积增幅均超过 25%，其中江苏省的增幅最高，为 119.58%，其余 3 个地区和单位的增幅依次为 42.31%、26.51%、25.60%；江西省与北京市的公益林参保面积和 2019 年保持一致；大连市、吉林森工集团、湖南省和广西壮族自治区的降幅皆超过 5%，分别为 10.09%、7.01%、5.79% 和 5.52%。

2020 年是江苏省启动公益林保险工作的第二年，处于快速扩面阶段，投保面积翻倍，覆盖了全省 36% 的公益林，但仍有较大发展空间。长白山森工集团由于区划落界，部分商品林落界为公益林，总参保面积与 2019 年持平。湖北省统筹协调各级林业部门落实好森林保险工作，确保承保、续保平稳开展，参保面积稳中有升。青海省于 2019 年将公益林保额由 600 元/亩上调至 1000 元/亩，费率由 2.5‰ 下调至 1.5‰，2020 年公益林参保面积由降转增，一定程度上反映了政策调整的效果在逐步释放。

(三)补贴情况

我国中央财政森林保险保费补贴政策遵循"政府引导，市场运作"的基本原则，在林业管理部门的大力配合下，由商业保险公司开展政府规定的森林保险业务，政府为购买公益林保险的投保主体给予一定比例的保费补贴。2016 年制定的《中央财政农业保险保险费补贴管理办法》中明确规定公益林在地方财政至少补贴 40% 的基础上，中央财政补贴 50%；对大兴安岭林业集团公司，中央财政补贴 90%。2021 年底对原有补贴管理办法进行了修订①，明确在

①2021 年年底修订的《中央财政农业保险保险费补贴管理办法》规定：遵循"财政支持、分级负责、预算约束、政策协同、绩效导向、惠及农户"的原则，中央财政、省级财政按照保费的一定比例为公益林保险提供补贴。其中，省级财政平均补贴比例表示为(25%+a%)，中央单位平均承担比例表示为(10%+b%)，以保费规模为权重加权平均计算。中央财政承担补贴比例如下：当 $a \geqslant 0$ 时，中央财政对各省公益林补贴 50%；当 $a<0$ 时，中央财政对各省公益林补贴(50%+a%×2)。当 $b \geqslant 0$ 时，中央财政对大兴安岭林业集团公司公益林补贴 70%；当 $b<0$ 时，中央财政对大兴安岭林业集团公司公益林补贴(70%+b%×7)。

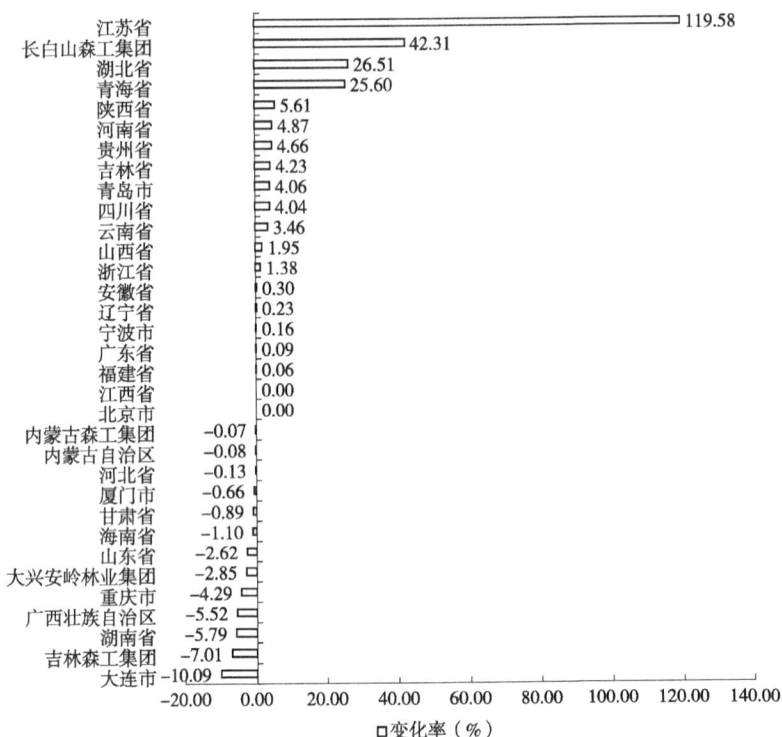

图 2-2　2020 年各地区和单位公益林保险参保面积变化情况

维持保费补贴比例稳定的基础上，优化省级补贴比例计算方式，给予地方财政更大自主权，将省级财政保费补贴资金在各险种、各市县之间合理分配，避免补贴比例"一刀切"。

2020 年，各级财政对公益林的保费补贴为 23.71 亿元。其中，中央、省级、市（县）财政补贴金额依次为 12.93 亿元、7.43 亿元和 3.35 亿元，分别占公益林保费的 52.03%、29.90% 和 13.48%。各级财政补贴占总保费的 95.41%，林业经营主体平均承担保费的 4.59%，与 2019 年相比，林业经营主体所承担的保费比重略有下降（图 2-3）。

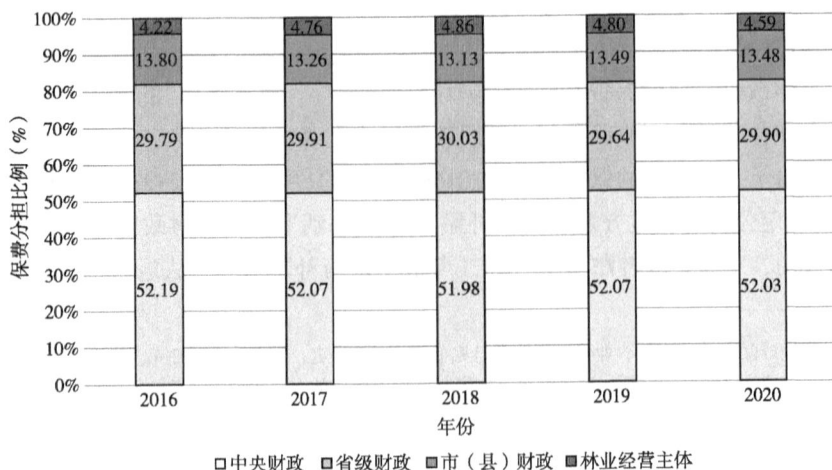

图 2-3　2016—2020 年全国森林保险保费分担情况

33 个公益林参保地区和单位中，有半数地区和单位的公益林保费无需林业经营主体承担。其中，北京市、江西省、海南省这 3 个地区由中央财政和省（直辖市）财政按 1∶1 的比例分摊。内蒙古森工集团和吉林省的公益林保费补贴比例低于 90%，分别为 82% 和89.62%，其余各地区和单位的财政补贴比例均达到 90% 以上（表 2-3）。

最近 5 年，林业经营主体分担比例基本稳定在 4%~5%。

表 2-3　2020 年各地区和单位公益林财政补贴比例分布情况

财政补贴比例	<90%	90%~100%	100%
地区和单位	吉林省、内蒙古森工集团	辽宁省、江苏省、甘肃省、青海省、湖南省、河北省、大连市、福建省、厦门市、四川省、陕西省、大兴安岭林业集团、吉林森工集团、长白山森工集团	北京市、山西省、内蒙古自治区、浙江省、宁波市、安徽省、江西省、山东省、青岛市、河南省、湖北省、广东省、广西壮族自治区、海南省、重庆市、贵州省、云南省

（四）理赔情况

近年来我国公益林保险简单赔付率总体有了一定程度的提升，全国平均简单赔付率在25% 左右浮动（表 2-4）。然而，相较于农业保险及林业保险发达国家，我国公益林保险整体赔付率仍旧偏低，这与我国公益林管护措施日益完善、防灾减损水平日益提高有一定关系；但同时也间接表明其中相当一部分保费收入没有直接用于风险损失的补偿，造成财政资金的低效甚至无效使用。

表 2-4　2012—2019 年我国公益林森林保险赔付变化情况

年份	保费（亿元）	赔付金额（亿元）	简单赔付率（%）
2012	9.29	0.64	6.93
2013	17.46	1.52	8.73
2014	19.95	2.31	11.57
2015	21.46	5.97	27.81
2016	22.94	5.18	22.57
2017	24.35	6.23	25.60
2018	25.39	6.10	24.03
2019	24.38	6.26	26.09
2020	24.85	5.16	20.79

2020 年，在全国参保地区和单位中，有 22 个地区和单位公益林简单赔付率低于全国平均值（20.88%），公益林保险赔付率最高的是厦门市，为 115.46%，福建省、江西省的公益林赔付率也超过了 50%（图 2-4）。2020 年，厦门市投保了公益林 45.54 万亩，保费收入 68.31万元，全年理赔森林火灾 1 起共 78.87 万元，因此赔付率较高。暖冬季节阴雨连绵，福建省部分地区松毛虫、松墨天牛等害虫发生范围和程度加剧，进入爆发周期，受此影响，福建省公益林保险赔付率较 2019 年有所提高。江西省公益林保险已决赔款中约 60% 来自林业生物灾害理赔，火灾占 30%。江西省、福建省和厦门市的赔付率近年来一直保持在 50% 以上。

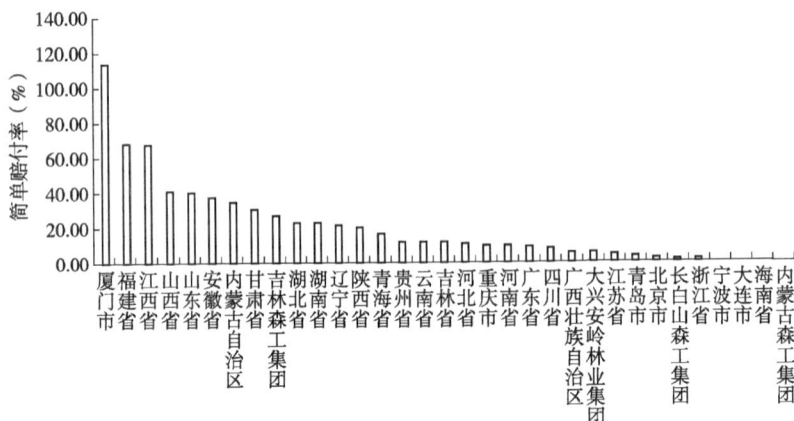

图 2-4　2020 年各地区和单位公益林保险简单赔付率

二、存在问题

我国公益林保险发展态势总体良好，但市场机制不完善导致公益林保险发展也面临一些困境：一是保险运行机制不完善容易诱发道德风险；二是保费补贴的激励引导作用仍有较大提升空间；三是现有保险产品设计未完全遵循市场运作原则，且缺乏对林业碳汇的关注，费率厘定缺乏依据，保险期限较短；四是风险补偿效果不明显，财政资金使用效率较低；五是公益林保险市场尚未形成竞争机制且有效供给不足。

(一)保险运行机制不完善容易诱发道德风险

由于公益林保险运行机制分为部分补贴下的经营主体参保模式和全额补贴下的地方林业部门统保模式，因此不同模式下公益林经营主体道德风险的表现形式存在差异。

1. 自行投保模式

在自行投保模式下，道德风险主要来源于公益林经营主体，包括防损端的事前道德风险和减损端的事后道德风险。事前道德风险是指投保人在公益林灾害发生前的不诚实、不守信，或者因有保险保障而降低对公益林的维护措施，导致灾害发生概率上升；事后道德风险是指投保人在灾害发生后补救措施不积极主动，甚至采取人为破坏等败德行为，造成公益林的损失扩大。事前与事后道德风险的表现不同。

(1)事前道德风险

事前道德风险通常表现为因有保险保障而诱发的两类完全相反的行为。第一类是激进型经营主体，在购买公益林保险后，林业经营主体一系列异常的防损行为而引起的保险事故。调研发现，部分地区林业经营主体出现故意将生长情况差的林地烧毁，或人为制造火灾以获取保险赔偿金的现象。第二类是消极型经营主体，在购买公益林保险后，林业经营主体未积极开展防损措施，进而引起保险事故的发生。投保后，部分林业经营主体故意减少防灾防损措施以节约时间开展其他生产经营活动，增加其在非林方面的收入；或在投保后出现减少对防虫药物的投入量等情况。

(2)事后道德风险

事后道德风险的表现具体有两种类型。第一类是在受灾后怠于采取减损措施或者进行人为破坏，公益林保险的保险标的是具有生命的树林，因灾致损时进行适当的修复和照料通常可以自我调节和恢复，故风险事故的发生并不意味着最终损失的发生。然而，不少林业经营主体在受灾以后寄希望于政府补贴和保险公司赔偿金，不及时采取补救措施，造成公益林因灾损失增加。第二类是在灾后造林过程中的不积极或者变相融资行为，在拿到赔偿金后的重新造林过程中，再植成本会因树种选择的不同而有差异，林业经营主体会倾向于选择种植短期更易成活、成本更低的树种，甚至倒卖树苗，但不同树种的生态效应不同，树木的耐寒、耐旱能力和水土保持的程度有差异，因此，投保人的这种道德风险行为会对公益林生态功能带来很大影响。

2. 统保统赔模式

在统保统赔模式下，地方林业部门作为投保主体，在承保环节代替农户统一与保险公司签订保险合同，统一投保，统一确定保额、保费和保险责任等。在投保后，部分省(自治区、直辖市)采取防灾减灾方式进行管理，由保险公司从保费中提取一定比例专门用于防灾减损的费用，再根据上一年度保费和赔付情况确定发放给地方林业部门的经费额度，以提高当地公益林综合防灾能力。以广西壮族自治区为例，防灾减损经费列支总额一般不超过上一年保费总额的1.5%，上一年综合赔付率超过100%的列支经费比率不高于0.5%；内蒙古自治区则规定公益林保险保费收入在10亿元以上的按2.5%提取，10亿元以下的按3%提取。在理赔环节，公益林发生灾害后，保险公司直接将赔偿金支付给相关的基层政府部门，由地方政府部门对账户资金进行管理，用于受灾林地的造林和灾后抚育工作。与上一种模式相比，该种模式下保险主体不再涉及公益林经营者，灾后造林和修复工作将由地方林业部门负责执行。

在统保统赔模式下，公益林保险的参与方为保险公司与基层地方政府部门。理论上基层地方政府部门的目标函数是追求社会福利最大化，但地方政府部门作为"经济人"，同样也会追求自身利益最大化，只是寻求利益最大化的偏好会受到制度的约束，表现没有市场中的一般"经济人"明显。基层政府部门参与到公益林保险的补贴、参保、理赔各个环节，在公益林保险经营的各个环节起着很大的作用，极易诱发道德风险问题；保险公司作为利益相关方，同样也存在道德风险，主要表现为两个方面：第一，保险公司进行虚假投保，以增加保险业务量，获取相应的超额森林保险工作经费，套取中央财政保费补贴资金。如2016年某农业保险公司的支公司因虚增投保面积、虚列森林保险防灾费、超额计提森林保险工作经费，受到监管部门的行政处罚。第二，保险公司以多种形式(防灾减损费、协办费等)将保险补贴款返还基层政府部门，基层政府部门通过与保险公司合谋滥用或挪用防灾减损资金。

(二)保费补贴政策激励作用有待进一步提升

保费补贴的政策目标是为了增强林业经营主体投保意愿，激励林业经营主体自主投保；提升保险公司承保积极性，增加保险公司供给动力；带动省级和市(县)地方政府部门的更多资金进入林业生产部门。然而目前保费补贴模式不利于激励带动作用的发挥。

1. 过高的财政补贴比例

在一定程度上违背了保险经营的原则，难以有效发挥激励引导经营主体参保的作用。公益林保险90%以上的财政补贴比例，大大超过了44%的全球平均农险保费补贴比例水平，而且过高的补贴比例可能会产生边际效用递减，影响财政补贴资金的使用效率。此外，由"保费补贴规模=保费×补贴比例=保险金额×费率×补贴比例"可知，保障水平和费率对补贴规模有直接影响，同时又通过补贴比例对补贴规模产生间接影响。因此，仅仅依靠提高保费补贴比例可能无法实现增强林业经营主体支付能力和参保积极性的政策目标，合理的保障水平和补贴比例是实现政策目标的关键。

2. 补贴形式单一

政策支持缺乏差异化，在一定程度上限制了公益林保险的发展。我国区域间经济与政府财力水平、林业资源状况、农民保费负担能力均存在巨大差异，同一央地补贴标准下的三级"倒补贴"联动机制未考虑不同地方的差异情况。对于地方政府而言，在没有根据各地区实际林地面积与经济及财政水平实施差异化补贴的情况下，补贴比例的持续提高及补贴覆盖面的扩大会使地方财政负担过重，部分政府可能无力承担高额补贴资金，抑制了其推动公益林保险发展的动力。

(三)保险产品设计尚未完全遵循市场化运作

我国现行的公益林保险产品设计未经过科学定量的风险评估，缺乏创新，无法满足市场实际需求。具体表现为以下 2 个方面：

1. 保险费率未能充分反映灾害的实际损失和成本情况

保费率是确保公益林保险经营稳定的重要前提，因为其关系到林业经营主体对公益林保险的有效需求，也关系到政府保费补贴的支出程度。保险费率应综合考虑保险责任、林木多年平均损失情况、地区风险水平等多种因素，科学厘定。纯费率必须以长期平均损失率为基础来确定，这是由森林灾害损失在年际间的差异很大决定的，不过现实情况是目前保险公司对公益林的情况知之甚少，获知渠道也相对有限，只能通过以往的经验制定保险费率，带有一定人为主观性，这样制定的费率没有反映灾害的实际损失和成本情况，也未能反映不同地区和树种风险水平的差异。同时，目前我国公益林保险同一省份基本都采取了统一的费率。以北京市为例，其费率虽然按照山区和平原区进行了区分，但尚不足以充分反映不同地区和树种之间风险水平的差异，大多数省份保险费率始终维持在最初的定价，缺少保险费率动态调整机制。

2. 保障水平较低，保险期限没有反映林木长周期特性

目前我国公益林保险按照"保成本"原则设计保险金额，以北京市为例，其每亩公益林最高赔偿金额为 1200 元，低于造林的基本物化成本，且只能专项用于植被恢复，无法充分发挥对被保险人的损失补偿功能。调查显示，一般立地条件下的造林成本为每亩 3000～5000 元，个别特殊地带甚至达到每亩 10 000 元。此外，我国公益林保险投保期限统一为 1年，然而由于林业的特殊性，导致林业灾害损失的影响周期、再植恢复的工作周期和生态效果的产出周期都非常长，因此投保人为了规避风险不得不采取滚动投保的方式，这就会加大交易的复杂性，增加投保成本。

第三节　保险产品与要素设计

我国森林灾害的发生类型、发生频率、损失程度都相当严重，对我国森林资源的保护和发展造成了巨大危害，对生态环境的破坏及各种间接经济损失更是难以估量。因此，优化公益林保险产品及要素设计，完善公益林保险，对保护公益林资源、维护生态安全、促进林业持续健康发展意义重大。

一、保险责任划分

（一）公益林保险责任范围

生态公益林是依靠自然力进行生产和再生产的行业，而且生产经营周期较长，容易遭受各种自然和人为灾害的侵袭。因此，公益林保险责任要基于林业风险的大小、特点，确定与风险保障需求相适应的覆盖范围。

长期以来，我国森林灾害频发，对生态公益林及其经济与生态价值造成了严重的损害，包括火灾、暴雨、暴风、洪水、泥石流、冰雹、霜冻、台风、暴雪、雨凇、虫灾、干旱、滑坡、雪凇、雨雪冰冻、热带气旋、龙卷风、雷击、涝灾、低温、沙尘暴强风、地震和干热风等；其中，从历年林业受灾情况可知[①]，火灾、洪水、暴雨、泥石流、暴风、霜冻、冰雹、暴雪和林业有害生物等9种自然灾害发生频率高、分布范围广，是公益林保险责任的主要覆盖对象。另外，由于我国林业分布广，灾害区域分布存在明显差异，因此，各地要结合区域内林业风险的大小、特点，重点针对本区域内发生频率高、灾损大的森林灾害，将其纳入公益林保险责任范围，确定差异化的公益林保险责任，体现地区公益林保险产品的特色。

森林灾害的发生通常具有突发性、偶然性和伴生性，以及发生规模大、灾害破坏性强、灾后影响程度强等特点，严重危害林业生产经营的稳定和森林生态环境的安全。因此，公益林保险应尽可能覆盖多种林业风险类型。但同时，受多方面因素影响，公益林保险发展存在较大困难。一是承保公益林道德风险较大。受林木砍伐管理的限制，林业经营主体在森林过火后砍伐受灾林木获得的收益，远高于防止公益林发生火灾的收益，所以存在一些林业经营主体对公益林故意纵火或见火不救的现象，保险公司对此缺乏有力的管控手段。二是公益林的受益主体和经营主体不一致，林业经营主体获得的经济补偿很低，对公益林防火责任心不强，缺乏投保积极性，而且其对公益林保险的缴费主体和实际操作也持有不同意见。三是根据国家有关规定，生态公益林不得作为抵押物办理抵押贷款，与贷款相联系的参保激励效应受限，这也直接影响了林业经营主体的公益林保险参与动力。因此，鉴于生态公益林保险的复杂性和特殊性，公益林保险应重点发展以覆盖主要森林灾害类型为主的综合保险。

确定公益林保险责任范围后，在保险期间内，由于保险责任覆盖范围内的森林灾害直接造成生态公益林林木损毁（包括流失、掩埋、主干折断、倒伏、死亡或者推断死亡等表现在内的直接经济损失），保险公司按保险合同约定的赔偿标准负责赔偿。

（二）除外责任的确定

公益林保险的除外责任一般包括以下内容：①投保人及其家庭成员、被保险人及其

---

① 数据来源于各年《中国林业和草原统计年鉴》。

家庭成员、种植及管理人员的故意或重大过失行为、管理不善；②行政行为或司法行为；③战争、敌对行为、军事行动、恐怖活动、武装冲突、民间冲突、罢工、骚乱、暴动；④他人的恶意破坏行为。

以下损失、费用，保险人不负责赔偿：①当地洪水水位线以下的林木由暴雨、洪水造成的损失；②四旁树（村旁、宅旁、路旁、水旁）的损失；③保险期间开始前已发生森林病虫害造成的损失；④发生保险责任范围内的事故，被保险人未采取必要且合理的防灾减灾措施，致使保险林木损失扩大的部分；⑤按照保险合同中载明的免赔率计算的免赔额；⑥其他不属于保险合同责任范围内的损失、费用，保险人也不承担赔偿责任。

二、保险金额设定

（一）保险金额的计算

公益林保险开展主要目的在于防灾减损与灾后恢复造林，因此公益林保险金额的确定应以保成本为主。而保成本的保额确定方式一般包括保再植成本和保完全成本。保再植成本下的保险金额是根据生态公益林木实际成本的一定比例确定，保完全成本下的保险金额是根据生态公益林木的实际成本进行测算。

1. 按林木再植成本确定保险金额

按生态公益林木的再植成本确定保险金额，是指按照生态公益林造林、育林过程中投入的物化劳动和活劳动来计算保险金额。这些物化劳动和活劳动一般包括树种费，整地、移栽费，材料、运输费，设备、防护、管理费等。由于生态公益林是经过多年生长形成的，其再植成本也是逐年增加的，所以其保额呈倒金字塔形。生态公益林的生长时间越长，其保险金额越高。因此，保再植成本下的保险金额应按照公益林生长的不同阶段分成若干档次计算确定。

2. 按林木完全成本确定保险金额

按生态公益林木完全成本确定保险金额，是指按照生态公益林造林、育林过程中投入的总成本来计算保险金额，包括直接物化成本（树种费，整地、移栽费，材料、运输费，设备、防护、管理费等）、土地流转和人工成本等。同样地，由于生态公益林是经过多年生长形成的，其完全成本也是逐年增加的，所以其保额也呈倒金字塔形。生态公益林的生长时间越长，其保险金额越高。因此，保完全成本下的保险金额同样应按照公益林生长的不同阶段分成若干档次计算确定。

（二）保险金额的优化

确定统一保险金额评估标准。要更合理的确定公益林保险的保险金额，首先，需要确定统一的林地估值标准，针对具有不同生态功能的生态公益林生态价值测算制定相应的计算标准；在此标准的基础上考虑到地形、林种、林龄等因素合理确定多层级的保障水平以适用于不同的林地。其次，为了反映林业生产经营、灾害影响、生态效益的长周期性特征，建议延长投保期限，推出多种期限的保险品种。

三、保险费率厘定

(一)基本原理

公益林保险费率由纯费率和附加费率两部分构成。纯费率是刚好可以补偿风险损失的费率,根据期望赔付支出与期望保费收入相等的原理计算。附加费率一般指林业风险损失以外,支撑公益林保险业务持续经营的费率。与附加费率相对应的是附加保费,附加保费一般包含经营管理费用、风险附加费以及一定的利润等。

公益林风险的发生率与公益林保险的费率水平直接相关,其中纯费率是厘定科学保险费率的关键。公益林保险的定价方法主要为分类法,即把具有类似特征的损失风险归为一类,并针对此类风险设置相同费率的方法(收取的费率反映了类似特征的平均损失经验数据)。分类费率主要可以通过纯费率法进行计算。纯费率法以某一时期内被保险标的具体发生的损失为基础,首先计算纯保险费率,然后再将附加费用、承保利润和意外准备金考虑进去,一般以毛保费的比率来表示。

(二)优化方向

未来公益林保险费率厘定需要重点关注以下问题:一是基于风险区划测算公益林保险费率。建议各省及各市依据历史上的林业损失数据,测算出公益林火灾及其他风险的损失率,在此基础上考虑各项经营费用后,建立基于风险区划的公益林保险费率测算模型,实行差异费率。二是逐步建立费率动态调整机制。如建立无赔款优待、续保优待机制以及给予高规模参保林业经营主体优惠等,结合奖惩措施来抑制公益林保险中的道德风险问题,即保险公司根据被保险人的索赔记录,给予索赔少或无赔款的投保主体一定程度上的费率优惠,激发投保主体防灾减损的动力,降低道德风险。

四、定损理赔方式

在不同保费补贴模式下,公益林保险的投保主体不同,导致其理赔方式也存在差异。在部分补贴模式下,林业经营主体自行直接投保参与公益林保险,当公益林受灾后触发理赔,保险赔偿由保险公司直接支付给林业经营主体的财政涉农补贴"一折通"或其他银行账户。在全额补贴模式下,集中投保参与公益林保险,当公益林受灾后触发理赔,保险公司将保险赔偿金支付给相关的基层林业部门,由地方林业部门对赔付资金进行管理,并将资金专项用于受灾林地的恢复造林和灾后抚育工作。

┤ 专 栏 ├

公益林定损理赔流程

公益林保险理赔流程包括接报案及调度、查勘定损、理算核赔、提交索赔材料、理赔公示、赔款支付与回访等主要环节。

其一,接报案及调度。出险后,被保险人可通过拨打保险公司的专线电话进行报案,或者通过官方微信、电商平台等多种渠道直接报案。其二,查勘定损。案件处理人接到调度任务后,一般情况下在报案后 24 小时内进行现场查勘,主要查明出险原因、判断保险责任以及确定损失金额。其三,理赔核赔。核赔人员结合赔案单证，核定保险责任认定是否准确，查勘定损过程是否规范、定损结果是否合理、赔款计算是否准确、赔案单证是否完备、付款对象是否正确等，并签署核赔意见。其四，提交索赔资料。发生保险事故后，被保险人在向保险公司索赔时，应按照保险条款的要求提供保险单、保险凭证(如有电子数据，不需要提供)、出险及索赔通知书、损失清单、林权证、出险证明、身份证明、银行卡号信息等有关单证资料；保险公司对被保险人提供的林权证进行核实，以判定被保险人对出险林地是否具有保险利益，目的是确保将赔款支付给具有保险利益的集体或个人。特殊情况下，如银行贷款未偿还时，则要根据相关合同和约定执行。其五，理赔公示。按照分户理赔清单，保险公司将拟支付的被保险人姓名、保险标的、投保数量、损失数量、损失程度和赔款金额以及公司联系电话等信息进行公示。其六，赔款与回访。核赔通过后，保险公司根据公示反馈结果制作分户理赔清单，列明被保险人姓名、身份证号、银行账号和赔款金额，由被保险人或其直系亲属签字确认，原则上赔款应通过转账方式支付到被保险人银行账户，并留存有效支付凭证。地市级分公司应在支付赔款后1个月内，对一定比例的被保险人实际收到赔款的情况进行理赔回访。

另外，在定损理赔环节，需要注意以下方面：

1. 完善定损评估工作，增强风险保障能力

一是建立联合定损评估机制，减少公益林定损争议。公益林不同于商品林，在定损评估上，社会公益损失的部分，尤其是森林碳汇方面的生态损失，很难用统一的货币标准进行衡量。以往的定损机制中，政府规范性文件规定的定损标准过于一刀切，保险公司的谈判话语权较弱，不利于达成定损数额共识，降低了保险公司的承保意愿和理赔积极性。因此，为了减少公益林定损评估方面的争议，应当在地方立法确定一个定损标准基数的前提下，由林业监管部门、受损林场负责人、保险公司、财政部门、第三方社会评估机构分别派员组成联合定损评估小组，增加定损标准的弹性空间；同时，根据《森林资源资产评估技术规范》的要求，对公益林进行详细的林木资产损失量调查、林木资产价值损失量评估，并根据价值损失量和合同约定条款进行理赔，促使定损更加精准。此外，使用新技术新设备等对林木受损面积、受损蓄积量、受损程度进行精准测量，以满足理赔评估需要。二是建立共享评估参数数据库。根据不同树种、地区以及不同评估方法，建立一套完整的共享评估参数数据库，按照市场变化情况定期进行数据库更新。同时充分收集资料，参照标准，逐项对照，做到合理评估。三是有关权益方共同委托调查评估机构。根据林木受损大小、判断损失难易程度，建立层级机制，合理选择评估方式，必要时可由有关权益方共同委托调查评估机构，按照调查评估林地面积计算服务价格，以保证评价结果更加公平合理。四是引进评估人才并结合现实因素定损。保险公司应引进林业专业、评估专业人才，加强对现有人才进行林业知识、评估知识的相关培训，让调查评估人员更大程度参与理赔评估工作，使财政支林惠林政策发挥出更好的效果。由于定损的观察期、理赔、林木采伐证的办理等多种因素影响，林木资产损失是动态变化的，应在进行调查、评估时，将各种不利的现实因素考虑进去。

2. 调整理赔方式、规范理赔程序

鉴于林业经营主体作为公益林的投保主体容易诱发严重的道德风险问题，因此，建议调整公益林定损理赔方式，由地方林业主管部门负责公益林保险的统保统赔将是较优选择，即林业部门与公益林的产权单位和个人签订委托书，全权负责管辖地区范围内所有公益林的投保和理赔工作，规范统保统赔程序。

3. 健全风险补偿机制，多渠道分散林业风险

一是，每年保险公司应从其盈余的保费收入中，按照相应比例计提公司内部所需要减灾防灾基金和巨灾风险准备金。其中，减灾防灾基金则发挥风险"事前管理"的作用，将对风险的感知放在事前，内部巨灾风险准备金则在公司内部发挥风险分散的作用。二是，由政府牵头建立林业风险保障基金。当巨灾损失的触发条件满足并且保险公司内部计提的准备金难以满足支付条件时，则由林业风险保障基金来进行支付。三是，政府可为林业专门设立与其相关的政策性再保险公司，同时引入商业性保险公司，发挥其在公益林保险中的作用，两方联合进行再保险，通过再保险实现分保，发挥大数定律作用，充分分散风险。

第四节　典型案例

2013 年开始，内蒙古全面开展森林保险工作，将生长和管理正常的公益林、商品林纳入保险范畴，保险责任范围以人力无法抗拒的自然灾害为主，实行一年一投保、一年一签单。按照"低保费、保成本、广覆盖"的原则，综合考虑林农缴纳保费能力和保险公司风险防范能力等因素，内蒙古决定将公益林保险金额按照林木损失后的再植成本计算，公益林乔木林地、灌木林地的保险金额分别为 500 元/亩、300 元/亩，保险费率统一确定为 4‰。按照规定，凡是公益林地投保，保费分别由中央财政补贴 50%、自治区财政补贴 40%、盟市和旗县财政补贴 10%。

自 2013 年全面开展森林保险工作以来，内蒙古自治区各盟(市)积极参与，有效保障了林业生态安全，增强了林业抵御自然灾害的能力。其中，呼和浩特市自 2013 年以来累计投保公益林保险面积 6989 万亩，投入各级财政保费补贴资金 10 738 万元，仅在 2023—2024 保险年度，呼和浩特市 5 个旗(县、区)林草局已与相关保险公司陆续签单投保公益林 271 万亩，各级财政补贴保费资金约 394 万元，保额超 25 亿元。

专　栏

内蒙古自治区公益林保险实施方案

一、保险标的

生长和管理正常的公益林。

二、保险期限

保险期为 1 年，一年一投保、一年一签单。

三、保险责任

在保险期内因以人力无法抗拒的自然灾害为主，包括火灾、暴雨、暴风、洪水、泥石流、冰雹、霜冻、暴雪、旱灾、病虫鼠兔害，造成被保险森林流失、掩埋、主干折断、倒伏、烧毁、死亡的损失，保险公司按照保险合同的约定负责赔偿。

四、保险金额

乔木林地按照再植成本每亩 500 元计算，灌木林地按照再植成本每亩 300 元计算。

五、保险费率

统一采取森林综合保险，保险费率不超过 4‰。

六、赔偿处理

在保险期限内，被保险森林发生保险责任范围内的损失的，保险人按照自治区森林保险条款（由自治区有关部门另行制定）规定承担赔偿责任。保险人要制定切实可行的投保和理赔操作规程，并经自治区保险监管及林业、财政部门审定备案后实施。

七、保费补贴比例

按照投保则补、不保不补的原则进行森林保险保费补贴。中央财政补贴 50%，自治区财政补贴 40%，盟市、旗县财政补贴 10%；对森工集团，公益林中央财政补贴 50%，自治区财政补贴 40%，企业承担 10%。

八、操作方式

以旗（县、市、区）为单位统一投保、统一管理保险资金、统一标准恢复重建，即由旗（县、市、区）林业部门作为代理投保人与保险公司签订保险协议，并同时经自治区林业部门审定备案。公益林保险理赔时，承保机构先行将保险赔偿金支付到自治区公益林保险理赔资金专户，待森林灾害发生地区的旗（县、市、区）林业部门按照统一标准组织进行恢复造林后，再按照造林进度分期拨付保险赔偿金，以确保保险赔偿资金专项用于灾后森林植被恢复和更新。具体实施细则另行制定。

内蒙古森工集团有限责任公司（以下简称森工集团）实行统一投保。保险理赔时，承保机构先将保险赔偿金支付到森工集团保险理赔资金专户，待所属企业单位按照统一标准组织进行恢复造林并经验收后，再由森工集团拨付保险赔偿金。

资料来源：《内蒙古自治区森林保险保费补贴实施方案》（2013 年）。

第三章　商品林保险

第一节　内涵界定与功能作用

一、内涵界定

商品林保险即特指在政府的财政支持下，将生长和管理正常的商品林①包括用材林和薪炭林(经济林不包含在内)作为保险标的，由被保险人(林业经营主体)向保险人缴纳约定的保险费，以在商品林资源遇到灾害的时候获得赔偿的契约行为。商品林保险旨在通过财政补贴保费、保险公司承保来抵御商品林损害风险、筹措商品林复植经费等。投保人可以是国有林业单位、集体制林场、林业股份制公司或林农。发展商品林保险可降低林业经营主体经营风险，促进林业灾后生产恢复，保护商品林经营主体的经济利益；同时也有助于林业生产的顺利进行，促进林业经济的稳定发展和效益提高，实现森林资源持续增长。

商品林保险一般分为商品林单一险和商品林综合险。商品林单一险是指以商品林作为保险标的，由被保险人(林业经营主体)向保险人缴纳约定的保险费，在保险期间内因某单一自然灾害发生造成保险商品林林木损毁(包括流失、掩埋、主干折断、倒伏、死亡或者推断死亡等表现在内的直接经济损失)，保险公司按保险合同约定的赔偿标准负责赔偿的契约行为。商品林单一险包括商品林火灾险、商品林风灾险、商品林病虫害险等。商品林综合保险，即将商品林作为保险标的，由被保险人(林业经营主体)向保险人缴纳约定的保险费，以在保险期内因遭遇火灾、暴雨、暴风、洪水、泥石流、冰雹、霜冻、台风、暴雪、雨凇、虫灾、干旱、滑坡、雪凇、雨雪冰冻、热带气旋、龙卷风、雷击、涝灾、低温、沙尘暴强风、地震和干热风等造成保险商品林林木损毁(包括流失、掩埋、主干折断、倒伏、死亡或者推断死亡等表现在内的直接经济损失)，保险公司按保险合同约定的赔偿标准负责赔偿的契约行为。另外，因各地的森林重点灾害类型存在一定的差异，商品林综合险的涵盖范围可根据各地具体情况进行调整与补充。

二、功能作用

(一)保障林业经济发展

开展商品林保险可为林业风险的防范、转移等提供有效途径，从而提高林业的风险承受能力与恢复能力，保障林业经济发展。商品林保险通过避免、消除、转移林业风险等方

---

①商品林是指以生产木(竹)材和提供其他林特产品，获得最大经济产出等满足人类社会的经济需求为主体功能的森林、林地、林木，主要是提供能进入市场流通的经济产品，包括用材林、经济林和能源林。[国家林木种质资源平台]

式，为林业生产活动提供了最大限度的安全保障。当森林资源因遭遇灾害而受损减产时，通过经济补偿恢复林业生产，保障林业生产经营，从而消除其后顾之忧，促进林业经济的稳定发展和效益提高，同时也有助于林业经营主体生活水平的提高。

(二) 促进林业增信融资

在林业经营主体因缺乏林业生产资金而需要向银行申请贷款时，需要购买相应的以所进行的林业生产项目为标的的商品林保险，将保单"质押"给银行并签订协议，当所投保的项目因发生自然灾害导致林业经营主体无法偿还银行贷款的本息时，信贷机构将作为第一受益人，在本息范围内获得保险公司的承保额。因此，商品林保险有利于促进林业经营主体的金融增信。林业信贷和商品林保险在业务经营上相互弥补、互相合作，可以将各自的交易成本尽量降到最低，投资的增加促使收入成倍性地增加，而收入的增加又会进一步促使投资增加，使得林业经营主体更加注重风险的保障，实现林业经营主体、林业信贷和商品林保险三者之间的良性互动。

第二节　发展情况与存在问题

一、发展情况

2009 年，中央财政森林保险保费补贴试点工作正式启动，在政策引擎的强力驱动下，商品林保险迅速发展，参保面积和保费收入稳步增长。目前，中央财政对于商品林提供专门的保险保费补贴，2020 年商品林保费的财政补贴比例为 73.7%，其中，中央财政保费补贴比例为 30%，地方财政保费补贴比例为 20% ~ 50%。商品林保险险种主要是火灾险和综合险，保险责任涵盖林业主要自然灾害、有害生物灾害、意外事故、疫病、疾病等。保险金额原则上是林木损失后的再植成本，每亩 400 ~ 1300 元不等。各参保地区结合地方实际采取了差异化的保险政策，部分省份按照风险差别进行了费率区分，部分省份按照林种、树种和生长周期等对险种进行了细分，部分省份制定了查勘定损标准、防灾防损资金使用办法、灾后恢复治理办法等相关规范性文件。总体而言，地方在商品林保险制度建设方面，举措多元、自主空间较大。

(一) 运行模式

我国商品林保险的运行机制为部分财政补贴下的林业经营主体自主参保模式。林业经营主体自行与保险公司签订商品林保险合约，中央和地方财政部门对商品林经营主体所缴保费进行保费补贴[①]。一般情况下中央财政对商品林的补贴比例为 30%，省级财政的补贴比例为 25% ~ 30%，市 (县) 级财政的补贴比例为 0 ~ 25%，农户自担部分平均为 0 ~ 45%。在

---

①2016 年制定的《中央财政农业保险保险费补贴管理办法》中明确规定商品林在省级财政至少补贴 25% 的基础上，中央财政补贴 30%；对大兴安岭林业集团公司，中央财政补贴 55%。2021 年新补贴管理办法进行了修订，新修订的《中央财政农业保险保险费补贴管理办法》规定：遵循"财政支持、分级负责、预算约束、政策协同、绩效导向、惠及农户"的原则，中央财政、省级财政按照保费的一定比例为商品林保险提供补贴。其中，省级财政平均补贴比例表示为 (25%+a%)，中央单位平均承担比例表示为 (10%+b%)，以保险规模为权重加权平均计算。中央财政承担补贴比例如下：当 $a \geq 0$ 时，中央财政对各省商品林补贴 30%；当 $a < 0$ 时，中央财政对各省商品林补贴 (30%+a%×1.2)。当 $b \geq 0$ 时，中央财政对大兴安岭林业集团公司商品林补贴 50%；当 $b < 0$ 时，中央财政对大兴安岭林业集团公司商品林补贴 (50%+b%×5)。

理赔环节，当商品林受灾后，保险公司经过查勘定损与理赔核算后将保险赔付资金支付给林业经营主体，用于受灾林地的恢复造林和灾后抚育工作。具体运作模式如图 3-1 所示。

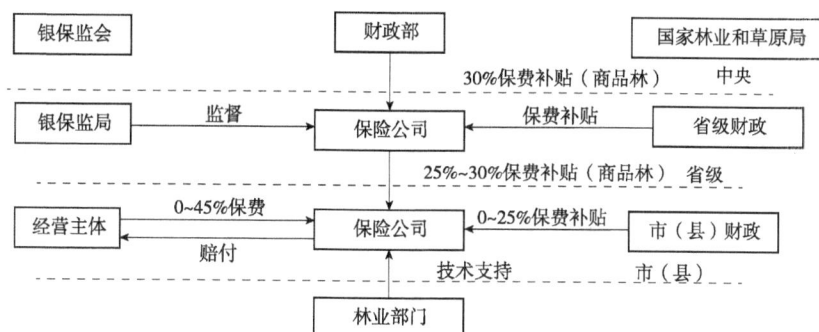

图 3-1　我国商品林保险运作模式

（二）参保情况

截至 2020 年年底，商品林投保面积达 6.10 亿亩，占总参保面积的 25.03%，保额达 4511.45 亿元。自公益林与商品林分项统计以来，2012—2020 年商品林参保面积基数相对较小，在 2016 年经历了负增长后，商品林参保面积开始逐年回升，经过 4 年发展参保面积达到 6 亿亩，其在全国森林保险面积的占比也逐年增高。具体见表 3-1 所列。

表 3-1　2012—2020 年全国商品林保险参保情况

年份	投保面积（亿亩）		占比（%）	保额（亿元）	保费（亿元）
	总计	商品林			
2012	12.89	5.18	40.19	2664.17	7.70
2013	19.57	5.29	27.03	2682.31	6.42
2014	21.03	5.15	24.49	2987.99	7.32
2015	21.74	5.30	24.38	3037.06	7.72
2016	20.44	3.45	16.88	2189.44	6.51
2017	22.40	4.48	20.00	2876.65	8.00
2018	23.26	4.97	21.00	3468.37	7.70
2019	23.56	5.63	23.90	4073.72	10.6
2020	24.37	6.10	25.03	4511.45	11.56

从各地区和单位的情况来看，除北京市、江苏省、青岛市、大兴安岭林业集团外，其余 29 个参保地区和单位均开展了商品林保险。商品林保险参保面积排名前 5 位的地区和单位依次为云南省、江西省、广西壮族自治区、福建省和湖南省。具体见表 3-2 所列。

表 3-2　2020 年各地区和单位商品林参保面积分布情况

参保面积（万亩）	>0~1000	>1000~5000	>5000~10 000
地区和单位	大连市、甘肃省、青海省、宁波市、厦门市、山西省、海南省、内蒙古自治区、山东省、湖北省、重庆市、陕西省、河南省、浙江省、辽宁省、广东省	吉林森工集团、长白山森工集团、吉林省、河北省、安徽省、四川省、内蒙古森工集团、贵州省	湖南省、福建省、广西壮族自治区、江西省、云南省

从保险险种来看，云南省投保了商品林火灾险，其余地区和单位均投保了商品林综合险，其中浙江省、宁波市、江西省和贵州省同时投保了这两个险种。从各地区和单位商品林参保面积变化幅度来看（图 3-2），2020 年，湖北省、内蒙古自治区和吉林省增幅远远大于其他地区和单位，其中湖北省商品林参保面积的变化率高达 241.43%，内蒙古自治区和吉林省的保险面积变化率分别为 188.89% 和 121.55%。长白山森工集团和浙江省的商品林参保面积降幅较大，分别为 28.09% 和 18.49%。

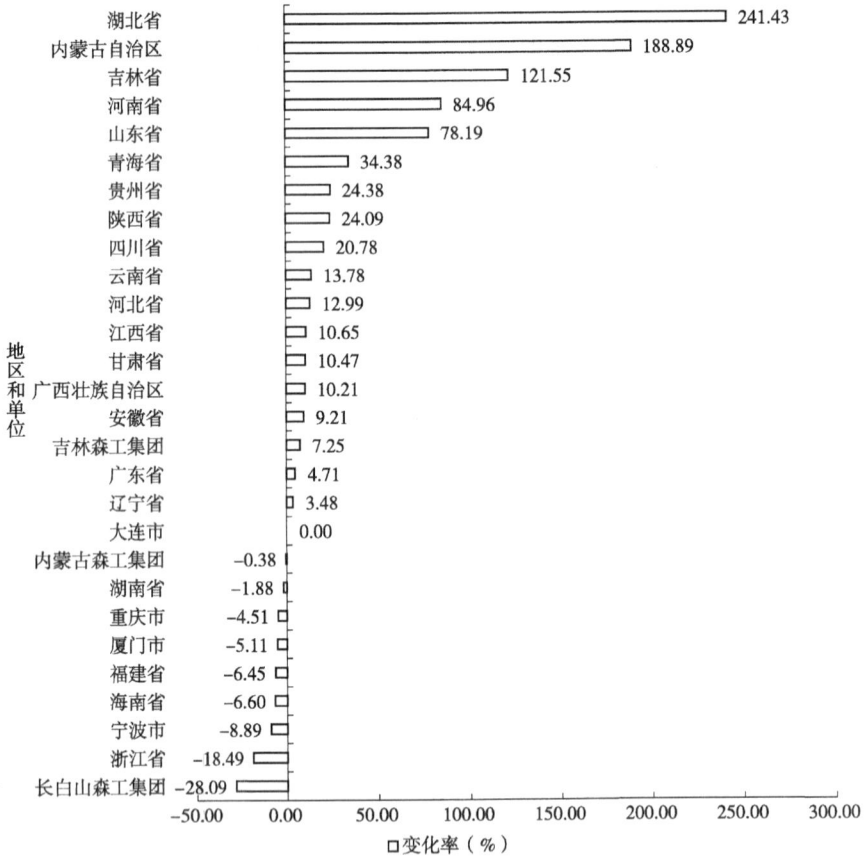

图 3-2　2020 年各地区和单位商品林参保面积变化情况

注：2020 年山西省新增商品林保险，图中未列示。

2020 年，湖北省对商品林保险条款进行了优化，保持保费 1.5 元/亩不变，保额由 500 元/亩上调至 750 元/亩，费率由 3‰ 下调至 2‰，保障水平的提升激发了林业生产经营主体投保积极性。同时，试点市（县）克服疫情困难，优先落实森林保险配套保费补贴资金，组织乡镇分管领导、林管站、林场负责人和协保人员参加视频会议和培训，确保了工作正常开展。内蒙古自治区商品林保险在经历了 2019 年的大幅下降后出现回升态势，由 25 万亩增至 71 万亩，增速明显。河南省林业部门充分利用自上而下的林业工作站管理体系和服务网络以及庞大的护林员队伍，广泛开展政策宣传、协助投保、协助查勘定损、调解理赔矛盾等工作，取得了积极效果。山东省在 2017 年启动商品林投保，整体上仍处在快速扩面阶段，2019 年调整经济林参保地方特色保险，商品林保险项下仅保留用材林，

2020 年用材林参保面积由 50 万亩增至 84 万亩。吉林省和长白山森工集团参保面积变化主要是国家级公益林重新区划落界所致，吉林省部分公益林区划落界为商品林，长白山森工集团 540 万亩参保商品林转为公益林。浙江省参保面积减少约 100 万亩，降至 433 万亩，近三年在 470 万亩上下波动。

（三）补贴情况

从年度变化来看，2020 年，商品林保费合计 11.56 亿元，财政补贴合计 8.52 亿元，其中中央、省级、市（县）财政补贴金额依次为 3.47 亿元、3.48 亿元和 1.57 亿元，分别占商品林保费的 30.02%、30.1% 和 13.58%。在各级财政补贴之后，林业经营主体实际分担的商品林保费为 3.04 亿元，占商品林总保费的 26.3%，分担比例较 2019 年降低了 0.7 个百分点（表 3-3）。近 5 年，林业经营主体分担比例稳定在 25%～27%。2013 年以来，各级财政对商品林保费补贴比例呈现波动上升态势，林业经营主体平均承担的商品林保险保费比例由 2013 年的 32.45%，逐步降低至 2020 年的 26.3%。

表 3-3　2011—2020 年商品林自缴比例情况

年份	保费总额（亿元）	自缴比例（%）	年份	保费总额（亿元）	自缴比例（%）
2011	3.06	33.13	2016	6.52	26.75
2012	7.70	30.03	2017	8.00	26.45
2013	6.42	32.45	2018	9.37	25.28
2014	7.32	28.57	2019	10.6	27.00
2015	7.72	28.15	2020	11.56	26.30

从各地区和单位情况来看，2020 年，云南省、贵州省、广西壮族自治区和厦门市 4 个地区的各级财政商品林保费补贴比例超过 80%。吉林省、海南省、江西省、重庆市、宁波市等 26 个地区和单位的商品林保费补贴比例在 55%～80%。具体见表 3-4 所列。

从各级财政补贴来看，中央财政商品林保费补贴比例为 30.00%。省级财政补贴比例最高的是广西壮族自治区，为 49.32%。市（县）财政补贴比例较高的依次是：厦门市（70%）、大连市（50%）、宁波市（45%）。河北省、安徽省、贵州省和浙江省均为 25%，云南省为 22.5%，吉林省、四川省、山东省为 20%，其余各地区和单位在 5%～18%。

表 3-4　2020 年各地区和单位商品林保费财政补贴比例分布情况

地区和单位	55%～70%	70%～80%	80%～90%
	海南省、湖北省、江西省、湖南省、长白山森工集团、吉林森工集团、内蒙古森工集团、甘肃省、陕西省、广东省、河南省、内蒙古自治区	重庆市、四川省、福建省、宁波市、浙江省、吉林省、辽宁省、青海省、山东省、安徽省、大连市、山西省、河北省	云南省、贵州省、广西壮族自治区、厦门市

（四）理赔情况

自 2011 年起，商品林保险赔付率始终高于公益林保险 10 个百分点以上，尤其在 2016 年，商品林保险赔付率高达 83.55%（表 3-5）。从图 3-3 中也可以看出，商品林保险赔付率波动较公益林保险更为明显。2018 年，商品林保险理赔 11 192 起，理赔面积 289.38 万亩。

表 3-5　2015—2019 年我国商品林森林保险赔付变化情况

年份	保费(亿元)	赔付金额(亿元)	简单赔付率(%)
2015	7.32	3.77	49.02
2016	7.72	5.44	83.55
2017	6.52	4.48	56.01
2018	8.00	4.3	45.91
2019	10.6	4.64	45.91
2020	11.56	4.43	38.30

2020 年，全国商品林保险平均赔付率为 30.42%，共有 9 个地区和单位的赔付率高于平均值。在全国 29 个参保单位和地区中，山西省、内蒙古自治区、大连市、厦门市和山东省没有产生商品林保险赔付。商品林保险赔付率最高的是青海省，为 145.99%；其次为湖北省、内蒙古森工集团、宁波市、广东省和福建省，赔付率依次为 92.43%、87.73%、77.66%、74.76%和 72.43%；其他地区和单位的商品林保险赔付率都低于 50%（图 3-3）。

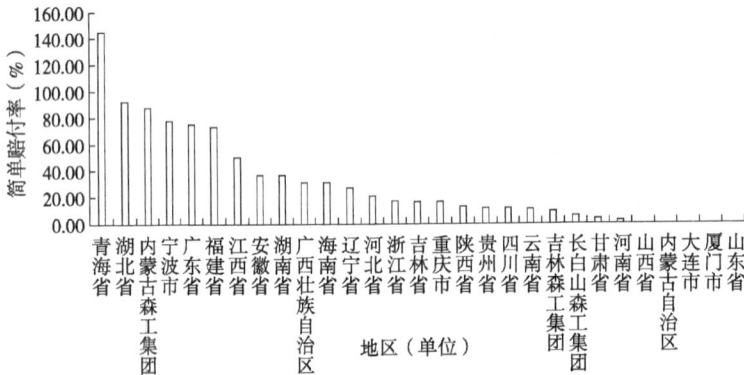

图 3-3　2020 年各地区和单位商品林保险简单赔付率

2020 年，青海省商品林保险赔付主要来自参保的 22.45 万亩经济林，年内遭受较严重冻灾和有害生物灾害，仅经济林赔付率就高达 257%。2020 年，湖北省遭受多轮强降雨袭击，强度高、雨量大、范围广、汛情急，受长时间降雨天气影响，杨树、经济林等林木病害偏重发生，产生较多保险赔付。内蒙古森工集团商品林保险已决赔款中有害生物灾害约占 40%，火灾和暴雪灾害分别占 35%和 26%。总体上看，参保面积小的地区和单位风险集中度更高，赔付率波动更大。青海省、湖北省，以及未发生赔付的大连市等地区和单位，商品林参保面积均处于后 1/3，多数未超过 100 万亩。特别是湖北省，过去 5 年商品林赔付率最低为 24%、最高达 545%，波动幅度大。

二、存在问题

2009 年我国启动了森林保险中央财政保费补贴试点，商品林保险逐渐在全国范围内铺开。随着政府支持力度的加大，确实推动了商品林保险市场的发展，但从实际效果看，林业经营主体参保意愿不高，保险公司开展商品林保险业务动力与供给意愿不强，财政补贴政策未能达到预期效果。

（一）保险总体发展不均衡，保险规模增长缓慢

第一，由于大部分地区对公益林保险提供全额的财政保费补贴，林业经营主体无需自付保费就可以享受一定程度的风险补偿，具有较强的吸引力。同时，公益林大多为集体或国家所有，一般采用统一经营管理，由国有林场、集体林场或农村委员会统一投保，业务办理效率较高；而商品林保险投保人包括大量自主投保的散户，保险公司需逐一对其办理承保，办理过程相对繁杂，保费收取有一定难度，导致保险公司开办积极性不高。

第二，与公益林相比，商品林经营主体主要为林农和私营林业企业，享有更自主的林业经营权，同时也承担着更高的林业经营风险，因此对保险产品的保障能力十分关注。目前，我国每亩林业造林成本至少在2000元以上，山地、丘陵造林成本更高；但现行商品林综合险与火灾险保额均仍难以满足林业经营主体实际需求，其需要的是保障水平更高的产量、价格和收入保险。

第三，商品林保险参保率增长一定程度上也受到投保主体保费支付能力的制约。虽然中央、省、市县级财政保费补贴力度不断提高，处于较高水平，但低收入林业经营主体"参保难"的问题仍然没有得到根本解决，商品林保险投保数量较公益林增长仍较为缓慢。

（二）保险产品设计不科学，难以满足实际需求

第一，产品设计未体现出地区林业灾害特点，难以满足经营主体对风险管理的实际需要。如贵州省气象灾害以旱涝与霜冻为主，根据2018—2020年各月贵州省农业气象月报，贵州省夏季旱灾频发，时常伴随暴雨；冬季冰雹与霜冻严重，易导致部分林木无法正常出芽。但贵州省现行保险险种较为单一，综合险对霜冻与旱涝气象灾害的保障力度不够、针对性不强，气象指数保险等险种尚处于试点阶段，难以满足不同林业经营主体的差异化保险需求。

第二，商品林保险险种创新不足，地方特色商品林保险发展尚不成熟。商品林在产量保险、价格保险、收入保险方面的探索还不够深入，仍处于试点阶段，尚未进行规模化推广，有灾保成本、无灾保收益的政策目标还无法完全实现。而商品林保险险种创新不足的主要原因是商品林保险险种的拓宽与创新受到当地政府的财力制约难以落实，加之险种开发本身具有一定的风险，导致商品林保险经办机构对新险种开发缺乏动力。此外，目前地区的特色商品林虽已被纳入特色农业保险补贴范围，但保险覆盖范围仍十分有限，大部分特色商品林尚未参保。

（三）保险定价机制不合理，费率厘定缺乏差异

当前费率厘定无法体现出不同地区的风险差异与不同保险标的的价值差异。

第一，受复杂地形影响，气候类型繁多，干旱、霜冻、冰雹等气象灾害频发，且不同地区林业灾害风险差异较大，统一费率会诱发林业经营主体的逆向选择行为，导致林地局部投保且赔付率过高。然而由于各市（县）林业局与气象局基础数据不完善，保险公司无法根据保险标的实际成本与风险状况科学厘定费率。

第二，各地商品林赔付率与同期公益林赔付率差异较大，应针对公益林与商品林差别厘定费率，但目前各地公益林费率与商品林费率差别不大，商品林保费收入与赔付支出不匹配。费率厘定直接关系着林业经营主体的参保意愿与经办机构的承保积极性，费率过低会使经办机构的保费收入与赔付支出不匹配，导致赔付率过高，挫伤其承保展业动力；费率过高则会给林业经营主体和各级财政造成沉重的资金压力，降低林业经营主体的参保意愿。

第三节　保险产品与要素设计

商品林在满足我国经济快速发展对木材等林产品的刚性需求、缓解全面停止商业性采伐天然林对生态建设形成的巨大压力、维护国家木材安全等方面具有特殊作用，为保障商品林经济与生态价值以及商品林经营主体的收入，商品林保险应尽可能对商品林生产所面临的灾害风险实现全覆盖，从而提高商品林经营水平，推进森林资源可持续发展和利用，促进经济社会转型发展、绿色发展、全面发展。

一、保险责任划分

商品林是依靠自然力进行生产和再生产的行业，而且生产经营周期较长，容易遭受各种自然和人为灾害的侵袭。因此，商品林保险责任应实现对商品林风险灾害的"应保尽保"，尽可能覆盖所有森林灾害类型。

长期以来，我国森林灾害频发，主要包括火灾、暴雨、暴风、洪水、泥石流、冰雹、霜冻、台风、暴雪、雨淞、虫灾、干旱、滑坡、雪淞、雨雪冰冻、热带气旋、龙卷风、雷击、涝灾、低温、沙尘暴强风、地震和干热风等，对商品林经济与生态价值以及商品林经营主体收入造成了严重的损害。因此，为尽可能实现对商品林风险灾害的"应保尽保"，商品林保险责任应全面覆盖以上森林灾害类型。另外，由于我国林业分布广，灾害区域分布存在明显差异，因此，各地要结合区域内商品林灾害特点，基于商品林灾害风险的大小、特征，确定与风险保障需求相适应的覆盖范围，将本区域内可能发生的风险灾害类型尽可能全面地纳入商品林保险责任范围，在"应保尽保"的前提下，确定差异化的商品林保险责任，体现地区商品林保险产品的特色。

确定商品林保险责任范围后，在保险期间内，由于保险责任覆盖范围内的森林灾害直接造成商品林林木损毁（包括流失、掩埋、主干折断、倒伏、死亡或者推断死亡等表现在内的直接经济损失），保险公司按保险合同约定的赔偿标准负责赔偿。

商品林保险的除外责任一般包括以下内容：①投保人及其家庭成员、被保险人及其家庭成员、种植及管理人员的故意或重大过失行为、管理不善；②行政行为或司法行为；③战争、敌对行为、军事行动、恐怖活动、武装冲突、民间冲突、罢工、骚乱、暴动；④他人的恶意破坏行为。

以下损失、费用，保险人不负责赔偿：①当地洪水水位线以下的林木由暴雨、洪水造成的损失；②四旁树（村旁、宅旁、路旁、水旁）的损失；③保险期间开始前已发生森林病虫害造成的损失；④发生保险责任范围内的事故，被保险人未采取必要且合理的防灾减灾措施，致使保险林木损失扩大的部分；⑤按照保险合同中载明的免赔率计算的免赔额；⑥其他不属于保险合同责任范围内的损失、费用，保险人也不承担赔偿责任。

二、保险金额设定

商品林保险开展的主要目的不仅在于防灾减损与灾后恢复造林，同时也旨在保障林木产品价值与林业经营主体收入。因此，商品林保险金额的确定从保成本衍生到了保产量、保收入、保价值等，即分别按照商品林林木的完全成本、林木的收获产量、林木的经济收入、林木的价值确定保险金额。

（一）按林木完全成本确定保险金额

按商品林林木的再植成本确定保险金额是指按照商品林造林、育林过程中投入的物化劳动和活劳动来计算保险金额。这些物化劳动和活劳动一般包括树种费，整地、移栽费，材料、运输费，设备、防护、管理费等。由于商品林是经过多年生长形成的，其成本也是逐年增加的，所以其保额呈倒金字塔形。商品林的生长时间越长，其保险金额越高，因此应该按照商品林生长的不同阶段分成若干档次计算保险金额。

按商品林林木完全成本确定保险金额，是指按照商品林造林、育林过程中投入的总成本来计算保险金额，包括直接物化成本（树种费，整地、移栽费，材料、运输费，设备、防护、管理费等）、土地流转和人工成本等。由于商品林是经过多年生长形成的，其完全成本是逐年增加的，所以其保额呈倒金字塔形。商品林的生长时间越长，其保险金额越高。因此，保完全成本下的保险金额应按照商品林生长的不同阶段分成若干档次计算确定。

（二）按林木实际产量确定保险金额

按商品林林木的收获产量确定保险金额有助于弥补林产品因自然因素，如洪水、涝渍、冰雹、风灾、霜冻、病虫害等自然灾害造成产量下降导致的利润损失。林业经营主体在林产品生产周期开始之前向保险公司购买产量保障保险，在种植过程中当林产品因自然风险导致产量下降并达到理赔条件时，就可以获得保险公司给予的相应赔偿来弥补一定的利润损失。理赔金额按照历史产量与实际产量差额进行计算，理赔金额=（历史产量×保障水平-实际产量）×预测价格×价格保障水平。其中历史产量由林业经营主体提供的历史产量的平均值决定，预测价格则由往年期货市场的平均期货价格确定。

（三）按林木经济收入确定保险金额

该方法按照商品林林木成材卖出后可获得的收入来确定保险金额。当收获期实际收入小于保障收入，并且导致收入降低的原因在保险范围内时，林业经营主体就可以通过购买的收入保险获得一定的赔偿金，赔偿金额=保障收入-实际收入。收入保障保险有两种形式，一种是包含收获价格的收入保险；另一种是剔除收获价格的收入保险。两种形式的收入保障保险的理赔金额是不同的：包含收获价格的收入保险的理赔金额=实际产量×［收获价格-max（预测价格，收获价格）］×历史产量×保障水平；剔除收获价格的收入保险的理赔金额=实际产量×（收获价格-预测价格）×历史产量×保障水平。

（四）按林木资产价值确定保险金额

商品林本身就具有一定的功能，这种功能的体现就是林木的价值，因此保价值的方式能够最大限度地保障商品林在灾害发生后的损失，尽可能地达到恢复森林功能的目的。借鉴美国、日本、芬兰等发达国家的经验，商品林保险的发展进入成熟阶段，通常采取保价值的方式来确定保险金额，保障水平更高。在我国，商品林的生态功能主要体现在保持水土、涵养水源、防风固沙、净化空气等方面，对于每一种功能都要有一套价值体系来衡量。同时，按林木价值确定保险金额时，首先需要确定统一的林地估值标准，针对具有不同生态功能的商品林生态价值测算制定统一的计算标准；在此标准的基础上考虑到地形、林种、林龄等因素合理确定多层级的保障水平分别适用于不同的林地。

三、保险费率厘定

(一)基本原理

商品林保险费率由纯费率和附加费率两部分构成。作为商品林保险费率的重要组成部分，纯费率的大小与商品林风险的高低直接相关，商品林风险越高，相应的赔付支出会越大。与纯费率相对应，纯保费是保险公司的期望赔付成本。在缺乏赔付支出数据的情况下，近似等于商品林灾害损失分布的数学期望。附加费率一般指林业风险损失以外，支撑商品林保险业务持续经营的费率。与附加费率相对应的是附加保费，附加保费一般包含经营管理费用、风险附加费以及一定的利润等。其中风险附加费与商品林风险的波动性有关，为降低极端风险对保险公司的冲击，一般采取从风险保费中提取一定比例保费的原则建立风险基金或进行再保险；利润在保险市场化经营的状态下是必不可少的，是保险公司扩大再生产的重要组成部分。

(二)厘定方法

商品林保险定价方法主要包括分类法和个案法两种。

1. 分类法

分类法是指把具有类似特征的损失风险归为一类，并针对此类风险设置相同费率的方法(收取的费率反映了类似特征的平均损失经验数据)。分类费率主要可以通过纯费率法进行计算。纯费率法以某一时期内被保险标的具体发生的损失为基础，首先计算纯保险费率，然后再将附加费用、承保利润和意外准备金考虑进去，一般以毛保费的比率来表示(具体参考公益林保险费率厘定方法)。

2. 个案法

个案法又称为判断法，是根据被保险标的的具体情况单独厘定费率的方法。这种方法主要用于分类法无法适用的情况。通常在商品林保险实务中会遇到一些特殊的标的，如古树名木作为重要的森林资源及历史文物资源，是不可再生的自然和文化遗产，需要防范台风、雷击、暴雨、冻灾、雹灾、火灾以及病虫害等各类风险对其造成的损伤；或者由于同类标的数量少而无法分类，或者缺少历史数据资料，或者遭遇罕见的特殊事件，往往采用个案法，由承保人员凭借自身经验和判断，对具体标的进行风险分析，从而确定个别费率。

此外，为进一步完善商品林保险定价机制，科学厘定商品林保险费率，应全力推进风险区划工作，细分费率档次。保险公司、森林防火部门、林业部门与气象部门之间应构建数据共享机制，根据商品林保险历史理赔数据与气象灾害分布，以县为单位进行风险分区，进而对不同风险等级的地区差别厘定费率，使投保价格更贴近真实受灾规律，让赔付少的林业经营主体享受价格优惠。同时，根据不同林种差别厘定费率。我国商品林资源种类多，不同树种、树龄的风险水平与灾损程度不同，如珍贵树种的费率要高于一般树种，幼龄林风险水平高于中龄林和成熟林,费率也相应较高。因此,应基于实际风险科学厘定费率,并进行费率的动态调整。

四、定损理赔方式

商品林保险理赔流程包括接报案及调度、查勘定损、理算核赔、提交索赔材料、理赔公示、赔款支付与回访等主要环节。

商品林保险林木发生保险责任范围内的损失,保险人按以下方法计算赔偿:

全部损失为:

$$赔偿金额 = 每亩保险金额×(受损面积-绝对免赔额) \qquad (3-1)$$

局部损失为:

$$赔偿金额 = 每亩保险金额×损失程度×(受损面积-绝对免赔额)$$

$$损失程度 = 平均单位面积损失株数/平均单位面积实际种植株数 \qquad (3-2)$$

保险期间内每亩保险林木累计赔偿金额以每亩保险金额为限;屡次受灾,累计赔偿金额达到每亩保险金额时,保险责任终止。

总赔偿金额=每亩保险金额×损失程度×受损面积(其中,损失程度=单位面积受损株数/林木平均密度)。

此外,为进一步提高商品林定损理赔服务水平,应重点关注以下 3 个方面:其一,进一步优化商品林保险的理赔程序,取消理赔观察期要求,在依法合规的前提下,缩短理赔周期,完善理赔程序,提高理赔实效。其二,完善商品林保险赔款支付流程,简化理赔程序,做到科学定损、快速理赔;同时,加强完善林业保险综合服务平台,引导林业经营主体利用互联网、智能手机 APP 办理保险业务,实现线上投保、线上报案、线上理赔,提高保险服务效率,降低服务成本。其三,加强技术引进与支撑,对核损技术人员进行技能培训,尝试运用卫星定位系统(简称 GPS)测亩仪精准测量投保林地面积,并通过无人机拍摄高清林地俯视图,防止林业经营主体带病投保。在定损理赔环节可以利用卫星遥感技术协助工作人员查勘核损,做到"按图理赔",提高理赔效率,同时还能减少道德风险的发生。

第四节　典型案例

一、广西东兰县商品林保险

为增强林业经营主体抵御风险能力,激发林农造林积极性,促进全县林业持续健康发展,广西东兰县根据《广西壮族自治区财政厅关于开展 2023 年政策性农业保险工作的通知》(桂财金〔2022〕112 号)、《广西壮族自治区财政厅关于下达 2023 年度政策性农业保险资金配套计划有关事项的通知》(桂财金〔2023〕38 号)等精神,积极推进商品林保险工作。商品林保险开展遵循"政府引导、市场运作、自主自愿、协同推进"原则,以包括用材林、经济林(油茶保树)和乔木经济林(核桃保树)在内的商品林为保险标的,采取各级财政给予商品林保险一定保费补贴比例的方式,引导国有林场、林农参加保险,发生保险灾害事故后由保险公司按照保险合同予以赔付。

专　栏

广西东兰县商品林保险实施方案（2023年）

一、保险标的

全县县域行政界线范围内规划的商品林[用材林、经济林（油茶保树）和乔木经济林（核桃保树）]。

二、保险期限

采取一年一保。承保起始日期衔接上一承保期限的终止时间（以保险单载明的终止时间为准）。

三、保险责任

在保险期限内，由于火灾、暴雨、暴风、洪水、泥石流、冰雹、霜冻、暴雪、雨淞和虫灾、旱灾、野生动物肇事毁损等原因直接造成保险林木流失、被掩埋、主干折断、倒伏或者死亡，保险人按照保险合同的约定负责赔偿。

四、保险金额

保险金额每亩1250元。

五、保险费

统一采取保费2元/亩。

六、投保方式

由林木经营者自主、自愿选择投保。由承保公司与林农等投保人签订保险合同，并报县林业局备案。承保公司要做到应保尽保，不得以风险大、面积小等理由拒绝林农投保。支持以行政村为单位的最新2022年林草湿图斑监测数据库的林班、小班数据库承保，组织散户林农统一投保。由县林业局与承保公司签订保险服务协议书，承保公司按实际投保的商品林[用材林、经济林（油茶保树）和乔木经济林（核桃保树）]面积与各投保（单位）人签订保险单，一年一签。

七、赔偿处理

保险经办机构根据灾害损失情况，计算赔偿金额，与被保险人达成赔偿协议后，在10个工作日内赔付。

全部损失：保险林木发生保险责任内事故全损时，按保险金额赔偿。全部损失经一次性赔偿后，保险责任即行终止。

部分损失：保险林木发生保险责任内事故但未达到全部损失标准的为部分损失。部分损失根据损失程度的比例赔偿。

八、保费补贴比例

保费由农户承担20%，财政补贴80%，在财政承担的补贴比例中，中央财政补贴30%，自治区财政补贴45%、县级财政补贴5%。上级对保费补贴比例有所变动的，按上级规定执行。

资料来源：《东兰县2023年度政策性森林保险工作实施方案》。

二、江西德安县商品林保险

为增强林农及林业企业防御森林风险和灾害的能力，建立健全林业风险保障机制，江西省德安县根据《江西省森林保险实施方案》（赣林计字〔2010〕492号）、《江西省财政厅 江西省农业农村厅 江西省林业局 江西省应急管理厅关于做好政策性农业保险承保机构遴选工作的通知》（赣财金〔2021〕15号）和《关于公布九江市2022—2024年政策性农业保险承保机构公开遴选结果的通知》（九财金〔2021〕16号）等文件精神，积极推进商品林保险工作，以扶持林业生产和森林资源永续利用为目标，通过开展商品林保险，以期进一步建立健全林业风险保障机制，增强林农、林业企业防御林业风险和灾害的能力。

专　栏

江西德安县商品林保险实施方案(2023 年)

一、保险标的

全县县域行政界线范围内规划的商品林。

二、保险期限

采取一年一保。承保起始日期衔接上一承保期限的终止时间(以保险单载明的终止时间为准)。

三、保险责任

在保险期间内,因发生森林火灾、林业有害生物、暴雨、暴风、洪水、泥石流、冰雹、霜冻、台风、暴雪、森林病虫害等造成的保险林木受害损失,按照《江西省中央财政森林综合保险条款》的赔偿标准进行赔偿。

四、保险金额

保险金额每亩 800 元。

五、保险费率

统一采取保险费率 4‰。

六、保费补贴比例

中央财政补贴 30%,省级财政补贴 25%,县财政配套 5%,林农自缴 40%。

七、承保模式

(1)国有林场采取单独投保,做到应保尽保,投保人和被保险人为彭山公益林场。

(2)造林大户、林业合作社、林业龙头企业采取单独投保,投保人和被保险人为林农个人、林业龙头企业。

(3)自愿单独投保的林农个体,投保人和被保险人为林农个体。

(4)行政村或村小组的集体林、其他林农个体投保,采取委托投保的方式,由村民代表大会表决通过,村委会出具委托书,委托彭山公益林场统一组织办理承保、理赔事宜。投保人为彭山公益林场,被保险人为林农,投保清单要列明被保险人林农所在的乡(镇、场)行政村和村民小组。

八、赔偿处理

出险后由受委托的彭山公益林场负责向太平洋财险德安支公司报案办理索赔。保险双方共同对受灾林地进行现场查勘,核定损失。赔款确定后在出险地村委会公示 7 天。公示期满无异议的,由太平洋财险德安支公司支付赔偿款。

(1)商品林灾害保险赔付资金专项用于商品林受灾林地的造林、抚育、防火林带建设和其他灾害预防。

(2)森林灾害发生后,参保的林木所有者要积极开展抗灾救灾和生产自救。第一时间向县林业局、彭山公益林场报告,配合林业部门及太平洋财险德安支公司做好森林灾害的调查取证和定损工作,彭山公益林场要按照县人民政府的要求对受灾林地进行更新造林,造林后的林木所有权仍归原受灾林主所有。

(3)负责森林灾害治理和森林病虫害防治的实施单位或个人在项目实施完成后,按合同规定时间向县林业局报告申请验收,由县林业局组织专业人员组成验收组统一进行验收,对造林成活率 85%以上和保成率 80%以上受灾商品林面积进行汇总统计,形成书面验收报告,并把造林计划和验收单提供给太平洋财险德安支公司。

资料来源:《德安县政策性商品林保险工作和赔付资金使用实施办法》(2023 年)。

第四章 国家储备林保险

第一节 内涵界定与功能作用

一、内涵界定

国家储备林保险是以纳入国家储备林项目建设范围内的林木为保险标的，对国家储备林项目融资、建设与经营过程中因约定的自然灾害或意外事故造成林木价值损失而进行风险补偿的一种保险产品，也是为国家储备林项目融资提供风险保障的重要增信担保工具。开展国家储备林保险，一方面旨在降低项目实施运行过程各种风险发生的可能性、减少风险损失、促进灾后恢复；另一方面则是通过保险的融资增信作用，推动国家储备林项目信贷产品与保险产品协同发展，更好地支持林业产业发展、乡村生态保护，从而实现生态文明建设与乡村振兴的有效衔接。

二、功能作用

国家储备林保险以保障林木价值为核心目标，其实施不仅能够为国家储备林林木提供"防赔结合"的风险管理，稳定项目预期收益，还能够利用足额风险保障实现融资增信，缓解项目经营主体面临的信贷约束，并基于银行和保险机构的业务联动建立合作机制，以此实现国家储备林保险支持项目信贷融资的重要作用(图4-1)。

(一)发挥风险管理功能，稳定项目预期收益

国家储备林项目以营造工业原料林和大径级用材林等多功能森林为建设目标，但森林火灾、森林病虫害、恶劣天气等风险因素极易造成林木损失，不利于项目的可持续经营。开展国家储备林保险，有助于发挥风险管理功能：一是体现在风险补偿上，国家储备林保险可以实现林木风险损失转移，在保险事故发生或保险条件成立时由承保机构给予投保人经济补偿，从而稳定项目的预期收益与还款来源；二是体现在防灾减损上，国家储备林项目的快速发展带动了保险机构承保面积的不断扩大，促使其出于降低经营成本、提高盈利能力的动力，不断加强与相关部门间的联系，共同搭建风险管理平台，同时也通过扩大保险责任范围的方式激励项目经营主体积极参与灾前预防与灾中减损，促进保险经营模式从单纯的"灾后赔偿"转为"防赔结合"。由此可知，国家储备林保险作为重要的风险管理工具，保障了项目的经营成果与预期收益。

(二)实现融资增信功能，满足银行授信要求

国家储备林项目资金需求大，往往需要通过融资的方式筹集资金。但项目建设的长期性、建设内容的复杂性、投资额度的规模性以及项目收益的不确定性，又使其在融资

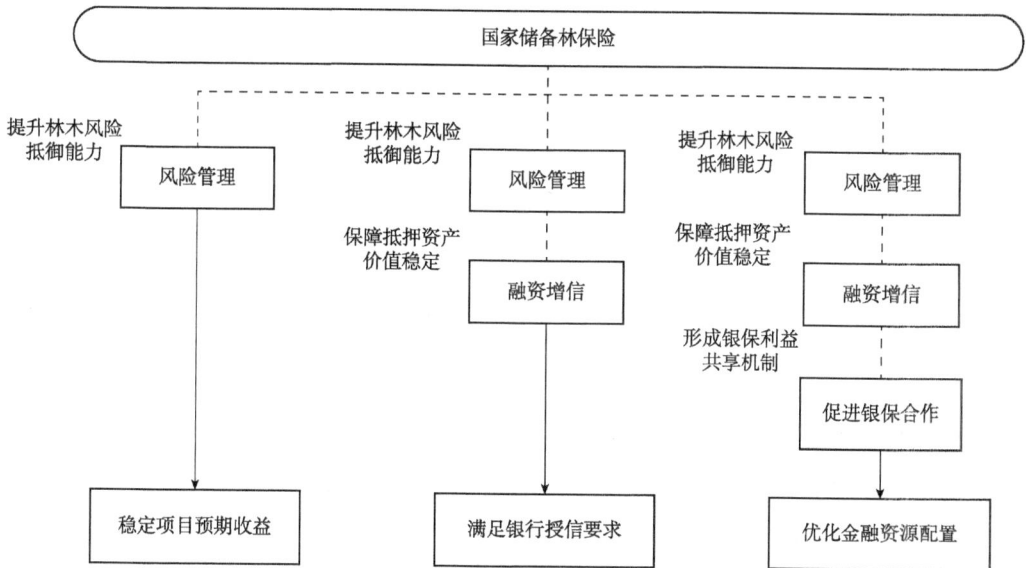

图 4-1 国家储备林保险的功能作用

过程中面临诸多难题，而破解融资难题的重要途径之一就是提供增信措施，降低银行等信贷机构的信贷风险。在融资环节，国家储备林项目主要采用林权抵押贷款和 PPP 这两种融资方式：林权抵押贷款作为一种适应林业经营特点的绿色信贷，创新性地将林地使用权、林木所有权及使用权纳入抵押资产范围。但由于林木极易因林业风险的发生造成自身价值受损，通常被银行等金融机构视为弱势抵押资产，因此项目经营主体需要按照银行等信贷机构的信贷要求投保足额保险，通过风险管理功能的发挥来增强林木（林权）作为抵押资产的有效性；PPP 模式作为大型项目建设的首选融资方式，与林业有着天然的契合，因而国家储备林项目也常采用此模式开展建设，并在融资过程中以合同预期收益权进行质押。同时，为了确保项目收益能够覆盖借款本息，经营主体往往自发为国家储备林林木投保相应的保险产品，进而提升银行等信贷机构的信贷供给意愿。由此可见，国家储备林保险作为优质的融资增信工具，增强了项目信贷资金的可得性。

（三）促进银保业务合作，优化金融资源配置

在国家储备林项目建设的推动下，银行等信贷机构与保险机构建立了良好的业务往来，不仅提升了林业信贷的投放总量与收益水平，还扩大了林业保险的市场规模和保费收入，并基于服务对象、服务目的、服务范围等的相似性不断加深业务合作程度并逐步建立起银保合作机制：一是深化风险管理和融资增信机制，破解信贷资金对接国家储备林项目的现实难题。银保业务的联动使得保险机构能够在投保环节为银行等信贷机构筛选出信用状况良好、贷款资质合格的优良融资主体，银行等信贷机构也根据融资主体收益情况、风险管理能力、经营管理水平等条件，进一步确定贷款额度、贷款利率、贷款期限等关键要素，缩短信贷业务的办理周期，提升信贷资金流向的精准性与高效性。二是实现自然资源收储代偿机制，为社会资本"进山入林"提供保障。国家储备林银保合作机制需要引入林权收储中心，对项目经营主体以林权作为抵押物向银行等信贷机构申请的贷款提供连带责任保证业务，激活国家储备林林木的财产属性，有助于进一步提升林权作为抵押资产的有效性，促进分散自然资源的集中整合。由此可见，银保合作机制的建立可以有序打通国家储备林"资源—资产—资本"的转化通道，调动了信贷、保险以及担保业务的创新动力。

在国家储备林保险功能作用的协同发挥下，国家储备林项目信贷融资不断实现帕累托改进，其内在机理的推演路径如下：第一，开展国家储备林保险有助于提升项目的风险管理水平、发挥融资增信功能，满足了银行等信贷机构的信贷要求，使得项目顺利对接信贷资金。第二，在利率水平一定的情况下，信贷资金供给的增加可以提高银行等信贷机构贷款总体收益水平，保险公司也可以借助信贷业务的渠道扩大保险产品的市场规模和市场容量、保障保险机构收益水平，从而推动国家储备林项目建立银保业务合作。第三，随着国家储备林银保合作程度的不断加深，双方通过基础设施、网点分布、信息技术等方面的互补优势，实现金融资源配置的优化，提升信贷资金流向的精准性与高效性。第四，信贷资金的落实增加了国家储备林项目建设资金总量，有助于项目经营主体扩大经营规模，并提高国家储备林集约人工林栽培、现有林改培、中幼林抚育的技术水平，达到增加项目收益水平、激发经营主体投保需求的目的。第五，经营主体投保需求的增加促使保险公司持续优化完善国家储备林保险，而保险产品的发展又有利于其功能作用的发挥，在这样的内在机理运作下，国家储备林保险持续为项目信贷融资提供高质量服务(图4-2)。

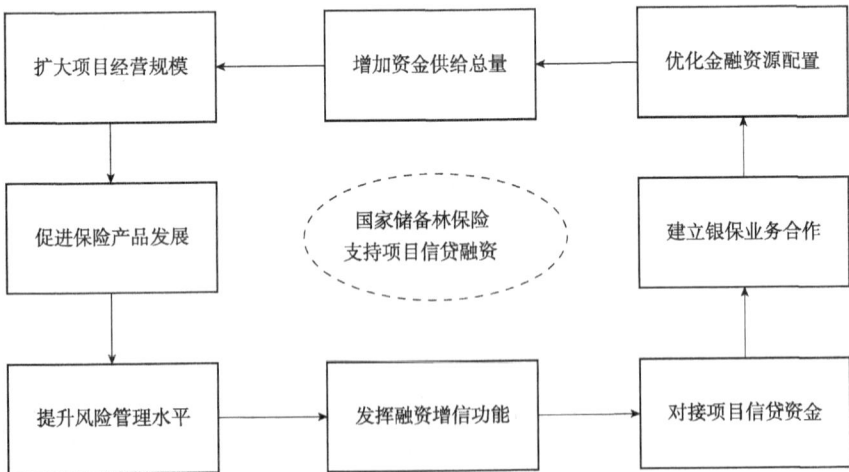

图 4-2　国家储备林保险支持项目信贷融资的内在机理

第二节　发展情况与存在问题

2012年，我国开始启动国家储备林建设项目。为推进国家储备林基地建设，国家林业和草原局相继出台了《国家储备林制度方案》《国家储备林划定办法》《国家储备林建设规划

（2018—2020）》《"十四五"国家储备林建设实施方案》等规章制度及政策文件，初步建立了职责分工明确的管理机制与规范化、程序化的运行管理机制。通过融资模式、项目管理、政策整合等方面的探索创新，国家储备林项目在基地与制度建设方面取得了显著成效。但随着项目建设的推进，权属清晰的国有林地大部分已被各市（县）政府抵押给银行，分山到户、经营权分散的集体林地成为国家储备林建设的主要阵地。而在国家经济下行、政府财政收紧的宏观背景下，地方承贷主体资本金筹集困难、林地流转及林木收储成本不断攀升、林权确权发证效率低下、项目整体收益水平有限、抵押担保贷款条件日趋严格等问题逐步暴露出来，阻碍了国家储备林项目建设的有序推进及与信贷资金的顺利对接。在此背景下，保险作为有效的风险管理和融资增信工具，可以增强国家储备林的风险抵御能力、提升项目的信贷融资水平，但传统的政策性商品林保险保障水平无法覆盖国家储备林的林木价值，因此为满足相关金融机构对贷款风险控制的要求，项目融资主体仍需购买商业性林业保险。

2017年，中国人保财险广西分公司、太平洋财险广西分公司、平安财险广西分公司、北部湾财产保险公司组成共保体，为广西国家储备林项目规划范围的林木提供森林火灾险附加自然灾害及意外事故险；2020年，根据河南省鹤壁市国家储备林项目的主要风险，中原农业保险股份有限公司以国家储备林为投保标的设立商业性林业保险，提升项目风险管理能力；2022年，中国人寿财产保险股份有限公司襄阳市襄城区支公司为湖北襄阳国家储备林项目提供商业性林木综合保险，成为该市承保的首单国家储备林商业性林木综合保险……在尚未形成可在全国范围内推广应用的国家储备林保险的现实条件下，上述地区就国家储备林开展的商业性林木保险可以被视为国家储备林保险的有益探索和产品创新。具体分析如下：

一、广西全区：森林火灾保险附加自然灾害保险

2015年年底，广西国家储备林项目一期正式启动，该项目是全国首个利用国家开发银行贷款建设的试点示范项目，建设范围主要涉及13家自治区直属国有林场，并采用林权抵押方式对接开发性信贷资金，同时构建"风险准备金+森林保险"的风险防范机制。但由于广西政策性商品林保险的保障水平还不足以覆盖国家储备林林木的资产价值甚至是再植成本，再加上贷款银行并非是该保险的第一受益人，导致政策性商品林保险无法在融资过程中起到增信的作用。为了提高银行等信贷机构的信贷供给意愿，广西区直林场又为建设范围内用于抵押贷款的林木投保了"森林火灾险+附加险"，并由区直林场、信贷机构和保险公司签订三方协议，确定该信贷机构对保险赔付资金享有优先受偿权。由此，广西国家储备林项目通过附加投保商业性保险的方式，有效提升了保险林木的风险保障水平，产品要素见表4-1所列。

根据广西"森林火灾险+附加险"保险标的的设置可知，该保险在金额设定上，能够参照保险林木的评估价值，并根据银行等信贷机构的授信要求由投保主体与保险机构协商，确定平均3000元/亩的水平，为抵押的国家储备林林木提供足额风险保障，弥补了政策性商品林保险在支持国家储备林项目融资增信方面的不足；在保险费率上，该保险考虑了各

表 4-1 广西"森林火灾险+附加险"产品要素

险种类型	主险	附加险
险种名称	森林火灾保险	自然灾害、意外事故
保险标的	生长和正常管理、定植期满一年的公益林、商品林	
保险责任	在保险期间内，由于火灾直接造成保险林木死亡	在保险期间内，由于暴雨、洪水、风灾、冰雹、冻灾、暴雪、雨凇、山体滑坡、泥石流等原因造成保险林木流失、主干折断、倒伏或死亡
保险金额	每亩保险金额参照保险林木的评估价值，由投保主体与承保机构协商确定，但最高不得超过银行贷款额度	
保险费率	基准费率：非重点防控区 3.3‰，混合防控区 3.5‰，重点防控区 4.2‰ 浮动费率：无赔款地区每年降费 5%(最高降费 15‰)；发生赔付的地区需根据上一年度赔付金额设置 4 个等级，每个等级之对应不同的浮动比例[①]	
免赔率	核定损失金额的 10% 或核定损失面积 50 亩，以高者为准	核定损失金额的 30% 或核定损失面积 50 亩，以高者为准
保险期限	一年(逐年续保)	
定损理赔	赔偿金额=每亩保险金额×损失程度×受损面积×(1−免赔率) 损失程度=单位面积平均损失株数/单位面积平均种植株数	

资料来源：根据《中国人民财产保险股份有限公司广西分公司森林火灾保险条款(银保业务专用)》《中国人民财产保险股份有限公司广西分公司森林火灾保险附加自然灾害保险条款(银保业务专用)》整理。

区直林场的风险差异，引入了风险区划和无赔款优待机制，通过"基准费率+浮动费率"的定价方式合理调整保险费率，使费率水平的变动与实际风险水平相匹配，为国家储备林项目经营主体提供了较为合理的保险产品。

然而，广西"森林火灾险+附加险"的产品要素设置也存在不足之处：

(1)采用"主险+附加险"形式的合理性有待商榷

该保险仅将火灾险设为主要风险，而将暴雨、洪水、风灾、冰雹、冻灾、暴雪、雨凇、山体滑坡、泥石流等诸多灾害设为附加风险，这就导致了项目经营主体若想实现自然灾害风险的全面保障就不得不将主险和附加险一并投保，增加了风险管理成本。

(2)将火灾确定为主险的适用性有所下降

虽然火灾的确是广西最主要的林业灾害，但统计数据表明其发生面积和发生频次均有所下降：2020 年，广西火灾发生面积 786 公顷，而林业病害、虫害的发生面积却已达到74 982 公顷和 296 077 公顷；森林火灾次数、受害面积以及损失支出较上年分别下降46.77%、14.33%、48.62%，且无重特大森林火灾事故，而病害、虫害发生面积较却较上年增加了 27.83% 与 10.21%，可见在火灾检测技术不断完善的现实条件下，将主险设定为

[①]上年赔付金额在(0, 50]、(50, 100]、(100, 150]、(150, +∞)万元时，费率浮动比例分别为 5‰、10‰、15‰及 20‰；但当累计赔付率超过 80% 时，须重新厘定费率标准。

火灾已不能为国家储备林林木提供更有效的风险保障。

（3）保险责任设定未考虑防赔结合原则

该保险仅重点关注灾后赔付环节，并未将灾前预防以及灾后防止损失蔓延采取合理必要施救措施而产生的支出纳入保险责任，也不包括为抢救林木或者防止灾害蔓延采取合理必要的施救措施而造成的保险林木损失，导致项目经营主体风险管理的主动性难以调动。

（4）保险费率的厘定不够科学

虽然国家储备林项目运营过程中面临着众多潜在风险，但因其在风险监控、风险识别、风险预测、林木培育等管理体制方面有着更为严格的标准，故面临的风险发生概率并不高于一般商品林，因此保险费率厘定也应当不高于一般商品林保险。然而由于当前缺乏科学的费率厘定方法，保险费率与风险水平尚未实现完全匹配，导致低风险地区费率要高出政策性商品林保险逾2倍，高风险地区保险费率也超过商品林保险费率，很大程度上增加了国家储备林经营主体的投保成本。

二、河南鹤壁：商业性林木保险

为减少河南鹤壁国家储林项目因自然灾害造成的林木风险损失，2020年7月1日，中原农业保险股份有限公司立足于项目发展特点推出商业性林木保险，并于2021年在鹤壁市范围内开展此项业务，具体的产品要素见表4-2所列。

表4-2　河南鹤壁商业性林木保险产品要素

保险要素	主要内容
保险标的	凡属于国家储备林建设且生长和管理正常的林木
保险责任	在保险期间内，由于下列原因直接造成保险林木死亡、流失、被掩埋、主干折断或倒伏的直接经济损失，保险人按照保险合同的约定负责赔偿：暴雨、洪水、风灾、冰雹、暴雪、霜冻、干旱；泥石流；林业有害生物；火灾
保险金额	每亩保险金额根据林木市场价值进行确定，最高不得超过其价值的80%
保险费率	费率为1.8‰
保险期限	除另有约定外，保险期间为一年，以保险单载明的起讫时间为准
定损理赔	赔偿金额=每亩保险金额×损失程度×受损面积×(1-绝对免赔率)，每次事故的免赔率由投保人与保险人在订立保险合同时协商确定，并在保单中载明 保险林木发生保险责任范围内的损失，依照相关林业技术规范确定的损失率为准；在发生损失后难以立即确定损失程度的情况下，可设置一定时间的恢复观察期

资料来源：根据《中原农险河南省商业性林木保险条款》整理。

河南鹤壁商业性林木保险将投保标的明确为国家储备林建设范围内生长和管理正常的林木，是国家储备林保险产品创新的一次有益尝试，有效解决了"低保障、保成本"的政策性商品林保险在支持项目风险管理方面的不足；在保险金额上，该保险根据林木市场价值确定，提升了投保林木的风险保障水平及灾后赔付水平；在保险费率上，该保险参考该省政策性商品林保险费率，设定了较低的费率水平，以此降低项目经营主体的投保成本。

然而，鹤壁市商业性林业保险在保险责任设定上也同样未体现防赔结合原则，仅对合同约定风险产生的林木损失进行赔付，尚未覆盖灾前预防以及灾后防止损失蔓延采取合理必要施救措施而产生的支出，也不包括为抢救林木或者防止灾害蔓延采取合理必要的施救措施而造成的保险林木损失，这就会降低项目经营主体参与防灾减损工作的积极性与主动性，进而加重林木风险损失，不利于该产品的后续推广应用。

三、湖北襄阳：商业性林木综合保险

湖北襄阳国家储备林项目是湖北省首个落地的国家储备林项目，随着该项目的有序推进，自然灾害下的林木损失和建设事故下的项目安全等问题亟待解决。针对这一问题，2022 年 3 月中国人寿财险有限公司襄阳市襄城区支公司推出商业性林木综合保险：一部分是针对林木生长过程中面临的自然灾害开展的保险；另一部分则是针对国家储备林工程建设过程中面临的建设事故及第三者责任开展的保险，具体产品要素见表 4-3 所列。

表 4-3　湖北襄阳商业性林木综合保险产品要素

保险要素	主要内容
保险标的	国家储备林建设范围内生长和管理正常的林木
保险责任	火灾、暴风、暴雨、暴雪、洪水、台风、泥石流、冰雹、霜冻、干旱、病虫害等造成保险林木死亡、流失、被掩埋、主干折断或倒伏的直接经济损失；以及在国家储备林建设期间工地范围内发生的建设事故及第三者责任
保险金额	每亩保险金额参照林木评估价值，由投保人与保险人协商确定
保险费用	5.2‰
保险期限	一年
定损理赔	赔偿金额＝每亩保险金额×损失程度×受损面积×(1-免赔率) 损失程度＝平均单位面积损失株数/平均密度

资料来源：根据《湖北省商业性林木保险条款》及调研访问内容整理得到。

湖北襄阳商业性林木综合保险的开展，为国家储备林项目提供范围更广、力度更大的风险保障：在保险责任上，该产品以林木生长经营过程中可能面临的自然风险损失为基础，不仅纳入了项目建设过程中的建设事故及第三者责任损失，还对为抢救林木或者防止灾害蔓延采取合理必要的施救措施而造成保险林木损失进行赔付，使项目风险保障范围得到了有益扩展；在保险金额上，该保险设定了 1200 元/亩的风险保障水平，高于湖北省政策性商品林保险(750 元/亩)，切实提高了投保林木的灾后赔付水平。

然而，襄阳商业性林木综合保险也存在保险责任和保险费率等要素设置上不够合理的问题，阻碍了该保险产品的后续推广应用：一是保险责任设定不够合理。襄阳商业性林木综合保险将自然灾害、建设事故及第三者责任造成的风险损失统一投保，但建设事

故及第三者责任风险并非贯穿于项目整个阶段，因此将其纳入保险责任反而会造成风险保障范围的过度扩大，增加了项目经营主体的投保负担。此外，襄阳商业性林木综合保险也未考虑防赔结合原则，对于为抢救保险林木或者防止灾害蔓延采取合理必要的施救措施而产生的费用没有纳入保险责任，导致项目经营主体风险管理的主动性难以调动。二是保险费率厘定不够科学，具体体现为缺乏科学的费率厘定方法及缺乏配套的动态调整机制。根据前文的分析，国家储备林保险费率的设定在原则上不应高于商品林保险，但是商业性林木综合保险却将保险费率设定为 5.2‰，远高于该省商品林保险 2‰ 的费率水平。除此之外，襄阳商业性林木综合保险也没有引入费率动态调整机制，无法根据项目是否出险、赔付金额等具体情况灵活调整投保成本，项目经营主体投保成本居高不下，容易降低其投保积极性。

第三节　保险产品与要素设计

为了推动国家储备林项目的高质量发展，本节从项目融资特点和经营主体投保需求出发，充分考虑银保业务合作要求，形成国家储备林保险"独立运行"及"银保合作"两种运行模式，并根据不同模式的运作流程和适用条件，构建能够纳入央地财政资金支持下的国家储备林保险产品。

一、国家储备林保险独立运行模式

国家储备林保险(独立运行)适用于仅需要发挥保险风险管理功能的国家储备林项目，以此稳定项目预期收益。由于此类项目不需要将保险作为融资增信工具，因此项目经营主体不必在融资环节就完成投保，而是可以选择在整个建设运营期间根据风险管理需求自行决定。当接到投保需求时，保险公司在对投保主体资质审查、投保标的价值确认后，即可为符合条件的国家储备林林木办理相关保险业务并提供风险管理服务。该类项目涉及国家储备林项目经营主体和保险公司这两个核心参与主体，运作流程如图 4-3 所示。同时，根据保险的适用条件与运作流程，国家储备林保险(独立运行)产品要素设置见表 4-4 所列。

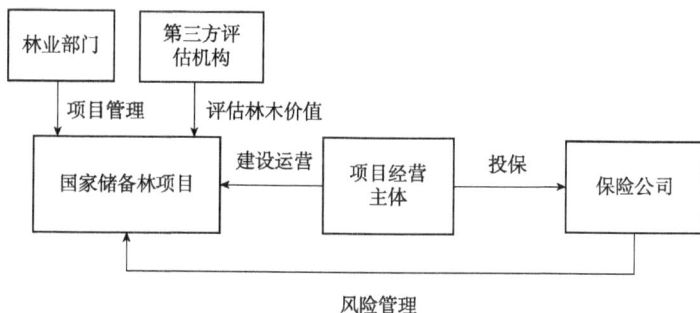

图 4-3　国家储备林保险(独立运行)运作流程

表 4-4　国家储备林保险(独立运行)产品要素

产品要素	国家储备林保险(独立运行)
保险标的	国家储备林项目建设范围内生长和管理正常的林木
保险责任	在保险期间，由于火灾、暴雨、暴风、洪水、滑坡、泥石流、旱灾、干热风、地震、冰雹、霜冻、台风、暴雪、雨(雪)凇、林业有害生物、野生动物等原因造成保险林木流失、主干折断、倒伏或死亡所产生的损失；以及为防止或减少保险林木损失所发生的预警费用、施救费用和清理残余树根、折损主干等所发生的清理费用
保险金额	以国家储备林的造林成本与林木市场价值为依据和范围，根据项目经营主体的风险管理需求确定
保险费率	参考该地区商品林保险费率设定基准费率，同时根据林业灾害风险水平、风险管理措施等因素设定浮动费率，并按照是否出险、赔付金额等具体情况进行动态调整
保险期限	一年
定损理赔	赔偿金额＝每亩保险金额×损失程度×受损面积×(1-免赔率) 损失程度＝单位面积平均损失株数/单位面积平均种植株数

(一)保险责任划分

参照当地政策性商品林保险，将可能造成林木风险损失的相关林业风险一并包含在内。除此之外，为了鼓励项目经营主体在保险事故发生前及时预防并在保险事故发生后主动采取施救、清理措施，避免或者减少对林木资源及生态环境造成更大灾害损失，将预警费用[①]、施救费用和清理费用也纳入保险责任。其中，预警费用为在保险期间内，由于发布保险标的所在区域的灾害预警(暴雨、暴雪、寒潮、大风及森林火险)，为了避免保险林木发生损失，被保险人采取应急措施而产生必要、合理的费用；施救费用为保险事故发生后，被保险人为防止或减少保险林木的损失所支付的必要的、合理的费用；清理费用为保险林木发生损失后，被保险人为清理残余的树根、折损的主干等所支付的必要、合理的费用。

(二)保险金额确定

以各地区国家储备林主要树种为调研对象，对包括融资成本、地租、种苗、肥料、除草剂、伐木人工等在内的完全成本进行分析，可先根据国家储备林的造林成本的调研结果与林木市场价值为依据，将造林成本和市场价值分别作为保额下限与上限，再根据项目经营主体的风险管理需求确定最终保额。同时，随着国家储备林保险的不断应用推行，可逐步提升保障水平，使最终保额达到林木价值。

(三)保险费率厘定

在保险费率厘定上，为了有效激发项目经营主体风险管理的积极性，采用"基准费率+浮动费率"的方式定价。基准费率的设定参考该地区商品林保险费率，浮动费率则要根据

---

①发生预警(暴雨、暴雪、寒潮、大风及森林火险)费用时，按照四级预警级别(蓝色、黄色、橙色、红色)所对应的赔付标准进行赔付。

林业灾害风险水平、风险管理措施等因素设定，确保投保成本能够有效反映林木所面临的风险水平。同时，在保险费率厘定中引入动态调整机制，根据是否出险、赔付金额等具体情况进行调整。

(四)定损理赔方式

查勘定损参照全国性《森林保险查勘定损技术规程》与地区性查勘定损技术文件，对国家储备林林木的损失程度进行科学合理地量化，提高定损的准确性。赔偿金额即每亩保险金额与损失程度、受损面积的乘积，每亩产生的预警责任赔偿金额、林木损失赔偿金额总和以每亩保险金额为限，每亩发生的施救费用及清理费用另行计算，但仍以每亩保险金额为限额；同时重点完善保险理赔流程和标准，督促理赔即时到账。

二、国家储备林保险银保合作模式

国家储备林保险(银保合作)适用于需要发挥保险风险管理、融资增信及银保合作三重功能的国家储备林项目，以此满足银行信贷要求，实现信贷资金的顺利对接。由于此类项目需要保险作为融资增信工具保障抵押资产价值稳定，并推动信贷机构和保险机构基于信贷业务建立合作机制，因此项目经营主体需要在融资环节按照银行授信要求设定保险金额，并将该保险的第一受益人确定为银行等信贷机构。但从实际操作角度而言，这种设置存在监管障碍，因此可由项目公司、信贷机构和保险公司签订三方协议，确定该信贷机构对抵押林木的保险赔付资金享有优先受偿权。同时，为确保抵押资产的后续管理与偿付能力，该模式引入林权收储担保机制，在经营主体不能按期偿还贷款本息时，由担保收储中心办理林权收储业务，按约定履行代偿义务并进行处置交易，降低信贷机构对抵押资产的管理风险和流动风险。该类项目涉及国家储备林项目经营主体、信贷机构、保险公司、林权收储担保机构等多个核心参与主体，运作流程如图4-4所示。同时，根据保险的适用条件与运作流程，国家储备林保险(银保合作)产品要素设置见表4-5所列。

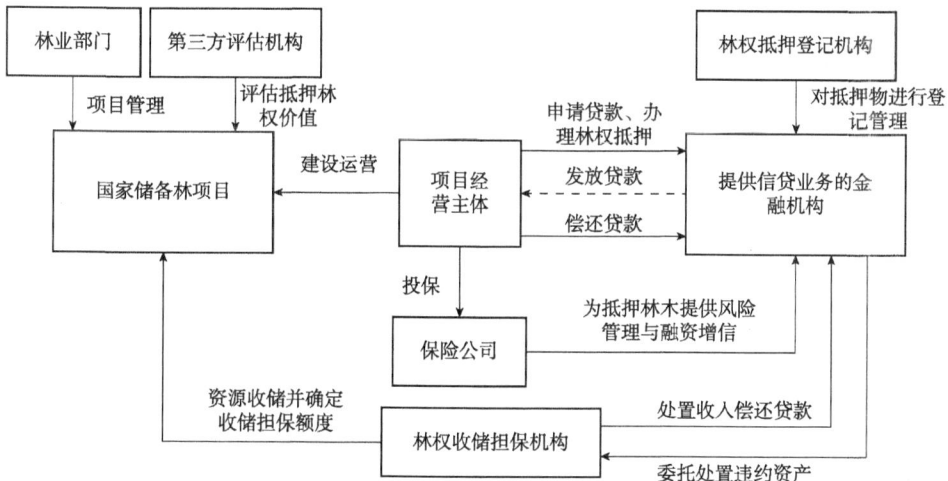

图 4-4　国家储备林保险(银保合作)运作流程

表 4-5　国家储备林保险(银保合作)产品要素

产品要素	国家储备林保险(银保合作)
保险标的	国家储备林项目建设范围内用于林权抵押贷款的林木
保险责任	在保险期间，由于火灾、暴雨、暴风、洪水、滑坡、泥石流、旱灾、干热风、地震、冰雹、霜冻、台风、暴雪、雨(雪)凇、林业有害生物、野生动物等原因造成保险林木流失、主干折断、倒伏或死亡所产生的损失；以及为防止或减少保险林木损失所发生的预警费用、施救费用和清理残余树根、折损主干等所发生的清理费用
保险金额	以国家储备林的造林成本与林木评估价值为依据和范围，根据银行等信贷机构的贷款额度要求确定
保险费率	参考该地区商品林保险费率设定基准费率，同时根据林业灾害风险水平、风险管理措施等因素设定浮动费率，并按照是否出险、赔付金额等具体情况进行动态调整
保险期限	一年
定损理赔	赔偿金额＝每亩保险金额×损失程度×受损面积×(1−免赔率) 损失程度＝单位面积平均损失株数/单位面积平均种植株数

(一)保险责任划分

参照当地政策性商品林保险，将可能造成林木风险损失的相关林业风险一并包含在内。除此之外，为了鼓励项目经营主体在保险事故发生前及时预防并在保险事故发生后主动采取施救、清理措施，避免或者减少对林木资源及生态环境造成更大灾害损失，将预警费用、施救费用和清理费用也纳入保险责任。其中，预警费用为在保险期间内，由于发布保险标的所在区域的灾害预警(暴雨、暴雪、寒潮、大风及森林火险)，为了避免保险林木发生损失，被保险人采取应急措施而产生必要、合理的费用；施救费用为保险事故发生后，被保险人为防止或减少保险林木的损失所支付的必要的、合理的费用；清理费用为保险林木发生损失后，被保险人为清理残余的树根、折损的主干等所支付的必要、合理的费用。

(二)保险金额确定

以各地区国家储备林主要树种为调研对象，对包括融资成本、地租、种苗、肥料、除草剂、伐木人工等在内的完全成本进行分析，可先根据国家储备林的造林成本与林木评估价值为依据，并将造林成本和评估价值分别作为保额下限与上限，最终保额确定需根据信贷机构的贷款额度要求确定。同时，随着国家储备林保险的不断应用推行，可逐步提升保障水平，使最终保额达到林木价值。

(三)保险费率厘定

在保险费率厘定上，为了有效激发项目经营主体风险管理的积极性，采用"基准费率+浮动费率"的方式定价。基准费率的设定参考该地区商品林保险费率，浮动费率则要根据林业灾害风险水平、风险管理措施等因素设定，确保投保成本能够有效反映林木所面临的风险水平。同时，在保险费率厘定中引入动态调整机制，根据是否出险、赔付金额等具体情况进行调整。

（四）定损理赔方式

查勘定损参照全国性《森林保险查勘定损技术规程》与地区性查勘定损技术文件，对国家储备林林木的损失程度进行科学合理地量化，提高定损的准确性。赔偿金额即每亩保险金额与损失程度、受损面积的乘积，每亩产生的预警责任赔偿金额、林木损失赔偿金额总和以每亩保险金额为限，每亩发生的施救费用及清理费用另行计算，但仍以每亩保险金额为限额；同时重点完善保险理赔流程和标准，督促理赔即时到账。

第五章 经济林产量保险

第一节 内涵界定与功能作用

一、内涵界定

经济林又称"特用林"，是指利用树木的果实、种子、树皮、树叶、树液、树枝、花蕾、嫩芽等，以生产油料、干鲜果品、工业原料、药材及其他副特产品(包括淀粉、油脂、橡胶、药材、香料、饮料、涂料及果品)为主要经营目的的乔木林和灌木林，是有特殊经济价值的林木和果木，如木本粮食林、木本油料、工业原料特用林等。经济林根据其利用部位不同，可分为：①利用种子作为榨油原料的木本油料林，如油茶、油桐、油橄榄、核桃等；②利用树叶的茶树林、桑树林等；③利用树皮的纤维林和木栓林，如构树、栓皮栎等；④利用枝条作编织原料的采条林，如荆条、柽柳等；⑤利用树液的橡胶林、漆树林等。经济林价值很高，一般实行集约化经营，是综合开发山区，合理利用自然资源的重要措施。

产量风险是指林业经营主体在提供确定的物质和人力生产要素的情况下，由于受到未知和不可控因素的影响，导致所获得的林产品数量出现较大波动的不确定性。应对此类风险的主要保障手段是产量保险。产量保险可分为一般产量保险和区域产量保险。一般产量保险以作物产量为保险标的，当实际产量低于合同设定的目标产量时，视为保险事故发生，如果数次发生产量损失，并且其损失均在保险责任范围内，赔偿依照最终一次保险事故发生后的实际收获产量。区域产量保险则以一定区域内投保标的平均产量为目标产量，当平均产量低于预先设定的目标产量时，则视为保险事故发生。

经济林产量保险以生长和管理正常的经济林作为保险标的，主要用于保障经济林木因洪水、冰雹、风灾、霜冻、病虫害等自然灾害导致产量下降而造成的利润损失。根据林业经营主体投保方式的不同，经济林产量保险也可分为经济林一般产量保险和经济林区域产量保险。对于经济林一般产量保险，当经济林产品在生产过程中遭受保险责任范围内的自然灾害或意外事故，造成产量下降并达到理赔条件时，保险公司按照损失程度对林业经营主体进行一定的赔偿处理。对于经济林区域产量保险，当承保区域内单位面积的实际平均产量低于保险公司规定的目标产量时，不管单个林业经营主体的实际单产是否低于目标产量，都能够得到赔偿。

经济林产量保险的参与主体为林业经营主体、保险机构、政府等。林业经营主体作为投保人，选择产量保险保障所种植经济林的产品收益。保险机构主要负责产量保险的保单设计以及后续的定损理赔等工作。政府在产量保险中发挥着提供财政支持的作用，主要是对林业经营主体给予一定的保费补贴。

二、功能作用

(一)运行机制

1. 经济林一般产量保险的运行机制

当被保险的经济林木因受到保险责任范围内的灾害致使产量受损，且达到赔偿要求时，保险公司应按照相应的赔偿标准和损失面积对林业经营主体进行赔偿处理，经济林一般产量保险的运作流程如图5-1所示。其中，赔偿标准一般有两种确定方法：一种是取决于损失程度，损失程度越大时，对应的赔偿标准越高，林业经营主体可得到更多的赔偿金；另一种是根据林木因灾受损时对应的生长时期，越接近收获期发生产量损失时，对应的赔偿标准越高。

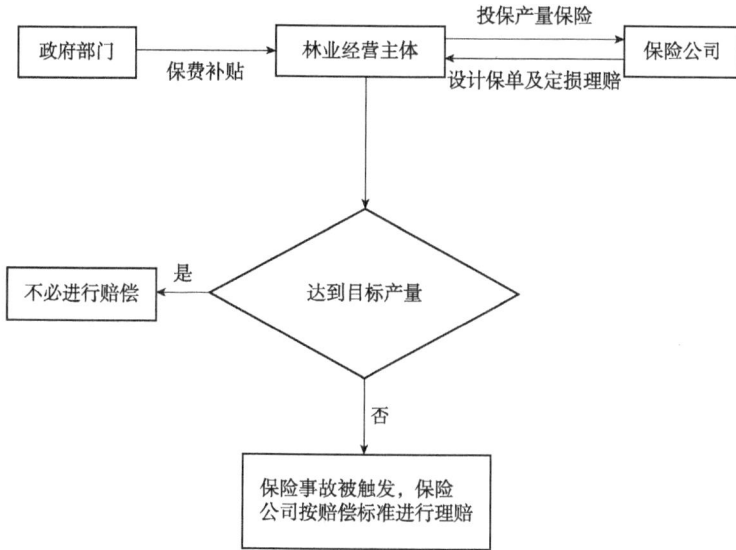

图 5-1　经济林一般产量保险运作流程

经济林一般产量保险能够提升保险标的的保障水平。经济林产量保险的保险金额由目标产量和果品平均价格共同决定，并根据不同地区林业经营主体的保障需求设定弹性的保障水平，不仅充分考虑到投保林木的经济价值，为高经济收益的经济林提供较高的保障水平，同时也为投保林业经营主体提供可选择的保障范围。但当前我国林业保险的推广遵循"低保费、保成本、广覆盖"的基本原则，保险产品的设计以保障林业经营主体灾后恢复生产为主，保障水平原则上为林木的再植成本，且由于林业生产成本上涨以及各级政府面临较大的财政压力等现实因素，我国林业保险所设定的实际保险金额远低于林木的实际经济价值。

2. 经济林区域产量保险的运行机制

经济林区域产量保险关注的是承保经济林在承保区域内的平均产量，基于平均产量确定目标产量、保险费率和赔偿条件等，对应的保障水平可高可低。区域产量保险实施的前提是进行风险分区,分区的方法包括:①直接根据行政区划的省级边界、市级边界、县级边界、镇级边界划分;②根据经济林种植地域划分;③根据承保经济林的风险大小不同,建立风险区划的指标,将风险相同的经济林划分到一个区域。当承保区域的整体平均产量低于保险合同中既定的目标产量时,无论个体种植户的实际平均产量是否比目标产量低,都会得到区域相同的赔偿,如果承保区域整体的平均产量并未低于目标产量,则该区域所有林业经营主体都不会得到赔偿(图5-2)。

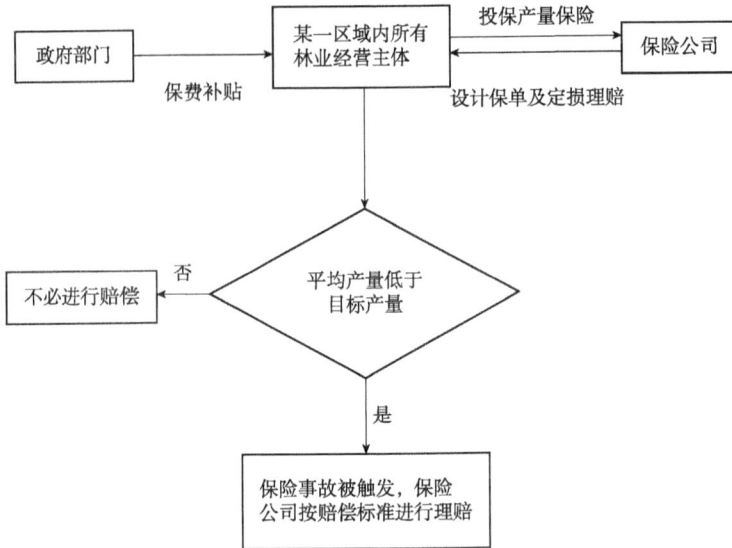

图5-2　经济林区域产量保险运作流程

(二)功能作用

经济林区域产量保险以区域产量变化为基础,不再是单个林业经营主体的具体产量和损失,与一般产量保险相比,经济林区域产量保险具有以下功能作用:

1. 有效缓解信息不对称的问题

从国内外林业保险的发展经验来看,传统林业保险的信息不对称问题导致了长期存在的道德风险和逆向选择,区域产量保险能够有效缓解信息不对称问题。经济林区域产量保险是以地区经济林产量的历史数据为基础,这些数据是公开透明的,因此被保险人和保险人对于所有信息的获取是对等的,双方之间不存在信息不对称问题。此外,对同一区域的所有林业经营主体,单位面积所缴纳的保费是相同的,不存在因风险差异造成的保费负担不对等问题,进而有效避免投保人的逆向选择等现实问题。传统林业保险的投保主体在灾害发生后可能会出现补救措施不积极主动等行为,造成森林损失的扩大。对于经济林区域产量保险,单个林业经营主体的产量对整体区域产量影响较小,林业经营主体最终获得的赔付与事先确定的目标产量和区域内的实际平均产量有关,当部分投保经济林发生灾害但损失较小,且最终总产量未低于赔付标准时,林业经营主体将无法获得赔偿。因此,林业经营主体为尽可能避免产量损失,将会加强整体风险防范与管理水平,从而有效降低道德风险的发生。

2. 减轻保险公司经营成本负担

相比于传统林业保险，经济林产量保险的业务操作流程更加简单，理赔依据更具客观性，能够有效减轻保险公司的经营成本负担。一方面，传统林业保险产品的保障程度较低、保险范围较窄，当发生大面积损失时，区分保险灾害和非保险灾害赔偿责任的成本较高，且易引起投保人与保险公司的定损纠纷。经济林产量保险扩大了保障范围，充分考虑林木生长过程中面临的各种自然灾害和意外事故等，当产量损失达到合同预先设定的触发值时，保险公司进入理赔流程。另一方面，在查勘定损过程中，林木灾害损失只需测度投保经济林的损失面积和损失程度，无须定损到户，即可确定赔付金额，有效降低了定损难度，减少了经营和管理成本，其承保理赔效率随之提高。

3. 提升应对系统性风险的能力

传统林业保险通常假定各区域间的生产风险是相互独立不相关的，但在现实生活中，地区风险普遍存在相关性，如干旱、洪水、病虫害等，因此灾害发生后往往是整个地区集体受灾。经济林区域产量保险以风险相关性为假设前提，充分考虑整个承保区域内可能遭受的灾害风险，能够有效应对系统性风险。当单个林业经营主体的生产风险与整个区域的生产风险相关性越高时，系统性风险越大，越适合实行经济林区域产量保险。

第二节　发展情况与存在问题

一、发展情况

经济林种植作为林下经济的一种，是林草产业体系的重要组成部分，随着林业产业规模不断发展和壮大，经济林和林下作物尚未纳入政策性保险，林业经营主体常常面临因自然灾害造成经济林损失又无法得到补偿的问题。基于经济林缺乏有效保障的现状，政府与保险公司共同开创经济林产量保险，以此来最大限度地保障受灾林业经营主体的利益，促进经济林产业的发展。我国经济林产量保险于2016年在内蒙古率先开展试点工作，当地人民政府办公厅发布《关于加快林下经济发展的实施意见》，鼓励发展林下经济并纳入林业保险范围，提高林业经营主体抵御风险的能力，以促进自治区林业产业的发展。自2016年以来，人保财险内蒙古分公司在通辽市、赤峰市、兴安盟、呼伦贝尔市、乌兰察布市等盟市开办了商业性经济林木产量保险，承保标的覆盖了苹果、梨、沙果、石榴等20余种经济林木，为当地林业经营主体收益提供保障的同时，也促进了自治区经济林种植规模的扩大和林业经济的可持续发展。

自内蒙古试点经济林产量保险后，全国多地陆续开展经济林产量保险试点工作，具体开展情况见表5-1所列。2020年，为提高桃树种植业的保险保障水平，北京市平谷区改变原有的政策性桃种植保险，为当地上万亩桃树投保"政策性桃树种植附加产量损失保险"。同年，海南陵水县也对芒果保险进行优化创新，开发出芒果产量保险，当地财政局为其提供70%的保费补贴，并对贫困林业经营主体给予100%的全额补贴，有效提高了芒果种植户的投保意愿。2021年2月，为进一步探索特色林生产灾害保险和林业经营主体产品收益保险，重庆市渝北区印发实施《渝北区2021年政策性农业保险工作方案》，在原有政策性农业保险的基础上，新增包括经济林产量保险在内的三大类种养殖业生产灾害损失保险，满足多层次多样化林业经营主体的保险需求。

表5-1　我国经济林产量保险开展情况

时间	省份	险种名称	试点地区	投保主体
2016—2021	内蒙古	商业性经济林木产量保险	赤峰市、通辽市、呼伦贝尔盟等地	种植梨子、苹果、沙果等果树的林业经营主体
2016—2022	四川	核桃自然灾害保险	广元市	核桃种植户
2020—2022	海南	芒果产量保险	陵水英州镇廖次村	三亚芒果种植户或专业合作社
		秋梢芒果保险、秋梢芒果重大灾害保险	三亚市	
2020—2022	北京	桃树附加产量保险	平谷区	平谷区大桃种植户
2021	重庆	经济林产量保险	渝北区	种植李子、桃子、蓝莓等经济林的林业经营主体

二、存在问题

经济林产量保险能够在发生灾害时有效保障林业经营主体的收入来源，有利于促进我国经济林产业的稳定发展。但目前经济林产量保险在我国还处在初步发展阶段，存在以下制约因素：

(一)产量数据不够充足

经济林一般产量保险和区域产量保险成功运作的关键都是要能够获得足够年份的产量精准数据，以此作为保险理赔设计中平均产量的确定依据。一些发达国家因为具备健全的法律以及商品化、规模化的林业生产经营模式，因此能够得到比较完整的林产品的历史产量数据。而我国经济林产量保险实践的较晚，且经济林分布广泛、种类繁多，加之气候、病虫害等多种复杂因素的影响，导致经济林产量保险的数据收集和分析难度较大。此外，我国经济林生产规模小且经营较为分散，组织化程度相对较低，林业产量数据质量较差，甚至无法得到有效数据，严重制约了我国经济林产量保险发展。

(二)风险覆盖范围单一

产量保险基于承保标的产量变化而实施，在最大限度上使林业经营主体规避产量风险，避免了因减产造成的利益损失。但是林业经营主体的收入由产量和产品价格同时决定，而在市场经济条件下，价格波动变化频繁，价格下跌带来的损失可能会超过增产、稳产带来的收益，从而对投保主体造成收益损失。产量保险无法同时规避产量风险及价格风险对林业经营主体收入的影响，难以有效解决"丰产不丰收"的现实问题。

(三)财政支持力度不足

保费补贴政策是林业保险可持续发展的核心制度安排，我国林业保险在发展过程中给予商品林和公益林保险较高的财政补贴，有效减轻了林业经营主体的投保负担。而经济林产量保险作为一种创新型林业保险产品，尚未纳入中央财政补贴范畴，当前并未有统一的政策制度明确规定经济林产量保险的财政补贴比例。尽管有部分地区规定了保费补贴比例，如重庆市规定区财政补贴比例为80%，剩余20%由林业经营主体承担；陵水县财政局对芒果种植林业经营主体提供70%的保费补贴。但与公益林和商品林保险相比，经济林产量保险的补贴比例相对偏低，导致林业经营主体经营负担较重，降低了参保意愿，不利于经济林产量保险的大范围推广。

第三节　保险产品与要素设计

经济林产量保险以符合一定条件的经济林为保险标的，即经过政府相关部门批准合格的品种，达到普遍种植标准和管理的要求；种植地点应在当地洪水水位线以上的非蓄洪、行洪区；出苗后，幼苗密度必须符合种植标准，且生长正常的经济林均可作为保险标的。此外，考虑到当种植面积太小，保险公司无法通过保费收入覆盖相关投入成本，导致保险产品经济性不高的问题，要设定投保经济林需达到一定规模要求。通常要求对以村或乡为单位的且种植规模达到20亩（含）以上的成片经济林予以承保，各试点地区结合实际情况可设置不同的规模要求。经济林产量保险的投保主体为所有种植经济林的林业经营主体，包含林农和新型林业经营主体，投保方式有自行投保和集中投保两种方式。对林业企业、林业专业合作组织及林业经营大户等新林业经营主体，可自行投保经济林产量保险。对经营规模较小、分布较为分散的林农可以由龙头企业、林业合作社、村民委员会等单位组织统一投保。

一、保险责任划分

（一）责任范围

经济林产量保险的保险责任通常根据保险标的在保险期间可能发生的灾害风险进行设定，灾害风险包括风灾、雹灾、暴雨、冻灾等自然灾害以及有害生物灾害等。因各个地区的气候特点不同，对经济林生长发育的影响也存在差异，各地区在实行经济林产量保险时可以结合当地气候特点设定不同的保险责任。根据不同的保险责任划分，产量保险可分为经济林产量一般保险和经济林产量综合保险。

经济林产量一般保险结合当地气候特点设定保险责任，投保人可根据自身需要选择其中一项或多项进行投保。如内蒙古地区气候的主要特点是干旱少雨，虽全年降水量不多，但主要集中在夏季，局部地区因暴雨会造成不同范围、不同程度的洪涝灾害；除旱灾和水灾外，还有雹灾、霜冻等灾害；据此，保险公司将其保险责任确定为风灾、雹灾、暴雨和冻灾。四川省地区处于青藏高原和四川盆地之间，易发生旱涝、滑坡、泥石流和地震等自然灾害，造成当地经济林产量受损或林木死亡；除以上自然灾害外，四川省核桃产量保险将影响核桃生长的病虫害也纳入保险责任中。

经济林产量综合险将可能会致使经济林产量损失的人力无法抗拒的所有自然灾害因素

全部包含在保险责任范围内，能够有效保障林业经营主体权益，同时降低定损难度，减少保险公司定损理赔的成本。

（二）除外责任设定

经济林产量保险的除外责任一般包括以下内容：①投保人及其家庭成员、被保险人及其家庭成员、投保人或被保险人雇佣人员的故意或重大过失行为、管理不善、他人的恶意破坏行为；②在经济林生长期间正常的自然落花、落果；③行政行为或司法行为；④战争、武装冲突、恐怖活动、军事行动、政府行洪蓄洪等；⑤管理措施失当或未按规定要求对病虫害进行有效防治。

以下损失、费用，保险人不负责赔偿：①保险合同中载明的免赔额或根据免赔率计算的免赔额；②自然衰老、淘汰的经济林；③套种在经济林中的其他林产品或农作物发生损失的；④灾害发生时或灾后，投保人、被保险人投入的直接或间接费用；⑤其他不属于保险责任范围内的损失、费用，保险人也不负责赔偿。

二、保险金额设定

在经济林产量保险中，影响保险金额的主要因素是目标产量和平均价格，因此在确定保险金额时，要重点考虑产量数据和价格数据。在产量数据方面，经济林一般产量保险主要参照保险经济林木进入初果期、盛果期和衰果期的平均产量或是根据当地林业部门或统计部门提供的近3~5年的历史平均产量，再由投保人与保险人协商，确定最终目标产量水平。经济林区域产量保险则参照区域内经济林木近3~5年的平均产量数据，按照一定比例设定目标产量。在价格数据方面，平均价格数据则由经济林木近3~5年的果品平均价格或地方价格管理部门公布的价格数据的平均值确定。

经济林一般产量保险的保险金额设定方式为：

$$每亩保险金额＝目标产量（千克/亩）×平均价格（元/千克）×产量保障比例 \qquad (5\text{-}1)$$

其中，结合地区林业经营主体的实际需求和资金实力设置适当的产量保障比例，保障比例过低时难以提供充分保障水平，而保障比例过高则会增加保费负担，因此，经济林一般产量保险的保障比例设定区间为50%~70%。

经济林区域产量保险的保险金额设定方式为：

$$每亩保险金额＝目标产量（千克/亩）×平均价格（元/千克）×产量保障比例 \qquad (5\text{-}2)$$

其中，投保比例就是投保人根据其实际产量与期望赔偿之间的相关性选择的投保水平，即投保比例是投保人自主选择的，该比例可超过其实际单产的100%，最高可达到150%。

三、保险费率厘定

经济林产量保险的定价方法主要包括总体定价法和分类定价法两种。总体定价法是指把所有的损失风险归为一类，并对风险设置相同的费率。分类定价法是指结合当地易发生的自然灾害的种类单独设定保险费率的方法。如内蒙古地区易发生洪涝灾害，在保险费率厘定中将洪涝灾害设定一定的费率。投保人可根据自身需求选择一种或多种灾害类型进行投保。

确定定价方法后，需对经济林产量保险的费率进行厘定。目前，经济林产量保险费率厘定方法主要包括以下 3 种：

(一)经验费率法

作为财产保险特别是农林保险的传统费率厘定方法，经验费率法通过对某一地区经济林的历史实际产量与趋势理论产量作比较，计算实际与理论之间的差值作为减值损失，利用长期的历史减产率来作为该经济林在该地区的保险费率。虽然这一方法可以因地制宜并且操作性强，但需要较为丰富的历史数据；如果某地区经济林产量的数据较少或缺失，那么该方法就不适用。

(二)非参数模型法

非参数模型作为创新费率厘定的方法，可以弥补经验费率法的不足。利用可收集到的现有经济林单产样本数据，对样本的分布进行拟合。目前核密度估计法是非参数模型法的主要代表，不需要事先确定分布，通过对经济林单产信息的充分挖掘，做出样本的最优拟合，获得单产分布的密度函数。但该方法对样本数据的质量要求较高，当数据可获得性受到限制时，该方法则不适用。

(三)参数模型法

该方法与非参数模型法最大的不同在于，考虑到历史产量数据的时间序列趋势体现了技术进步和长期环境影响，而这部分是不可保险的，因此首先需对经济林历史产量数据进行去除趋势处理，得到去趋势单产样本数据，再通过统计学方法确定服从的最优分布，并得到该分布中的各个参数。接着利用概率论的相关知识，计算得到地区经济林的产量保险费率。经济林产量保险费率由纯费率与附加费率两部分组成，其中纯费率是基于预期的损失概率确定的，是保险费率的核心要素。运用参数模型方法计算纯费率，需要根据去趋势处理后的单产随机波动序列进行纯费率厘定，计算公式如下：

$$R = \frac{EL}{\lambda Y} = \frac{\int_0^{\lambda Y} (\lambda Y - x) f(x) \, \mathrm{d}x}{\lambda Y} \tag{5-3}$$

式中，R 是纯费率；EL 是经济林产量损失的期望值；λ 是保险的保障水平；Y 是经济林的正常产量；$f(x)$ 是地区经济林单产密度函数。参数模型方法研究更为严谨科学，能够有效克服产量数据时间不够长的问题。

四、保险期限划分

经济林产量保险仅投保处于盛产期的经济林木，初果期和衰老期经济林一般不予承保。保险期限根据不同种类的经济林生长规律进行设定，通常是从每年生产季节的定果开始时起，至果食成熟收获离枝时止。经济林在生长周期中经历幼树期、初产期、盛产期和变产更新期。幼树期即从栽培起到开始有经济产量为止，长短因树种、品种而异(如杏、枣、板栗为 2~3 年)。当生长至初产期时经济林才开始有经济产量，因此保险公司在确定保险标的时首先要求经济林达到一定的树龄。如江西省商业性茶叶产量保险要求投保茶叶的树龄应在 3 年(不含)以上、30 年(含)以下,再结合树种生长特点将保险期限划定为生理定果期至果实成熟收获期。另外,考虑到可能出现经济林果实晚熟的现象,可结合实际情况适当延长保险期限,以确保最终产量的准确性。

五、定损理赔方式

(一)经济林一般产量保险

在保险期限内,当保险经济林发生保险责任范围内的损失时,保险人需要按照保险合同约定对林业经营主体的产量损失进行赔偿处理,并且针对已采摘部分果实的保险经济林,在赔偿时需要扣除已采摘部分的价值,剩余部分则按照损失程度进行计算赔偿。保险人对受损的保险经济林进行现场勘查后进行初步定损登记,若保险经济林连续受损,保险人可连续勘查定损。对于部分受损经济林设置恢复生长观察期,待保险经济林收获后进行最终定损。

在现有的经济林一般产量保险的实施中,有以下两种定损标准:

1. 根据损失率确定赔偿

当保险经济林的损失率在 80% 以上(含)时,视为全部损失,赔偿金额计算方式为:

$$赔偿金额 = 每亩保险金额 \times 损失面积 \times 不同生长期赔偿比例 \times (1-绝对免赔率) \qquad (5\text{-}4)$$

$$每亩保险金额 = 目标产量(千克/亩) \times 平均价格(元/千克) \times 产量保障水平 \qquad (5\text{-}5)$$

不同品种经济林的生长期划分标准不同,对应赔偿比例的设置也存在差异。例如,重庆渝北区将经济林生长期设为生理定果期—果实膨胀期(不含)、果实膨胀期—成熟期(不含)、成熟期—收获期,相应赔偿比例分别为 70%、80%、100%;黑龙江果树产量保险中设置的果树生长期为花期—坐果期(含)、坐果期—果实生长发育期(含)、果实成熟采收期,相应赔偿比例分别为 40%、70%、100%。

当保险经济林的损失率在 80%(不含)以下时,视为部分损失,保险人按以下方式计算赔偿:

$$赔偿金额 = 每亩保险金额 \times 损失程度 \times 损失面积 \times (1-绝对免赔率) \qquad (5\text{-}6)$$

按照承保前双方约定的保险经济林木单位平均产量和实际抽样定损测得单位产量作为计算损失程度的标准:

$$损失程度 = (1-实际抽样测得单位产量/目标平均产量) \times 100\% \qquad (5\text{-}7)$$

其中,实际抽样测得单位产量由地方政府相关主管部门、保险人和林业经营主体代表或共同委托的第三方专业机构进行测定。

2. 根据产量损失程度确定赔偿

保险经济林发生产量损失时,保险人按照经济林木的平均减产量对应的赔偿标准确定赔偿;当产量损失程度较高时,相对应的赔偿标准也会越高。其中:

$$平均减产量 = (设定的目标抽样面积总产量-实际抽样面积总产量)/抽样面积 \qquad (5\text{-}8)$$

$$赔偿金额 = 每亩保险金额 \times 赔偿标准 \times 受损面积 \times (1-绝对免赔率) \qquad (5\text{-}9)$$

与经济林一般产量保险相比,经济林区域产量保险按照实际产量与目标产量差值的一定比例计算赔偿金额。而经济林一般产量保险不仅考虑到损失面积,并且根据林木产量的损失程度或对应的生长期确定赔偿比例，能够更有效地保障投保林业经营主体的经济效益。

（二）经济林区域产量保险

区域产量保险观测的是一定地区内经济林的平均产量变化，如果区域平均产量下降到目标产量以下时，林业经营主体则得到相应赔偿，其具体赔偿机制如下：假定 y 是区域经济林的实际平均产量水平，y^* 是设定的该区域内的目标产量水平，a 为保障比例，取值一般是 $50\% \sim 90\%$，由投保林业经营主体和保险公司协商确定。当区域的实际平均产量 y 小于触发产量 ay^* 时，则保险按照其差额的一定比例对林业经营主体进行赔偿，赔偿比例可由林业经营主体根据自己的风险状况进行选择，赔偿金额以保险金额为限：

$$赔付金额 = \max\{0, \ ay^* - y\} \times 赔偿比例 \times 平均价格 \times 投保面积 \qquad (5\text{-}10)$$

赔偿比例这一变量的存在有重要意义，假设没有赔偿比例时，那么当实际平均产量 y 低于触发产量 ay^* 时，赔偿就简单地等于触发产量 ay^* 和实际产量 y 之间的差额，也就是全区域的平均每亩损失。但是，林业经营主体的实际损失并不一定等于全区域的平均损失。林业经营主体对基于区域产量保险的期望赔偿与基于投保经济林的实际损失之间的相关性持有不同的认识，因此他们会选择不同的赔偿比例，来使区域产量保险的期望赔偿与投保经济林的期望损失相匹配。假设林业经营主体 i 的实际产量为 y_i，该林业经营主体的实际产量 y_i 相对区域实际产量 $\tilde{y}$ 的敏感程度为 β^i：

$$\beta^i = \frac{\text{cov}(\tilde{y}, \ y^i)}{\tilde{y}} \qquad (5\text{-}11)$$

对于林业经营主体 i 来说，要使得区域产量保险的期望赔偿与经济林的期望损失相匹配，其理想的赔偿比例应该等于 β^i。

第四节 典型案例

一、内蒙古商业性经济林木产量保险

内蒙古自治区是国家重要的森林基地之一，于 2013 年开始实施林业保险，探究建立防范和化解林业风险的保障机制，增强抵御风险和可持续发展能力。目前，内蒙古林业保险的主要险种包括森林综合险和森林火灾险；就林业生产风险发生的概率来说，森林综合险和森林火灾险的保障范围能够基本涵盖公益林和商品林生产面临的大部分风险造成的损失。但基于林业生产的"露天"属性，内蒙古有超百万亩以果树为主的乔木经济林每年不同程度地受到风、雹、冻、虫、旱等自然灾害侵扰，致使林业经营主体每年平均经济损失率在 30% 左右，严重影响了其收入水平。

2016 年起，内蒙古自治区林业厅联合人保财险、大地财险等多家保险公司，在赤峰市、通辽市、呼伦贝尔盟等地区开展林下经济和经济林产品产量保险试点，并开展试点实地调研，走访了百氏兴、祥和、绿源春等产业合作社的 200 余户果农。保险公司通过收集整理主产果树品种在不同生长期面临的风险、果品市场行情和平均亩产等资料，科学核定保险金额，共计承保沙果、梨、李子、苹果等标的近 100 亩，承担风灾、雹灾等风险保障 30 余万元。内蒙古经济林产量保险的开展得到了林业经营主体和当地政府的高度认可，为林业保险业务开拓新领域迈开了坚实步伐。

专　栏

内蒙古商业性经济林木产量保险

一、保险标的

沙果、梨、苹果、李子等经济林木。

二、保险期限

从每年生产季节的定果开始时起，至果食成熟收获离枝时止。

三、保险责任

投保人可根据自身需要任选下列原因中的一项或几项进行投保：①风灾；②雹灾；③暴雨；④冻灾。在保险期间内，由于所选原因直接造成保险经济林木实际产量低于本保险合同载明的目标产量时，保险人按照本保险合同的约定负责赔偿。

四、保险金额

保险经济林木的每亩保险金额参照保险经济林木进入初果期、盛果期和衰果期的平均产量以及该经济林木近 3 年的果品平均价格由投保人与保险人协商确定，一般不超过该经济林木单位产值的 50%，并在保险单中载明。保险金额计算公式如下：

每亩保险金额 = 目标产量(千克/亩)×近 3 年的果品平均价格(元/千克)×50%

五、保险费率

风灾：1‰；雹灾：2‰；暴雨：1‰；冻灾：1‰。

六、赔偿处理

当保险经济林木发生全部损失时，保险人按经济林木不同生长期对应赔偿比例确定赔偿金额，按照下列方式赔偿：赔款金额 = 每亩保险金额×损失面积×赔偿比例×(1-免赔率)。其中，规定当经济林木受损发生在生理定果期至果实膨胀期(不含)时，对应赔偿比例为 70%；当经济林木受损发生在果实膨胀期至成熟期(不含)时，对应赔偿比例为 80%；当经济林木受损发生在成熟期至收获期时，对应赔偿比例为 100%。

当发生部分损失时：

赔偿金额 = 每亩保险金额×损失程度×受灾面积×(1-免赔率)

损失程度 = 1-实际抽样测得单位产量/目标平均产量。

资料来源：《2018 年中国森林保险发展报告》。

二、四川省商业性核桃产量保险

核桃是在我国分布范围较广、资源较丰富的干果类树种，其中，四川省是我国的核桃生产大省，资源极其丰富。2021 年，四川省核桃产量由 2020 年的 12.61 万吨波动增长到 88.85 万吨，增幅达到 604.60%，占全国核桃总产量(540.35 万吨)的 16.44%，在全国核桃主产省中仅次于云南和新疆，列第三位。四川省核桃种植分布在全省 21 个市(州)的 146 个县(市、区)，其中广元、凉山、巴中均超过百万亩，面积超过 5 万亩的县市区有 60

个。四川省核桃产业发展已初具规模，具有种植面积大、产量增长快、产业产值及林业经营主体人均收入增长快、核桃良种化率逐年大幅提升等特点，但四川省在核桃的管理过程中，对于病虫害和气候灾害的防治通常是静态被动的模式，一旦出现大规模的自然灾害或病虫害使大部分区域出现核桃产量严重受损的状况，会极大地挫伤林业经营主体的生产积极性。

为了提升核桃种植户、专合组织抵御自然灾害、市场风险的能力，促进核桃种植业稳定发展，四川省部分地区开始积极探索符合本地实际的保险模式。2016 年，凉山州政府出台了《关于加快推进特色农业保险的实施意见》，明确开始推行核桃产量保险，保费定为30 元/亩，保险金额 1000 元/亩，保险期限从定果(疏果)时起至成熟收获时止。2018 年，中航安盟财产保险有限公司四川省分公司对核桃产量保险增点扩面，开始向广元、南充等市扩展。四川省创新探索核桃产量保险，为核桃产业发展提供资金保障，有力提升了林业经营主体抵御自然灾害和市场风险能力，促进了核桃产业高质量发展。

专　栏

四川省商业性核桃产量保险

一、保险标的

四川省内林农种植核桃。

二、保险期限

从每年生产季节的定果开始时起，至果食成熟收获离枝时止。

三、保险责任

在保险期间内，由于下列原因直接造成保险核桃的实际产量低于本保险合同载明的目标产量时，保险人依照本保险合同的约定负责赔偿：①暴雨、洪水、风灾、雹灾、冻灾、内涝、旱灾、山体滑坡、泥石流、地震；②火灾、爆炸；③病虫害：核桃举肢蛾、核桃褐斑病、核桃黑斑病。

四、保险金额

四川省保险核桃的每亩保险金额参照保险核桃鲜果近 3 年的平均产量以及平均价格，一般不超过该保险核桃产值的 70%，由投保人与保险人协商确定，并在保险单中载明。保险金额计算公式如下：

每亩保险金额＝目标产量(千克/亩)×近 3 年的核桃鲜果平均价格(元/千克)×70%

保险金额＝每亩保险金额×保险面积(亩)

五、赔偿处理

保险核桃发生损失时，保险人首先按照保险核桃平均减产量确定对应的赔偿标准比例：当平均减产量为 0(含)~100(不含)千克/亩时，赔偿标准定为 15%；当平均减产量为 100(含)~200(不含)千克/亩时，赔偿标准定为 45%；当平均减产量为 200(含)~300(不含)千克/亩时，赔偿标准定为75%；当平均减产量为 300 千克/亩以上时，赔偿标准定为 100%，赔付完成后，保险责任自行终止。赔偿金额计算公式为：

赔偿金额＝每亩保险金额×赔偿标准×受损面积×(1-绝对免赔率)

其中，平均减产量＝(设定的目标抽样面积总产量-实际抽样面积总产量)/抽样面积。

资料来源：四川省林业和草原局官方网站。

三、重庆市渝北区经济林产量保险

重庆市渝北区位于华蓥山主峰以南，该区自然资源丰富，经济林木以柑橘、桃、梨、李等为主。渝北区政府坚持生态优先，大力促进林业产业发展；2018 年到 2020 年期间，区内经济林产业发展成果显著，建立了优质柑橘基地、大湾金凤片区优质桃基地、210 沿线晚熟柑橘基地、关旱路万亩晚熟李基地等示范基地，且在经济林种植村中，竹镇梨园村(梨)、统景镇印盒村(歪嘴李)被农业农村部认定为全国"一村一品"示范村，木耳镇金刚村(柑橘)、大湾镇金凤村(桃)被认定为市级"一村一品"示范村，"渝北梨橙""渝北歪嘴李"已成为渝北区农产品地理性标志。

为充分发挥林业保险在林业生产经营中的风险保障作用，鼓励支持林业经营主体做大做强特色经济林产业，重庆市渝北区农业农村委结合当地实际情况，在《渝北区 2021 年政策性农业保险工作方案》中新增了经济林产量保险，涵盖李子、梨、杨梅、桃、蓝莓等特色经济林产业，力争参保率达 30%以上。保费由区财政补贴 80%，林业经营主体仅承担 20%，为当地农民增收和农村经济发展起到积极的推动作用。

专　栏

重庆市渝北区经济林产量保险

一、保险标的

李子、梨、杨梅、桃、蓝莓等经济林木。

二、保险期限

从每年生产季节的定果开始时起，至果食成熟收获离枝时止。

三、保险责任

保障范围包括在渝北区行政区划内(不含两江新区直管区)，在保险期间因旱灾、风灾、霉灾、冻灾、内涝、暴雨、洪水(政府行蓄洪除外)等人力无法抗拒的自然灾害直接造成的保险经济林木死亡、折枝、落花落叶、落果、萎蔫等情况导致经济林木的实际产量低于合同设定的目标产量时，保险人应按照保险合同的约定负责赔偿。

四、保险费率

保险费率定为 5‰，保险费为 60~75 元/亩，其中区政府提供 80%的财政补贴，剩余 20%由种植业主承担。

五、保险金额

李子保险金额 1500 元/亩(亩产 1000 千克/亩)，桃子保险金额 1500 元/亩(亩产 1000 千克/亩)，蓝莓保险金额 1500 元/亩(亩产 250 千克/亩)，杨梅保险金额 1300 元/亩(亩产 250 千克/亩)，梨子保险金额 1200 元/亩(亩产 1000 千克/亩)。

六、赔偿处理

保险经济林的损失率在 80%以上(含)时，视为全部损失，保险人按照经济林木不同生长期对应赔偿比例确定赔偿金额：规定当经济林木受损发生在生理定果期至果实膨胀期(不含)时，对应赔偿比例为 70%；当经济林木受损发生在果实膨胀期至成熟期(不含)时，对应赔偿比例为 80%；当经济林木受损发生在成熟期至收获期时，对应赔偿比例为 100%。对于已采摘部分果实的保险经济林木，在赔偿时需扣除已采摘部分的价值。赔偿计算方式为：

　　赔偿金额＝每亩保险金额×损失面积×不同生长期赔偿比例×（1−绝对免赔率）

　　保险经济林的损失率在80%以下（不含）时，保险人按以下方式计算赔偿：

　　赔偿金额＝每亩保险金额×损失程度×损失面积×（1−免赔率）

　　损失程度＝1−实际抽样测得单位产量/目标平均产量

　　每次事故的免赔率由投保人和被保险人协商确定，但不得低于10%。

资料来源：《重庆市渝北区2021年政策性农业保险工作方案》。

四、北京市平谷区桃树产量保险

专　栏

平谷区桃树附加产量保险

　　桃树种植是北京市平谷区的特色产业，是该区数万林农的主要收入来源，在促进林农增收、带动林农致富、推进振兴乡村建设等方面发挥了重要作用。自2007年起，平谷区大桃种植户通过投保"政策性桃种植保险"来减少损失，桃农最高可获赔每亩300元，保证了大桃产业稳定发展，提高灾后恢复生产能力。然而，政策性桃种植保险仅能保障林农投入成本损失，保障程度偏低。为提高平谷区大桃种植产业的保险保障，减少桃农损失，2020年初在平谷区政府的主导下，中华财险研发出"政策性桃种植附加产量损失保险"，平谷区桃树种植保险实现从"保成本"向"保产量"的转变，极大提高了保险保障程度。

　　平谷区桃产量损失保险的最高保险金额为4200元/亩，对应保费462元/亩，经过市级、区级层面补贴后，林农自缴保费比例为20%。当保险标的遭受风灾、暴雨洪涝、冰雹、冻灾、干旱、病虫害等灾害，造成保险标的的实际产量低于目标产量（一般设定为2750千克/亩）时，视为保险事故发生，保险人按保险合同约定赔偿。2022年6月，平谷区遭遇严重暴风暴雨冰雹灾害，以受灾较为严重的峪口镇和刘家店镇为例，峪口镇桃树的种植面积大概为13 000多亩，受灾直接经济损失超2000万元，刘家店镇的种植面积也超过1万亩，桃树遭遇不同程度的损失。保险公司查勘定损后，对受灾林农进行赔偿，对峪口镇共赔付受灾面积达7751亩，赔款2362万元，对刘家店镇实际赔付共3048万元，桃产量损失保险对林农的种植、老百姓的收入等发挥了重要的保障作用。

资料来源："中国网财经"公众号。

五、海南省陵水县芒果"大灾+产量"保险

专　栏

陵水县芒果"大灾+产量"保险

　　截至2023年3月，陵水县芒果种植面积达7万亩，是当地农民经济收入的主要来源之一。然而受台风等恶劣天气影响，芒果授粉坐果等受到影响，给种植户带来一定的经济损失。为保障生产，确保农户生产有增收，自2016年开始，太平洋保险在陵水政府的指导和支持下，在当地推广落地芒果大灾保险这一惠民政策，为种植户撑起"保大灾、保成本"的"遮风挡雨"伞。2020年，该公司对芒

果保险进行优化创新，将芒果花穗、果实纳入保险保障中来，创新性开发了芒果产量保险，为产业发展提供更全面的保障。

芒果大灾保险属省级财政补贴险种，2021年被纳入中央财政补贴险种范围。芒果产量保险作为陵水特色林业保险，陵水县财政局对该险种提供70%的保费补贴，对于建档立卡户则给予100%的保费补贴。据统计，2022年，陵水芒果"大灾＋产量"保险总覆盖3900余户，覆盖面积达到3.1万亩，保费收入7300余万元，其中县财政补贴约5500万元，最终赔付1100余笔，涉及约2200户农户，已赔付金额3800余万元，另有约1800万元待赔付。值得一提的是，为更好地扶持陵水芒果产业健康发展，中国太平洋财产保险股份有限公司陵水支公司与海南雷丰芒果农民专业合作社签署合作协议，出资购买技术服务，定期向陵水县芒果种植户提供技术指导，同时提供无人机喷洒农药等附加增值服务。并不断加强团队和基层服务网络建设，提升政策研判、产品创新和理赔专业技术能力，发挥好保险服务"三农"的作用，以林业保险助力产业发展，为陵水乡村振兴和农业农村现代化发展保驾护航。

资料来源：陵水黎族自治县人民政府官方网站。

第六章　经济林价格保险

第一节　内涵界定与功能作用

一、内涵界定

经济林价格保险是以经济林产品的市场价格变动为风险责任，当市场价格低于保险合同事先约定的目标价格时，由保险人赔偿市场价格与目标价格差价损失的保险。当以相应指数为约定目标价格时，通常被称为经济林价格指数保险，当被保险经济林产品的价格变动，引起相应指数低于或高于设定阈值，给投保的林业经营主体造成一定的风险损失时，由保险人承担相应的损失赔偿责任。我国经济林价格保险参与主体为林业经营主体、保险机构、政府。林业经营主体作为投保人，选择价格保险保障所种植经济林的产品收益。保险机构主要负责价格保险的保单设计以及后续的理赔等工作。政府部门主要承担财政补贴，即给予林业经营主体一定的保费补贴。

二、功能作用

(一)经济林价格风险

(1)经济林产品价格变动的趋势性风险

经济林产品价格变动的趋势性风险主要受到原材料、人工等生产成本变动的影响，具有一定的可预见性，即可以依据过去的经验和数据分析预测出来，是可预期的价格变动。而保险的基本要求是承保风险必须是意外事件引起不可预期的风险，倘若林业经营主体对未来设定的经济林产品目标价格具有预见性，那么就极容易导致逆向选择问题，即当预期未来经济林产品价格上升将高于保险目标价格时都不会选择投保，而当预期未来经济林产品价格下降将低于保险目标价格时都会选择投保，这样会使得价格保险难以实施。因此，经济林产品价格变动的趋势性风险不具有可保性。

(2)经济林产品价格变动的周期性风险

在市场经济条件下，经济林产品生产同其他物质资料生产一样，受到供求关系的影响，此时经济林产品的价格会呈现一定规律性的波动，这种价格的波动就为投资者和生产者提供了增加或者减少生产和供给的信号。在一定的条件下，这种价格波动也是可以预测的。另一方面，承保价格变动的周期性风险，会干扰市场信号，造成社会资源和福利的损失。因此，经济林产品价格变动的周期性风险也不应承保。

(3)经济林产品价格变动的季节性风险

经济林产品价格变动的季节性风险是产品的季节性因素造成的客观波动。这种风险在我们日常生活中比较常见，例如，冬季因为气候寒冷的地区不利于草莓生产，草莓产量缩减，进而导致产品市场价格出现一定幅度的上扬。生产旺盛季节产量会增加，因此造成价格下跌。这种价格风险在局部地区或者针对某些产品，为鼓励扩大生产，增加淡季的供应，是可以承保的。

(4) 经济林产品价格变动的随机性风险

因为局部的原因或者特殊的灾害，如某区域发生了病虫鼠害流行，或因为自然灾害导致局部地区短时间某些经济林产品需求的异常减小或销售不畅，或国内政策调整不到位、外贸发生的某些特殊变化等，导致某些产品种类进口大量增加，短时间拉低了局部或国内市价，都会给经营主体带来随机的价格或收入损失。这种风险是价格保险可以承保的风险。

从理论上来说，保险公司不能承保的经济林价格风险为趋势性和周期性风险，而适合和可能承保的价格风险为随机性风险和季节性风险。

(二) 保险公司的风险分散方式

(1) 承保不同标的，在标的间分散风险

价格风险具有系统性，保险公司同时承保不同的经济林产品以分散价格风险时，单一标的赔付额度可能很大，导致赔付额可能超过所有保费收入，因此，利用此种方式分散风险时需特别注意不同标的的搭配比例。

(2) 购买再保险，将承保风险进行分保

由于价格风险具有系统性，经济林价格保险可能出现大范围同时赔付，因此，商业保险的再保险人可能并不愿意对该种风险进行再保，即使愿意接受，再保险费用也会很高。而政府专门的再保险人是可以接受分保的，可以在全国范围内分散风险。

(3) 在期货期权市场进行风险对冲

保险人在期货市场上利用期权工具对承保风险进行分散。一方面，保险公司卖给林业经营主体经济林价格保险；另一方面，保险公司将承保的全部经济林产品，在期货市场购买看跌期权，如果期货交割时期的经济林产品价格低于保险合同的目标价格，保险公司可以从期货市场上获得收益，用以补偿价格保险合同的价格差价损失。在这前后两个业务中，保险公司实际上是一个代理林业经营主体进行期货交易的中间商，将保险费的一部分或者大部分交给期货市场。保险费与期货期权交易费的差额，就是保险公司赚取的佣金。可见，在交易量并不很大的情况下，保险公司可以通过这种方法很好地转移价格保险的经营风险。

经济林价格保险的运行机制类似于一般农业价格保险的运行机制。首先，保险公司根据不同地区保险标的的市场价格确定并测算目标价格；其次，林业经营主体与保险公司签订保险合同后，保险公司实时监测林业经营主体最终的交易价格信息；最后，当交易价格低于合同约定的目标价格时，保险公司应对市场价格与目标价格差价产生的损失进行赔偿。如图 6-1 所示。

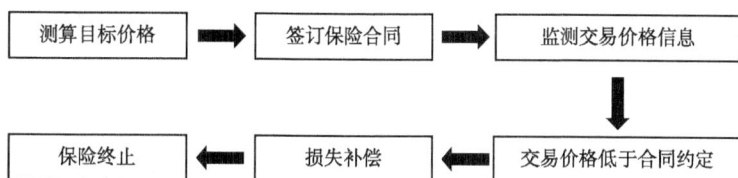

图 6-1 经济林价格保险运作流程

(三)经济林价格保险的功能作用

(1)有利于覆盖市场风险,理赔效率较高

经济林价格保险可以通过专业的预测和分析机构确定某种标的产品的目标预期价格,当市场平均价格低于目标价格时,触发保险赔付,主要覆盖经济林产品的市场风险。传统产量保险的理赔依据是保险标的的受灾或受损程度,需要对受损标的进行多次的勘察和检验,在了解损失情况和确定标的损失率之后再进行保险赔付,理赔流程较为繁琐,理赔成本高。与之相比,经济林价格保险是直接以约定的目标价格为理赔依据,低于目标价格即发生相应的理赔,理赔速度更加快捷,程序公开透明,且交易成本和理赔时间大大缩短,理赔效率显著提高。

(2)有利于降低参与门槛,减少交易成本

期货期权的每手交易量大、成本高,且专业性较强、风险较大,林业经营主体普遍不具备相关的知识,也害怕从事较大风险的期货期权交易,无法轻易直接利用期货期权市场进行交易,即使在期货期权市场发达的美国,参与交易的林业经营主体也很少。相较于期货、期权等金融工具,经济林价格保险具有明显优势。价格保险的原理虽然和看跌期权很相似,但其避险原理和操作技巧浅显易懂,有助于降低林业经营主体的参与门槛,同时规模上具有更大的弹性,不需要交付给经纪人大量佣金,有助于降低交易成本。

(3)有利于减缓价格波动,降低政策成本

经济林价格保险将承保的经济林价格年际大幅波动造成的风险损失转移给了专门进行风险管理的保险公司,或经过保险公司转嫁给期货市场,在承保产品面积或产量一定的条件下,经济林价格保险保费是固定不变的,政府对保费补贴的财政支出数额也相对稳定。与其他价格支持政策相比,价格保险对财政的冲击相对较小。此外,目标价格保险是市场化操作方式,可以充分利用现有保险公司已建立的服务体系,政策执行成本低、效率高,且相对于目标价格补贴等政府直接操作方式,能有效避免权力寻租和补贴资金非法挤占及挪用现象。

第二节 发展情况与存在问题

一、发展情况

近年来,由于林产品市场价格形成机制尚不健全,价格波动所导致的经济林产品市场供需矛盾不断加深,同时大量国外经济林产品的进入对本土产品的市场价格也带来巨大冲击，经济林产品市场价格大幅波动所引发的市场风险成为制约我国林业生产与经营的主要因素之一，建立健全林产品市场风险保障机制势在必行。经济林价格风险属于一类投机风险，因为这类风险常常表现为系统性而容易产生巨灾损失，但是在政府支持林业保险的制度环境下，林业价格保险成为政府的一项重要金融政策。

我国经济林价格保险率先于福建省漳平市平和县展开，后陆续在全国各地推广试点（表6-1）。为保障贫困户蜜柚种植生产，2016年人保财险漳州市分公司为平和县支柱产业琯溪蜜柚专门设计防范市场变动的精准扶贫保险产品，即琯溪蜜柚价格指数保险，保费全额由县财政兜底。2017年7月，四川省攀枝花市发布《攀枝花市政策性芒果价格指数保险试点工作实施方案》，推出了政策性芒果价格指数保险，将3万余亩芒果纳入价格指数保险范围。2018年，安吉县人民政府制定了《安吉县毛竹收购价格指数保险方案》，并联合林业局、物价部门在县域范围内建立了60个毛竹收购价格监测点。2020年，山东省乐陵市发布《山东省乐陵市金丝小枣价格指数保险实施方案》，进一步推进了经济林价格保险的发展。此后，海南省、贵州省等地陆续开展符合地区特色的经济林价格保险产品。

表6-1 我国经济林价格保险开展情况

年份	省份	险种名称	试点地区	投保主体
2016—2022	福建	琯溪蜜柚价格指数保险	漳平市平和县	县政府统一投保
2017—2022	四川	政策性芒果价格指数保险	攀枝花市东区、西区、仁和区、米易县和盐边县	龙头企业或专业大户、农村专业合作社、现代农业基层创新农庄等规模性芒果种植林业经营主体
2018—2022	浙江	毛竹收购价格指数保险	安吉县	海南天然橡胶产业集团股份有限公司
2020—2022	山东	金丝小枣价格指数保险	乐陵市	种植金丝小枣的林业经营主体
2020—2022	海南	芒果价格指数保险	三亚市	种植芒果的林业经营主体
2020—2022	贵州	刺梨产业价格指数保险	全省范围	刺梨加工企业、种植户

二、存在问题

经济林产品价格保险能够有效缓解市场价格波动给林业经营主体带来的风险，既保障了林业经营主体的收益，又促进了林产品市场价格的基本稳定，有助于实现经济林保险从保成本向保收入的转变，有效推动了我国林业保险高质量发展。尽管如此，经济林产品价格保险目前仍处于试点探索阶段，也暴露出一些问题亟待解决。

（一）再保险及巨灾风险分散机制不完善

经济林产品价格具有大幅波动特点，由于不同区域的经济林产品价格走势高度一致，价格的系统性使得价格保险存在很高的巨灾赔付风险，从而影响到保险公司的可持续经营。因此，经济林产品价格保险的再保险人并不愿意对经济林价格风险进行再保，即使愿意接受，再保险费用也会很高。此外，期货市场虽然可以分散保险公司的承保风险，但由于我国期货市场体量较小，许多产品并未在期货交易所挂牌交易，加之场外期权风险较大，因此通过期货市场分散价格风险的机制并不成熟。对于经济林价格风险带来的超赔问题，各个地区在承担比例、多层次风险分担、市场再保险等方面还未探索出有效的解决方式，尚未建立完善的巨灾风险防范机制，无法充分应对遇到市场价格大幅度变化引发的大规模赔付问题，这对经济林价格保险的发展具有一定的限制。

（二）经济林产品基础价格数据较为匮乏

经济林产品目标价格保险研发的关键和技术难点，在于是否科学合理设计了"赔付触发指数"，而"赔付触发指数"的科学合理设计需建立在大量的第三方（包括物价部门、农业部门等）连续发布的真实、有效和可靠的历史价格数据、生产数据基础上。目前，我国经济林产品市场价格的确定存在价格监测体系不健全、国家和地方价格监测方法有争议、监测价格公信力不足等问题，导致经济林产品价格基础数据匮乏，价格发布机制不完善。

第三节 保险产品与要素设计

对于经济林价格保险而言，其保障的是价格波动的市场风险，由于一般小规模林农较为分散，数据获取和承保理赔难度较大。因而被保险人一般为规模经营林农、林业合作社或国有林场等。

经济林价格保险主要对参保经济林产品的市场价格风险进行保障，因此其保险标的应当为经济林产品的价格，但是考虑到直接选择经济林产品价格作为保险标的的难以衡量，因此应将达到以下条件的经济林作为经济林价格保险的保险标的：经过政府相关部门批准合格的品种，达到普遍种植标准和管理的要求；种植地点应在洪水水位线以上的非蓄洪、行洪区；出苗后，幼苗密度必须符合种植标准，且生长正常的经济林。

需要注意的是，如果将价格保险的承保范围扩展到所有经济林品种、实施区域推广到全国，则需要根据不同经济林产品的特点慎重考虑。对于同质性很强的经济林产品（如苹果、梨）而言，由于在不同区域其价格具有高度相关性，以此类经济林产品为保险标的的价格保险会面临很高的巨灾风险赔付，且保险人通常采用的风险分散方式并不能起到很好的效果，价格保险可能并不具有可行性。但对于地方特色产品而言，其不存在区域价格相关性，可以根据各地特点选择适宜承保的品种以分散风险，但需注意产品品种和保险期限的选择。

一、保险责任划分

在保险责任方面，根据经济林价格保险的定义，除责任免除以外的原因，造成在经济林价格保险期间内经济林产品的市场实际价格低于保险目标价格时，视为保险事故发生，由保险公司按照保险合同约定的赔偿标准或约定对投保人进行赔偿。其中，保险目标价格应当参考当地经济林产品市场价格进行确定。

二、保险金额设定

（一）目标价格确定

经济林价格保险的保险金额是基于目标价格确定。因此，在当前经济林产品价格波动较为剧烈的情况下，发展经济林价格保险最紧迫解决的应是目标价格的设定依据问题，这也是价格保险设计核心。价格保险保障的是价格风险，以公开、透明、客观的目标价格作为保险赔付依据，目标价格的准确设定不仅可以保证被保险人获得合理的赔偿，也可使保险公司面临的风险处于可控范围，稳定保险公司的经营。

目标价格设定成功的关键在于相关价格数据的可获得性、科学性、合理性和严谨性。对于目标价格的确定，主要有 3 种方法：一是根据历史平均价确定，考虑通货膨胀和要素成本投入的变化，但此方法与市场脱钩过大，不能反映经济林的真实市场预期。二是按照《全国农产品成本收益资料汇编》中的成本、产值等数据确定，但此方法存在明显的滞后性，而且数据颗粒度较粗，容易造成较大的偏差。三是基于"保险+期货"模式确定，保险机构通常以投保前几个月期货合约的平均收盘价作为目标价格，将交易时的期货价格作为实际价格。但由于我国经济林期货市场起步较晚，尚未积累足够体量和有效的交易数据，仅苹果有对应的期货，而且交易量小、活跃度低，很难做到对目标价格的精准锁定，更难以支撑"保险+期货"模式在全国的大范围推广。

另外，目标价格也可以价格指数形式确定，以目标价格指数为基础来进行理赔。目标价格指数通常指设定一个经过一定方法测算的与价格有关的指数，其选取和确定有着多重的标准：一是应当以有权威性的第三方公布的数据为准。二是数据应有较长时间的积累，且统计口径应保持一致。三是应当选取能向大众公布的数据。

因此，经济林目标价格保险的开展还需更精准有效的计算方法支撑目标价格的设定。此外，完善的产品价格采集及公布平台的建立也势在必行。经济林产品价格的采集与公布通常以相关政府部门为主导，由政府和保险公司分配专业人员根据不同的经济林产品设立价格信息采集点，并到该监测点中进行数据采集，认真筛选出有效且真实的价格数据，保证数据的真实、公开与透明，逐步完善价格采集与公布平台。

(二)保险金额设定

经济林价格保险的单位面积保险金额和保险金额的计算公式为：

$$单位面积保险金额=单位产量(吨/亩)×保险目标价格(元/吨) \tag{6-1}$$

$$保险金额=每亩保险金额(元/亩)×保险面积(亩) \tag{6-2}$$

式中，单位产量应该根据当地历史产量水平，由投保人和保险公司协商确定，并在保险单中载明；保险目标价格应参考上述方法进行确定；保险面积以投保人实际经济林经营面积为基础，经保险公司核实后确定，在保险单中载明，以保单载明为准。

三、保险费率厘定

纯费率即预期损失在保险金额中的占比，就经济林产品价格保险而言，是林业经营主体的预期损失与保险金额之比。保险纯费率的计算公式为：

$$R_{\text{pure}}=\frac{E(EL)}{\mu p} \tag{6-3}$$

式中，R_{pure} 是保险纯费率；$E(EL)$ 是经济林产品价格预期损失的期望值；μ 是保险合同确定的保障水平；p 是目标价格。一般做法是通过多次模拟值中小于均值(即目标价格)

的部分视为可能的价格下跌，据此求得价格跌幅。经济林产品价格预期损失 EL 可通过下式得出：

$$EL = (\mu p - x)I \quad (x \leqslant \mu p) \tag{6-4}$$

式中，x 是经济林产品实际价格；I 是示性函数，当经济林产品实际价格小于目标价格，也即当 $x \leqslant \mu p$ 时，示性函数值等于 1，保险公司承担理赔；否则等于 0。

进一步，根据 Silverman 的"经验法则"计算经济林产品价格数据的窗宽，得到经济林产品价格序列概率密度分布，并根据窗宽和核函数得出价格波动的概率密度函数。通过非参数核密度估计拟合经济林产品价格风险分布，得到经济林产品价格非参数密度函数，取不同的目标价格，通过蒙特卡洛模拟分别运行 10 000 次，计算单价损失期望 $E(EL)$；再通过代入保险纯费率的计算公式，可得到 R_{pure} 的具体值。

未来风险区划与保险费率厘定可以重点关注以下问题：

（1）基于风险区划的费率调整

根据风险区划的结果，通过"调整后的费率 = 纯费率（1 + 风险调整系数）"得到风险区划调整后各区域差别化的费率。

（2）费率制定组合化方案包的构建

经济林价格保险的保障水平和补贴水平会影响保险人的赔付支出和保费收入，进而影响费率测算。在不同的保障水平和政策补贴水平下分别厘定费率，得到不同情景下费率制定的组合化方案包。

（3）费率的动态调整

可以利用 ARMA、VAR 等时间序列分析方法拟合经济林价格损失率以及风险综合评估值的历史变化趋势，结合政策性等因素对未来可能发生的变化进行情景分析，探讨风险变化的方向。分析不同情景下费率测算的稳健性，探讨风险区划以及费率测算的结果是否会偏离由历史惯性得到的稳定值。对损失率与风险评估值的未来变化进行模拟仿真，以 ARMA 及 VAR 等确定的趋势值为基准，根据 3σ 原则确定费率调整的上下两个临界值。

四、保险期限划分

经济林的生产及价格的波动具有周期性，因此在经济林价格保险方案中，要综合考虑其生产周期和价格周期波动的影响，合理灵活地设计保险期限。经济林价格保险期限一般为经济林产品收获后在当地进行市场交易的期间，起讫日期以保单载明日期为准。例如，攀枝花芒果价格指数保险的保险期限为每年的 7 月 20 日至 10 月 31 日，期间分 7 次进行价格结算。

五、定损理赔方式

在经济林价格保险中，保险事故发生后，投保人将根据当地政府发布的经济林产品价格信息进行理赔，当投保户实际价格低于保险合同约定的目标价格时，保险人应启动保险赔偿工作，对投保人的经济损失承担赔偿责任。经济林价格保险的赔偿金额可以表示为：

赔偿金额 = (目标价格 – 实际价格) × 单位面积年平均产量 × 投保面积　　（6-5）

此外，在经济林价格保险赔偿中还存在分段赔付和无赔款优待的情况。当存在分段赔付时，经济林价格保险的赔偿金额计算公式如下：

赔偿金额 = (目标价格 – 实际价格) × 单位面积年平均产量 × 投保面积 ×

结算周期内对应产量占比 × 对应价格分段赔付比例　　（6-6）

第四节　典型案例

一、四川省攀枝花芒果价格指数保险

四川省攀枝花市是全国第二大芒果种植基地，同时也是全国最大的晚熟芒果基地，其独特的气候、优良的品种和科学的栽培技术，造就了攀枝花芒果优质、晚熟、高效、安全的品质和特色。截至 2022 年，攀枝花芒果种植面积已达 103 万亩，产量达 42 万吨。

为发挥稳定芒果价格的重要作用，避免"果贵伤民、果贱伤农"，2017 年 7 月，攀枝花市政府出台《攀枝花市政策性芒果价格指数保险试点工作实施方案》，在全国率先推出了政策性芒果价格指数保险，首批试点集中于各县（区）的龙头企业或专业大户、农村专业合作社、示范农庄等，试点面积约 10 000 亩（表 6-2）。根据方案，当芒果的离地价格低于合同约定的目标保险价格，将启动保险机制，保险公司按照合同约定进行赔偿。值得注意的是，方案对芒果离地价格的采集和发布进行了详细阐述：在价格结算周期内，设立专门的芒果价格调查小组进行价格采集、数据归整并上传政府及保险公司理赔系统。在仁和区、盐边县、米易县芒果种植规模较大且交易活跃的乡镇，选择 50 个芒果价格采集点进行芒果离地价格采集，采集点由参保的专业大户、未参保的专业大户、直接从田间收购芒果的水果商人各占 1/3 比例构成。每次随机抽取其中 10 ~ 20 个价格采集点所采集的价格来计算加权平均离地价格，每年根据需要调整采集单位。当采集价格与保险公司赔付价格之间的正偏差小于 10% 时，调查队向保险公司提出预警，保险公司启动内部采价系统，对芒果价格采集情况进行关注，做好可能发生赔付的相关工作。

表 6-2　芒果价格指数保险的试点区域与面积

试点区域	面积（亩）	试点区域	面积（亩）
东区	1000	西区	1000
仁和区	3000	米易县	3000
盐边县	2000		

资料来源：《攀枝花市政策性芒果价格指数保险试点工作实施方案》。

2022 年，攀枝花市芒果价格指数保险覆盖面积达 27 437 亩。芒果价格指数保险的不断发展将进一步增强芒果产业抵御市场风险的能力，引导芒果产业合理布局、优化结构，提升了产业竞争能力，促进攀枝花芒果产业持续健康发展。

专　栏

攀枝花市芒果价格指数保险实施方案

一、保险标的

'凯特'等主要芒果品种。

二、保险期限

保险期间为芒果采摘后在当地进行市场交易的期间(每年的 7 月 20 日至 10 月 31 日),起讫日期以保单载明日期为准。

保险期间内分 7 次进行结算,每个结算周期所对应的时间如下:

第 1 次结算周期:7 月 20 日至 7 月 31 日

第 2 次结算周期:8 月 1 日至 8 月 14 日

第 3 次结算周期:8 月 15 日至 8 月 31 日

第 4 次结算周期:9 月 1 日至 9 月 15 日

第 5 次结算周期:9 月 16 日至 9 月 30 日

第 6 次结算周期:10 月 1 日至 10 月 14 日

第 7 次结算周期:10 月 15 日至 10 月 31 日

果地均价以攀枝花市为单位确定,每个结算周期结算 1 次。

三、保险责任

1. 保险责任

在保险期内,若保险芒果的果地价格在每个价格结算周期内的平均值低于合同约定的目标保险价格,则视为保险事故发生。保险人按照本保险合同的约定负责赔偿。

2. 责任免除

因下列原因造成的损失、费用,保险人不负责赔偿:

(1)行政行为或司法行为。

(2)免赔率及其他不属于本保险责任范围内的损失和费用。

四、保险金额

4940 元/亩(保险价格×保险产量),其中:保险价格 1.3 元/千克(综合评估确定的价格),保险产量 950 千克/亩(综合评估确定的平均亩产量)。

五、保险费率和保险费

统一保险费率 5‰;保险费为 247 元/亩。

六、赔偿处理

(1)保险金额计算。保险事故发生后,保险人将根据芒果价格调查小组发布的芒果果地价格信息启动理赔,并按照以下方式计算赔偿金额:

赔偿金额=(保险价格－价格结算周期内的果地均价)×保险产量×保险面积×结算周期所对应的产量占比×对应价格分段赔付比例

实行年度赔付率 300%封顶。

(2)无赔款优待。对在本保险期内无赔付的参保农户(企业),下一年度继续参保的,减收其自缴保费的 1/3;如下一保险期内仍然无赔付,第三年度继续参保的,减收其自缴保费的 1/2。最多减收农户(企业)自缴保费的 1/2。当期发生赔付后,下一年度的无赔款优待政策取消,重新计算无赔款优待率。跨保险机构参保的农户(企业),重新计算无赔款优待率。无赔付优待所减收的保费由保险机构承担。

七、保费补贴比例

非扩权县市级财政补贴35%，区级财政补贴35%，投保人自筹30%；扩权县级财政补贴70%，投保人自筹30%。市级财政按照有关奖补财政策给予县财政10%的补贴。

对建档立卡贫困户减半收取保费，差额由县(区)财政负担。市级财政补助非扩权试点县(区)35%、扩权试点县10%。

八、大灾风险分摊机制

政策性芒果价格保险承保年度赔付率在150%以内由保险承保机构全额承担；介于150%至300%之间，保险机构承担50%，财政承担50%〔其中市级和区(县)财政各承担25%〕，最高赔付率为300%。

二、福建省漳州市平和县琯溪蜜柚价格指数保险

福建省漳州市平和县素有"中国柚乡、世界柚都"的美誉，蜜柚产业是平和县农业支柱产业，也是最大的脱贫产业。截至2020年8月，全县3356户建档立卡贫困户中有2416户种植蜜柚，总面积为1.03万亩，年产值可达6180万元，可为贫困户年增加纯收入3660万元，户均约1.5万元。然而，近年来其他地区蜜柚产量大增导致市场价格持续走低。

为防止建档立卡贫困户因蜜柚销售市场变动等因素导致收入减少，2016年，平和县与人保财险平和支公司合作，创新实施蜜柚价格指数保险，由县财政专门拨出200万元，为全县所有贫困户种植的琯溪蜜柚投保价格指数保险。截至2021年，人保财险平和支公司已累计为长乐乡9个村150户贫困户提供风险保障267.08万元，其中，共122户种植贫困户出险获赔，赔款共计支出13.82万元。平和县琯溪蜜柚价格指数保险的推出能够确保贫困户种植的蜜柚不亏本、有微利，增强了扶贫产业抵御和防范市场价格波动风险的能力。

专   栏

平和县琯溪蜜柚价格指数保险实施方案

一、保险标的

贫困户种植的各品种琯溪蜜柚，包括'白柚'、'红柚'、'三红柚'、'黄金柚'等。

二、保险期限

贫困户出售的琯溪蜜柚价格，以所在地1周内(7天)平均收购价作为依据。

三、保险责任

在保险期间，在约定的采摘收获期内，贫困户出售的琯溪蜜柚低于约定的目标价格时，视同保险事故发生，保险公司即启动理赔程序。

四、保险费率和保险费

统一保险费率5‰。

亩保险费=约定的亩产量×约定的目标价格×5‰。

五、目标价格和目标产量

目标价格：按照不同地区贫困户种植的琯溪蜜柚当年度投入的直接物化成本及人工成本加适当的利润来确定，套袋果目标价格 1.6 元/千克，无套袋果目标价格 1.4 元/千克。

目标产量：产量按照每亩 50 棵计算，树龄在 6 年(含)以上，2500 千克/亩；树龄在 3~5 年，1250 千克/亩。

六、赔偿处理

每亩赔偿金额＝(约定的目标价格−约定的采摘期限内平均收购价或贫困户出售价格)×贫困户实际销售蜜柚重量(以磅单为依据，但最高不超过约定的每亩产量)

在约定的目标价格内，每千克赔偿金额最高不超过 0.6 元。

三、山东省乐陵市金丝小枣价格指数保险

红枣是山东省乐陵市的传统优势产业和地理标志性产业。近年来，受市场供需和气候影响，加之种植管理粗放、品种改良缓慢、产业化水平低等多种因素，导致品质下降，市场份额和枣农效益大幅度减少，广大枣农的生产积极性受到严重挫伤。

为了切实保护、传承、振兴这一宝贵的枣林资源和优势产业，2020 年 2 月，乐陵市发改委、市农业农村局、市财政局、市自然资源局联合制定下发《山东省乐陵市金丝小枣价格指数保险实施方案》，指出要将保费补贴政策与其他惠农政策有机结合、共同推进，发挥财政资金强农惠农的综合效益。同年 4 月，山东省财政厅等 5 部门联合开展省财政对地方优势特色农产品保险以奖代补工作，乐陵市金丝小枣价格指数保险被纳入其中。此项目覆盖 1.5 万亩合 4500 吨红枣，共计产生赔款 261 万元，农户每亩受益 174 元，整体赔付率达 79.09%。乐陵金丝小枣价格指数保险的实施真正建立了由政府、种植户、保险公司共同参与的小枣产业风险分担机制，提升了小枣产业抵御风险和自救发展的能力，保障了乐陵金丝小枣产业健康发展，为乐陵市乡村振兴提供金融支撑。

专　栏

乐陵金丝小枣价格指数保险实施方案

一、保险标的

乐陵金丝小枣。

二、保险期限

2020 年 9 月 1 日到 2020 年 11 月 30 日。

三、保险责任

在保险期间，在约定的采摘收获期内，出售的金丝小枣价格低于约定的目标价格时，视同保险事故发生，保险公司即启动理赔程序。

四、保险费

每亩保险费 220 元。

五、目标价格和目标产量

目标价格：每千克干枣 11 元。

目标产量：按亩产 0.3 吨。

六、赔偿处理

保底赔付 150 元/亩，理赔采价期间内的理赔结算价低于保险红枣目标价格时，浙商期货公司进行再赔偿，赔偿金额为目标价格减去保期内期货市场价格平均值的 50%。

七、保费补贴比例

各级政府财政承担 80%，农户承担 20%。

四、浙江省安吉县毛竹收购价格指数保险

浙江省安吉县毛竹林一直是地方经济建设与社会发展的重要生态屏障与产业资源。受毛竹收购价格下滑、人工成本逐年上升等因素影响，安吉县部分偏远地区林户经营困难，加之林户抗御市场风险的能力较弱，导致其生产积极性不高，出现了"竹贱伤农"的现象，影响了毛竹产业的持续健康发展。2018 年 7 月 9 日，安吉县人民政府为贯彻落实乡村振兴战略，推进竹产业转型升级，根据《湖州市国家绿色金融改革创新试验区建设实施方案》《关于进一步加强政保合作推进绿色保险的实施意见》文件精神，制订了《安吉县毛竹收购价格指数保险方案(试点)》。值得注意的是，安吉县林业局联合县物价部门，在县域范围内建立了 60 个毛竹收购价格监测点，实行动态调整、持续采样，以确保数据采集科学、合理、准确，全年开展毛竹山下收购价格的监测。

2018 年，安吉县共有专业合作社、村集体、大户等 17 个主体投保，投保面积为 5.25 万亩，保险赔付 179.71 万元，赔付率为 136.8%；2019 年共 27 个主体投保，投保面积 9.96 万亩，保险赔付 397.54 万元，赔付率为 159.6%；2020 年共 37 个主体投保，投保面积为 12.42 万亩。安吉县开展毛竹收购价格指数保险，确保了竹林经营者的稳定收入，增强了竹农的生产经营积极性，有效地遏制了竹林的大面积退化和抛荒势头，降低了毛竹合作社被解散的风险。同时，鼓励和引导农户竹林向村集体、大户、毛竹专业合作社等集中流转，也倒逼安吉县竹林培育模式逐步向规模化、专业化转变，促进竹产业转型升级，进一步推动金融服务支持乡村振兴战略。

专栏

安吉县毛竹收购价格指数保险方案

一、保险标的

生产经营正常的毛竹。

二、参保对象

农户经营权流转给村集体经营的村集体、村集体委托的承包经营大户(承包面积在 2000 亩以上)、林权作价出资入股的股份制毛竹专业合作社等 3 类。

三、保险责任

当保险毛竹在保险责任期内山下收购价(采伐至山脚装车前的收购价格)低于保险毛竹生产成本价和收益浮动值之和时，视为保险事故发生，保险人按保险合同的约定负责赔偿。

四、保险金额

亩均保额 250 元/亩。

五、保险费率和保险费

统一保险费率 10‰；

单位保费为 25 元/亩。

六、参保面积

试点第一年全县参保总面积限额 5 万亩，此后每年以 5 万亩面积递增，直至达到 20 万亩。

七、赔偿处理

当保险毛竹发生保险责任范围内的损失，保险人按如下公式计算赔偿：

赔偿金额＝保险面积(亩)×(保险责任期间每百斤毛竹生产成本价+收益浮动值−保险责任期间每百斤毛竹山下收购价)×平均亩产量(百斤/亩)

八、保费补贴比例

县财政保费补贴 75%，参保对象自付 25%。

九、试点期限

四年。

第七章 经济林收入保险

第一节 内涵界定与功能作用

一、内涵界定

收入保险指在产量风险、价格风险，或产量风险和价格风险共同影响下，导致实际收入低于保障收入，给投保主体带来经济损失而提供补偿的一种保险。在收入保险的赔付处理中，当发生价格、产量风险损失导致实际收入低于保障收入时，触发赔付，存在两种赔付情况（图7-1）：当实际收入处于零收入（全损）与保障收入之间时，按照保障收入与实际收入的差额进行赔付；当实际收入为零收入（全损）时，则按照保险金额进行全额赔付（一般保险方案都明确规定，赔偿金额以保险金额为限，因此保险公司最高赔付金额只能按照保险金额给予赔付）。

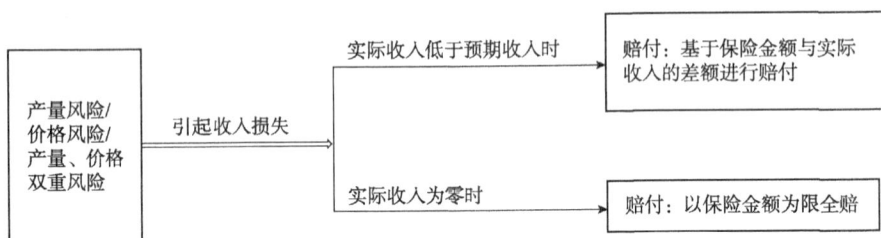

图7-1 收入保险赔付处理流程

经济林收入保险是收入保险产品的一种，在经济林保险市场中呈现出较大的发展潜力。经济林收入保险是指以林业经营主体种植符合一定条件的经济林所获得的收入为保险标的，对因约定的自然灾害或意外事故导致的经济林产品产量损失，或由于市场价格下跌导致经济林产品的实际收入低于保障收入水平的损失提供补偿的保险产品。

我国经济林收入保险参与主体主要涉及林业经营主体、政府及保险机构。林业经营主体作为投保人，选择收入保险保障所种植经济林的产品收益。政府在收入保险的发展过程中主要承担财政支持的作用，即对保费的补贴。保险机构则主要负责收入保险的保单设计以及后续的理赔等工作。经济林收入保险业务开展中，保险承办机构按照市场需求开展经济林收入保险业务，林业经营主体自愿购买投保，政府为经济林收入保险提供财政支持和引导监管服务。

二、功能作用

经济林收入保险具有一般财产保险进行风险分散的基本功能，且可同时分散自然风险与市场风险,是林业保险的一种创新发展。相较于传统林业保险和经济林价格保险,经济林收入保险同时保障了保险标的的价格和产量(图7-2),但只有当目标产量与目标价格之积低于保障收入时,才会触发理赔,这也是区别于经济林价格保险的核心。其中,目标价格的确定与经济林价格保险类似,既可以根据市场价格确定,也可以借助期货市场的价格发现功能确定。

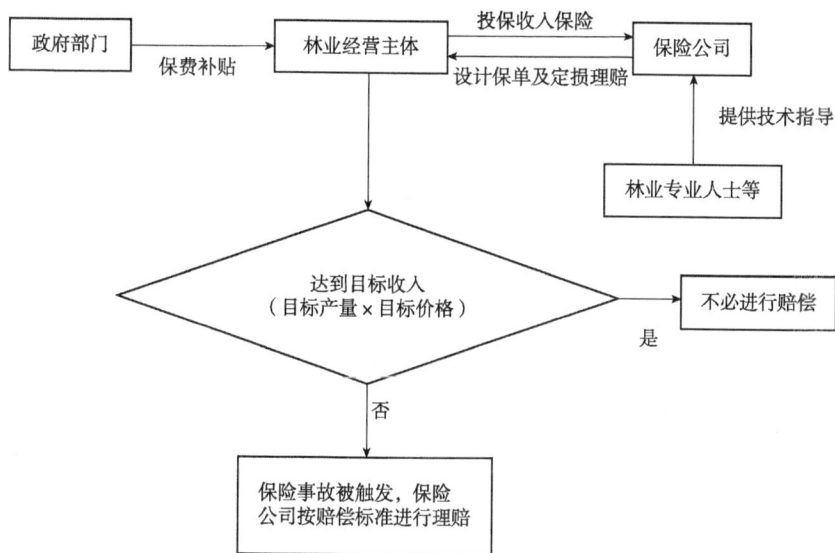

图7-2 经济林收入保险运作流程

(一)同时分散自然风险与市场风险

在市场经济环境下,经济林产品产量与价格的联动更加紧密,经济林产品一旦丰收,市场对这一信息的反应很可能就是价格下降,一旦价格下降幅度过大,最终就会造成丰产不丰收的局面,此时传统的产量保险无法实现保障林业经营主体收入的作用。与之相对应,当经济林产品产量降低时,市场的反应很可能是价格上涨。但是,一旦产量降低幅度大于价格上涨幅度,林业经营主体的最终收入也会降低。在经济林生产经营过程中,很可能会同时遇到产量风险和价格风险,面临较高的风险损失。此时,不论是仅保障产量风险的产量保险,还是仅保障价格风险的价格保险,均无法实现同时保障林产品的生产风险和市场风险(表7-1)。而经济林收入保险可以有效分散和转移保险运行中同

表7-1 经济林收入保险与产量、价格保险的对比

产品要素	产量保险	价格保险	收入保险
保险标的	林产品产量	林产品价格	林业经营主体收入
保障对象	投保林业经营主体	投保林业经营主体	投保林业经营主体
承保主体	保险公司	保险公司	保险公司
管理风险	产量风险	价格风险	产量风险、价格风险
赔付处理	赔付实际产量低于保障产量的差额	赔付实际价格低于保障价格的差额	赔付实际收入低于保障收入的差额

时存在的产量风险和价格风险，并当因产量风险、价格风险或产量风险和价格风险共同影响导致实际收入低于保障收入时，对遭受的经济损失提供补偿。因此，经济林收入保险兼具产量保险和价格保险的功能，具有价格、产量风险双保障的突出优势，而非仅保障产量损失或价格波动，这极大地拓宽了传统林业保险的风险保障领域，提高了保障程度。

（二）有效降低保险公司的经营风险

相较于保险公司，林业经营主体作为一线生产经营主体具有信息优势，同时由于保险具有规模性，保险公司往往面临着较高的道德风险和巨额赔付风险，严重抑制了保险公司发展林业保险的积极性。而对经济林收入保险而言，单一产量或价格的变动并不一定会触发赔付，只有二者的乘积小于保障收入时，才会触发理赔。一方面，理赔触发条件的提高降低了保险公司的赔付风险，保险公司根据市场价格或远期期货合约价格确定较为科学的目标价格，也能够有效降低保险公司的保障风险；另一方面，保险公司通过购买场外看跌期权，可以将风险转移到期货市场，达到对保险公司的再保险作用，这也能够推进保险公司与期货公司之间的业务往来，促进两者之间合作机制的建立，拓宽保险公司业务规模，实现保险公司对经济林收入保险的持续保障。

第二节　发展情况与存在问题

一、发展情况

我国经济林收入保险起源于陕西省黄陵县苹果收入保险。为有效解决价格波动对苹果产业发展的影响，2016年6月，陕西省黄陵县苹果收入保险研究成果获得农业部金融支农创新项目评委专家的一致认可，得到600万元项目资金，率先在全国启动经济林收入保险试点工作。该项目在黄陵县6个乡镇的47个行政村的苹果专业合作社实施，为1407户林业经营主体的1.04万亩果园提供了7400万元收入保障，为林业经营主体赔偿360万元；2017年，在黄陵县2个乡镇实施，为239户林业经营主体的3966亩果园提供了2221万元收入保障。

自陕西试点苹果收入保险后，全国各地陆续启动经济林收入保险试点工作（表7-2）。2018年11月，天然橡胶价持续低迷打击了胶农割胶积极性，为此海南省财政厅等部门联合印发通知，在海南全省范围内推行天然橡胶价格（收入）保险。2019年10月印发的《关于加快农业保险高质量发展的指导意见》进一步指出，"收入保险成为我国农业保险的重要险种"，同时提出"扩大农作物收入保险试点、探索收入保险+期货（权）试点"，为各地区探索经济林收入保险发展提供政策依据。2020年7月27日，广西壮族自治区财政厅、林业局联合下文，在全国试行了油茶收入保险，进一步推进了经济林收入保险的发展。近几年，经济林收入保险方兴未艾，甘肃、四川、广西等地的试点县纷纷总结其他市（县）开展经验，出台符合地区特色的经济林收入保险产品。

表7-2　我国经济林收入保险开展情况

年份	省份	险种名称	试点地区	投保主体
2016—2017	陕西	苹果收入保险	黄陵县	种植苹果树的林业经营主体
2017—2022	四川	柑橘收入保险	新津县	种植柑橘的林业经营主体
2018—2022	海南	橡胶收入保险	全省范围	海南天然橡胶产业集团股份有限公司
2020	广西	油茶收入保险	柳州市(含三门江林场)、右江区、田阳区、田东县、凌云县、田林县、昭平县、东兰县、凤山县、巴马瑶族自治县和来宾市(含维都林场)等地	广西境内油茶种植户
2022		糖料蔗种植收入保险	广西全区糖料蔗种植地	蔗农,包括适度规模经营林户和林农
2022	甘肃	核桃综合收入保险	陇南市两当县	具有保险利益的核桃种植户、核桃种植新型林业经营主体

资料来源：整理自各省份经济林收入保险实施方案。

二、存在问题

经济林收入保险具有较强的风险应对能力，有利于促进我国林业保险高质量发展。因此，进一步明确经济林收入保险发展的制约因素，对进一步完善经济林收入保险机制、推广经济林收入保险具有重要意义。目前，经济林收入保险还存在以下制约因素：

(一)具体经营数据不够准确，难以精准发挥风险分散功能

经济林收入保险产品设计的核心环节在于如何确定目标收入和实际收入，进一步来说，也就是如何确定目标价格、实际价格、目标产量和实际产量。但从现实情况来看，由于我国林业生产中的小规模经营特性，经济林产品产量、价格等相关数据监测比较困难，质量较低。同时，目前经济林产品价格、产量数据采集依靠传统的地方自主采集方式或来源于一些网站数据，不但成本高，而且极易受到人为干预，数据的客观性、代表性有待进一步甄别。例如，某保险公司试点的油茶收入保险，目标价格是采集网站价格，网站发布的平均价格达到8元/千克，而当地林农按照最低成本价格4元/千克都未能实现销售预期。由此，我国仍然缺乏全面统一、公平权威的经济林产品价格、产量数据采集体系，无法精准发挥收入保险的市场风险分散功能。

(二)保费补贴政策不够明确，地方政府财政补贴压力较大

经济林收入保险既要承担自然风险又要承担市场风险，其保障程度、管理成本和开拓业务成本相对传统产量保险会更高，进而造成其费率和保费相对较高。目前，仅有部分地方政府在地方政策性经济林收入保险中给予一定的补贴，缺乏中央财政资金支持。例如，部分省份采用"以奖代补"的形式支持经济林收入保险保费补贴，这需要县级政府先行支付保险费后，再向上级申请奖补资金，这在地方财政紧张的情况下很难大面积推广。如果没有财政给予一定的保费补贴，林业经营主体虽然有强烈的自然风险和市场风险规避需求，但可能会受制于高额保费导致无力投保，从而造成经济林收入保险的有效需求不足，不能充分发挥作用。

第三节　保险产品与要素设计

经济林收入保险投保主体应当包含所有种植经济林的林业经营主体，既包括新型林业经营主体，也包括了林农。但同时，由于林农较为分散，数据获取和承保理赔难度较大；且收入保险保费较高，林农负担较重，因此在经济林收入保险的试点阶段应选择部分区域进行小范围试点，可以考虑先从规模经营大户开始，再逐步向林农覆盖；也可以考虑在经济林作物单位产量比较高、品质相对较好、自然条件相似的主要生长地区进行先期试点，如广西油茶林。

收入保险直接作用于目标收入，因此经济林收入保险的保险标的应当是经济林种植户所获得的收入，但是考虑到直接选择林业经营主体收入作为保险标的可能会导致的道德风险，因此应将符合一定条件的经济林作为经济林收入保险的保险标的，即经过政府相关部门批准合格的品种，达到普遍种植标准和管理的要求；种植地点应在洪水水位线以上的非蓄洪；出苗后，幼苗密度必须符合种植标准，且生长正常的经济林。

一、保险责任划分

经济林收入保险的基本保险责任是指投保人投保的经济林在保险期间除责任免除以外的因产量与价格变动所造成的收入损失。经济林收入保险的基本保险责任确定为两个方面：一是自然灾害造成的经济林生产主体实际收入低于目标收入的损失，这其中包括旱灾、火灾、冻灾、风灾、雹灾、地震、洪水(政府行蓄洪除外)、内涝、泥石流、山体滑坡、病虫草鼠害等自然灾害、意外事故导致经济林产品减产或绝收；二是市场波动造成的收入损失，具体为产品价格的下跌。

二、保险金额设定

在经济林收入保险当中，投保人的目标收入应当是保险理赔的最高限额，因此将保险标的的目标收入设定为该产品的保险金额。

经济林收入保险的单位面积保险金额的计算公式为：

$$单位面积保险金额 = 目标价格 \times 目标单位产量 \tag{7-1}$$

可见，影响经济林收入保险金额的主要因素是目标单位产量和目标价格，因此，在设计保险金额时，要着重考虑产量和价格指标数据来源。

在产量指标方面，可借鉴国内外农业收入保险的通行做法，以个体单产或区域性平均单产作为产量指标，若缺乏对于单产的历史数据统计，目标产量也可参照所在地区连续3年的经济林产品平均产量，再结合当地的地理环境、种植方式以及林业基建情况综合确定。

在价格指标方面，参照第六章经济林价格保险中目标价格的确定方法，既可以参考当地市场价格确定，也可以借助期货市场的价格发现功能确定。然而，目前我国经济林期货市场尚不完善，依托产品期货价格确定目标价格存在一定困难。

三、保险费率厘定

按照保险学原理，经济林收入保险纯保费费率应为纯保费与保险金额的比率（纯保费/保险金额），它反映林业经营主体种植经济林的实际收入与目标收入差值的期望，一个精算公平的保险费用应该等于保险合同未来赔付的预期损失，那么精算公平的保险费率为：

$$R = E(L)/S \tag{7-2}$$

式中，R 是纯保费费率；$E(L)$ 是林业经营主体种植经济林的实际收入低于目标收入差额的期望；S 是保险金额。

关于收入差额期望 $E(L)$ 的确定方式，由于林业经营主体种植经济林收入的概率密度无法直接得到，可以通过确定经济林单位产量和价格的分布函数间接求得。具体步骤如下：

（1）数据滤波处理

对产量和价格数据进行滤波处理去除趋势项能够获得较好的分布拟合效果，从而有效提高保险费率厘定的准确性。主流的趋势项处理方法为滤波法和季节调整法。

（2）分布拟合的选择

想要获得精准的定价首先要获取经济林产品产量风险和价格风险的边缘分布估计，经济林收入保险可选取经济林产品历年来的产量数据和价格数据，采用参数法分别对经济林产品的产量和价格数据进行分布拟合。

（3）建立联合分布

通过 Copula 函数精准度量产量和价格的相关关系，进而构建二者的联合分布以确定收入分布，最后通过蒙特卡洛模拟数据进行经济林收入保险的费率厘定，提高定价的科学性与精准性。

四、保险期限划分

经济林收入保险期限可根据不同经济林产品的生长规律和上市特点进行设定。例如，可以将广西糖料蔗收入保险的保险期限设置为糖料蔗苗齐或移栽成活出苗至成熟收获期及其后3个月，其中，产量责任期限参照政策性糖料甘蔗种植险，设置为糖料蔗苗齐至收获期；价格责任期限则考虑到糖料蔗收获与出售间存在时间间隔，设置为收获期之后3个月内。

五、定损理赔方式

当在保险期限内，经济林发生保险责任范围内的收入损失（经济林实际收入低于保险合同约定的保险金额）时，即触发赔付处理，保险人需要按照保险合同的约定对林业经营主体的收入损失承担赔偿。理赔时，保险人要以货币形式补偿林业经营主体的经济林实际收入低于保险金额的差额部分。

参考美国农作物收入保险的经验，单一作物的经济林收入保险主要包括个体收入保险和区域收入保险，赔付规则相应地包括如下两种：

(一)个体收入保险赔付规则

个体收入保险根据林业经营主体实际收入损失进行赔偿，公式如下：

$$I=\left[(1-\beta)\times C-y\times p\right]\times S\times(1-\mu) \tag{7-3}$$

式中，I 是赔偿金额；$y\times p$ 是单位面积实际收入；S 是投保面积；C 是单位面积保额；β 是最低收入损失幅度；μ 是免赔率。

(二)区域收入保险赔付规则

区域收入保险根据区域实际收入降低幅度确定赔偿金额，公式如下：

$$I=\max\left(0,\ \frac{\bar{y}\times\bar{p}\times\alpha-\hat{y}\times\hat{p}}{\bar{y}\times\bar{p}\times\alpha}\times r\times C\times S\times\hat{y}\times\hat{p}\right) \tag{7-4}$$

式中，I 是赔偿金额；$\hat{y}\times\hat{p}$ 是区域内单位面积的实际收入；$\bar{y}\times\bar{p}$ 是区域内单位面积的目标收入；r 是赔偿比例；S 是投保面积；C 是单位面积保额；α 是保障程度。

赔偿比例 r 被用来调整林业经营主体个体实际收入损失与整个区域的平均收入损失之间的关系。赔偿比例可由林业经营主体自行选择，美国区域收入保险计划（GRIP）的赔偿比例为 0.9~1.5。

目前，我国的收入保险试点多采用个体收入保险赔付规则，但如果要大规模推广收入保险，区域收入保险赔付规则可能是方向。

第四节　典型案例

一、广西油茶收入保险

广西壮族自治区是全国油茶重点产区，油茶产业发展基础好、条件优越、潜力巨大，截至 2022 年，油茶林已达 878.7 万亩，年产茶籽 35.17 万吨、茶油 10.30 万吨。但油茶抵御风险能力较差，制约了油茶产业的可持续发展。

2018 年，广西壮族自治区政府印发《关于实施油茶"双千"计划　助推乡村产业振兴的意见》，全面实施千万亩油茶基地、千亿元油茶产业的"双千"计划，扩大广西油茶种植规模，提高油茶产量与质量，优化油茶产业结构，提升综合效益。2020 年 7 月 27 日，广西壮族自治区财政厅、林业局联合下文，率先在全国试行了油茶收入保险，首批试点选取了柳州市(含三门江林场)、三江侗族自治县、右江区、田阳区、田东县、凌云县、田林县、昭平县、东兰县、凤山县、巴马瑶族自治县和来宾市(含维都林场)等地，选取面积约为18 万亩(表 7-3)。人保财险积极配合推进特色叠加森林保险工作，当年油茶收入保险累计为 7282 亩油茶提供 1910.81 万元风险保障，为推动广西油茶产业升级发展、助推林业经营主体增收做出了积极贡献。2022 年，广西印发林木种苗保险和油茶收入保险试点方案，开展新一轮的油茶收入保险改革试验。自开展油茶收入保险以来，广西全区承保油茶面积5万多亩，提供风险保障约1亿元。

表7-3 油茶收入保险的试点区域与面积

试点区域	面积
柳州	市本级(含三门江林场)：0.5万亩；三江县：4万亩
百色	右江区：1万亩；田阳区：1万亩；田东县：1万亩；凌云县：2万亩；田林县：2万亩
贺州	昭平县：1万亩
河池	东兰县：1万亩；凤山县：2万亩；巴马县：2万亩
来宾	市本级(含维都林场)：0.5万亩

资料来源：《广西油茶收入保险实施方案》。

专栏

广西自治区油茶收入保险实施方案

一、保险标的

凡同时符合下列条件种植的油茶，可列入广西油茶收入保险的保险标的范围：

按照《油茶栽培技术规程》进行种植、施肥、除草、修枝等管护工作；相对连片种植面积10亩(含)以上；已进入挂果期，树龄5年(含)以上。投保人应将满足上述条件的油茶全部投保，不可选择性投保。

二、保险期限

保险期为1年，一年一投保、一年一签单。

三、保险责任

1. 由于下列原因直接造成投保油茶鲜果产量损失的：

①暴雨、洪水(政府行蓄洪除外)、酸雨、内涝、风灾、旱灾、雹灾、冻灾、雪灾、地震等自然灾害；②火灾、泥石流、山体滑坡、崖崩、爆炸、建筑物倒塌、空中运行物体坠落等意外事故；③林业有害生物及野生动物损毁。

2. 集中上市期油茶鲜果收购价格较约定价下降的。

四、保险金额

8年(含)以上树龄良种油茶林：1200~2400元/亩；8年(含)以上树龄非良种油茶林：900~2000元/亩；5年(含)~7年树龄油茶良种油茶林：600~1600元/亩。

五、保险费率

统一保险费率5‰。

六、目标价格和目标产量

目标价格：油茶鲜果约定价格3~4元/千克；

目标产量：8年(含)以上树龄良种林('岑软'、'湘林'、'长林'等经国家或自治区审定、认定系列)约定产量400~600千克/亩；实施过油茶低产林改造的非良种林：300~500千克/亩；5年(含)~7年树龄良种林('岑软'、'湘林'、'长林'等系列)200~400千克/亩。

七、赔偿处理

部分损失：每亩赔偿金额=每亩保险金额(元/亩)-每亩油茶鲜果实际收入(元/亩)

　　每亩油茶鲜果实际收入＝实际平均产量(千克/亩)×实际平均收购价格(元/千克)

　　全部损失：赔付金额＝每亩保险金额(元/亩)×损失面积(亩)

　　八、保费补贴比例

　　保费由投保户负担30%；自治区财政对县域补贴50%、对设区市所辖城区补贴40%；各设区市财政对所辖城区补贴10%，县(市、区)财政补贴20%。

二、陕西苹果收入保险

　　苹果是陕西省黄陵县林业增产增效、林业经营主体增收致富的优势产业，也是陕西主要特色林业产业之一。但是，价格波动成为影响苹果产业持续发展的制约因素，林业经营主体只能被动承受，对林业经营主体预期收益产生较大影响。

　　为有效解决上述问题，2016年6月，黄陵县苹果收入保险研究成果获得农业部金融支农创新项目评委专家的一致认可，并取得了600万元项目支持资金。自此，黄陵县开始实施苹果收入保险试点，该保险综合保障了因灾造成的物化成本损失、某一灾害天气造成的分档损失，以及因市场价格波动造成的收入损失。2016年，苹果收入保险在黄陵县6个乡镇下辖的47个行政村的苹果专业合作社实施，为1407户林业经营主体的1.04万亩果园提供了7400万元收入保障，为果区林业经营主体赔偿360万元。2017年，在黄陵县2个乡镇实施，为239户果区林业经营主体的3966亩果园提供了2221万元收入保障。2021年，人民银行黄陵县支行联合中国人民财产保险股份有限公司黄陵支公司在黄陵县首次试点"苹果保险＋期货"收入险业务，选取黄陵县的隆坊、田庄和阿党3个苹果主产镇作为首批试点镇，"苹果保险＋期货"收入险试点为606户林业经营主体的7040.8亩果园提供了6165.23万元的收入保障。

专　栏

陕西省黄陵县苹果收入保险实施方案

　　一、保险标的

　　中产果园的苹果树。

　　二、保险期限

　　保险期为1年，一年一投保、一年一签单。

　　三、保险责任

　　包括暴雨、洪水、内涝、风灾、雹灾、冻灾、病虫害原因造成减产的自然灾害和集中上市期实际地头收购价低于约定价格导致果区林农实际收入低于约定收入的市场风险两个方面。

　　四、保险金额

　　7000元/亩。

　　五、保险费率

　　统一保险费率为9‰。

　　六、目标价格和目标产量

　　目标价格：苹果地头收购价1.25元/千克；目标产量：2000千克/亩。

七、赔偿处理

当两个变量导致毛收入减少幅度超过8%(含)以上时,触发理赔。

每户赔偿金额＝(每亩保险金额−测定亩产量×地头收购价×70%)×(1−免赔率)×投保亩数

八、保费补贴比例

农业部拨付的项目资金承担70%,果区林农自交30%。

三、海南橡胶收入保险

海南是全国最大的天然橡胶生产基地,近年来由于天然橡胶价持续低迷,导致胶农收入大幅减少,危及橡胶产业生存和发展。2018年8月以来,海南省在总结白沙黎族自治县、琼中黎族苗族自治县等地"保险+期货+扶贫"试点工作的基础上,创新财政金融扶贫方式,由省市两级财政给予保费补贴,实施橡胶产业脱贫工程保险行动,全面推开天然橡胶价格(收入)保险制度,用金融手段为胶农收入兜底。

2018年11月,海南省财政厅等部门联合印发通知,在海南全省范围内推行天然橡胶收入保险。天然橡胶收入保险制度是海南省利用金融手段服务实体经济、助力脱贫攻坚的一次创新实践,解决了天然橡胶价格跌幅过大的问题和相当一部分人的贫困问题。根据海南天然橡胶产业集团股份有限公司与中国人民财产保险股份有限公司海南省分公司、中国太平洋财产保险股份有限公司海南分公司签订的《海南橡胶2021年橡胶收入保险项目保险协议》约定,2022年1月因橡胶价格波动触发保险赔付条件,经三方查勘定损,确定保险赔付金额为193.79万元。

专 栏

海南橡胶收入保险实施方案

一、保险标的

天然橡胶树生产的天然橡胶干胶。

二、保险期限

保险期为1年,一年一投保、一年一签单。

三、保险责任

(1)在保险期间内,天然橡胶树因遭受下列灾害直接导致天然橡胶树灭失、停割或休割期间的减产损失,保险人按照本保险协议的约定承担赔偿责任:①风力10级(含)以上热带气旋及其引发的洪水、泥石流、滑坡或山崩;②寒害、旱灾;③病虫害。

(2)在保险期间内的每一个自然日,当保险橡胶实际价格低于保险橡胶目标价格(15 000元/吨)时,视为保险事故发生,保险人按照本保险协议的约定负责补偿。

四、保险费

保险费率为16.8‰。

五、赔偿处理

1. 产量损失部分

(1)因10级(含)以上热带气旋及其引发的洪水、泥石流、滑坡或山崩,造成保险橡胶产量损失

赔偿金额＝保险橡胶约定价格×单株损失产量×损失株数×(1−绝对免赔率)

单株损失产量＝(单株约定产量−单株已开割产量)×不同损失程度赔偿比例

单株已开割产量＝单株约定产量/年均开割天数×已割天数

其中，不同损失程度赔偿比例：①倒伏、断主干、流失或被掩埋、死亡：100%核损；②半倒伏、主枝折断：50%核损。

年均开割天数为220天。

单次事故绝对免赔率为10%。

(2)因寒害、旱灾、病虫害引起休割，造成保险橡胶产量损失

赔偿金额＝保险橡胶目标价格×单株损失产量×损失株数×(1−绝对免赔率)

单株损失产量＝单株目标产量/年均开割天数×休割天数

休割天数最高不超过45天。

单次事故绝对免赔率为10%。

(3)因寒害、旱灾、病虫害造成当年无产量(含停割)

赔偿金额＝保险橡胶目标价格×单株损失产量×损失株数×(1−绝对免赔率)

单株损失产量＝单株目标产量−(单株约定产量/年均开割天数×已割天数)

赔偿天数最高不超过220天。

单次事故绝对免赔率为10%。

(4)在由上述灾害引起的产量减产理赔理算中，年均开割天数220天以保单起始日计算。

2. 价格损失部分

当保险橡胶实际价格低于目标价格时，保险人按以下方式按月进行赔偿：

日赔偿金额＝(保险橡胶目标价格−实际价格)×(1−绝对免赔率)×当日实际产量

实际价格(元/千克)＝保险期间内保单约定的上海期货交易所天然橡胶干胶合约当日收盘价。如遇节假日，实际价格约定为节假日前最后一个交易日的结算价。

单次事故绝对免赔率为20%。

月赔款金额＝当月每日赔款金额之和

六、保费补贴比例

海南天然橡胶产业集团股份有限公司承担60%，海南省财政补贴40%。

四、甘肃核桃综合收入保险

甘肃省陇南市两当县把核桃产业发展作为重中之重来抓，以核桃提质增效为手段，大力创建示范园，巩固提升核桃产业发展成果。目前，两当县核桃加工已实现从花到果全利用，构建起完整的核桃产业链，实现了集收购、研发、加工、销售为一体的产业链一体化模式，带动当地及周边乡镇共计1000余户群众实现增收。

为深入贯彻落实陇南市第五次党代会精神，围绕"三城五地""十大行动"重点任务，立足两当县农业优先型和文旅赋能型发展定位，2022年2月17日，两当县政府办公室印发了《两当县2022年农业保险实施方案》，其中每亩核桃保险金额为2000元，费率4.5‰，保费90元。2022年5月，甘肃省保险行业协会制定了甘肃省(陇南市两当县)地方财政核桃综合收入保险示范性条款，进一步推进了两当县核桃产业的发展。

甘肃省陇南市两当县核桃综合收入保险实施方案

一、保险标的

同时符合下列条件的可作为本保险的保险标的(以下统称"保险核桃"),投保人应将符合下述条件的核桃全部投保,不得选择投保:

经过政府部门审定(认定或登记)的品种,符合当地普遍采用的种植规范标准和技术管理要求;种植场所在当地洪水水位线以上的非蓄洪、行洪区;生长和管理正常;龙头企业、农民合作社、家庭农场等种植面积大于50亩的新型经营主体可以单独投保;种植户以村、社为单位统一投保,同时应向保险人提供详细的种植信息和被保险人签字确认的分户清单。

二、保险责任

(1)在保险期间内,由于下列原因直接造成保险核桃在生长阶段受损,且受灾损失率达到30%(含)以上,保险人按照本保险合同的约定负责赔偿:①自然灾害:暴雨、洪水(政府行蓄洪除外)、雷电、风灾、冰雹、冻灾、旱灾、泥石流、山体滑坡、地震、内涝;②意外事故:火灾、爆炸、建筑物倒塌、空中运行物体坠落、野生动物损毁;③突发检疫性病害与新入侵虫害。

(2)在保险期间内,保险核桃在离地前的生长阶段发生上述保险责任列明原因导致损失率达到80%(含)以上,或在离地前的生长阶段损失率低于80%,但在离地销售期实际收入低于目标收入。

投保人可以选择保险责任1或2进行投保,不得同时投保,投保责任具体以保单载明为准。

三、保险金额

保险核桃的每亩保险金额,当地政府有规定,以当地政府规定为准;当地政府没有规定的,参照保险核桃生长期内所发生的直接物化成本,包括(种子成本、化肥成本、农药成本、灌溉成本、机耕成本等)。具体金额由投保人与保险人协商确定,并在保险单中载明。

保险金额=每亩保险金额×保险面积

四、目标价格和目标产量

约定平均亩产量为近3年的平均实际亩产量;目标价格根据县级或县级以上价格发布机构发布的近3年的核桃离地价格的平均值确定。

五、赔偿处理

1. 保险核桃发生保险责任第一条范围内的损失

(1)全部损失:损失率达到80%(含)以上的,按全部损失计算赔付,发生全部损失经一次性赔付后,保险责任自行终止。

赔偿金额=保险事故发生时保险核桃对应生长期的每亩最高赔偿金额×受损面积×(1−绝对免赔率)

(2)部分损失:损失率达到30%(含)以上的,但未达到80%(不含)的,按部分损失计算赔付。

赔偿金额=保险事故发生时保险核桃对应生长期的每亩最高赔偿金额×受损面积×损失率×(1−绝对免赔率)

损失率=单位面积植株平均损失数量(或平均损失产量)/单位面积植株平均数量(或平均正常产量)×100%

2. 保险核桃发生保险责任第二条范围内的损失

(1)保险核桃在离地前的生长阶段发生保险责任第一条列明原因导致损失率达到80%(含)以上:

按全部损失计算赔付，发生全部损失经一次性赔付后，保险责任自行终止。

赔偿金额=保险事故发生时保险核桃对应生长期的每亩最高赔偿金额×受损面积

（2）保险核桃在离地前的生长阶段损失率低于80%：

赔偿金额=每亩保险金额×（目标收入-实际收入）/目标收入×保险面积

第八章　经济林天气指数保险

第一节　内涵界定与功能作用

一、内涵界定

经济林指数保险是以具有生态和经济价值的经济林(指生产果品、食用油料、调料、工业原料和药材为主要目的的林木)等林木以及林果作为保险标的，依据合同中事先约定的、可客观观测和可靠测量的、与保险标的损失高度相关且不受人为因素影响的保险指数来决定保险赔付的一项保险业务。依据指数类型，区域平均产量、降水量、气温、卫星图像和价格通常都可被作为触发参数，包括经济林天气指数保险与经济林价格指数保险等类型①，其中，经济林天气指数保险是应用最为广泛的指数保险。

经济林天气指数保险是用指数来衡量一个或几个天气因子对林木的损害程度，每个指数都有相应的林木产量的损失量，当天气因子对经济林造成了减产影响，指数达到保险赔付阈值，投保人就可以得到对应赔偿金额的保险。

经济林天气指数保险的参与主体为林业经营主体、保险公司及政府。林业经营主体作为投保人，选择指数保险保障所种植经济林的产品收益。保险机构则主要负责指数保险的保单设计以及后续的理赔等工作。政府主要发挥财政支持以及政策引导制定的作用。

二、功能作用

经济林天气指数保险是林业保险的一种创新发展，其将损害程度指数化，并以该指数为基础设计保险合同，与传统多重风险林业保险相比，指数保险的赔偿并非基于实际损失，而是基于预先设定的参数是否达到触发水平，当实际计算的指数达到合同规定触发指数时，投保人就可以获得相应赔偿。经济林天气指数保险具有如下突出的两点优势：

(一)提高赔付效率

经济林天气指数保险相较于传统林业保险和价格保险，具有独有的产品优势。一方面，以往的数据收集可以相对准确预测灾害发生概率，给林业经营主体提供最新的天气信息，最大程度地减少损失；另一方面，有助于缓解传统林业保险勘查定损难度大、工作流程繁琐、经营管理费用高等问题，简化了承保和理赔程序，加快了赔付速度，提升了理赔效率，有利于提高林业经营主体参保积极性。

(二)降低运行成本

一般而言，经济林天气指数保险受单个投保人的影响较小，因为其不以个别林业经营

---

① 经济林价格指数保险相关内容可参见本书第六章。

主体的损失作为赔付标准，而是按照约定指数实行统一的赔付标准，一旦发生灾害，单个被保险人仅能获取同一风险区划内相同的赔付，额外的损失将由自己承担。经济林天气指数保险能够降低保险的监管成本，与传统林业保险相比，由于指数保险合同信息透明、条款简化，原先用来预防投保人逆向选择和道德风险的监管举措得以减少，因此使得监管成本明显下降。而且由于采用标准化指标和简化程序，使得触发机制简单、承保手续简化，因而经济林天气指数保险在承保、查勘、定损、理赔等过程中的交易成本也大幅下降。经济林天气指数保险经营成本相对较低直接降低了费率水平，对低收入林业经营主体具有很大的吸引力，进一步提高了保险覆盖率。

第二节　发展情况与存在问题

一、发展情况

2014 年 8 月 13 日，国务院出台《关于加快发展现代保险服务业的若干意见》，提出"探索天气指数保险等新兴产品和服务"，从保障社会民生的战略高度确定了天气指数保险的地位。2015 年 9 月，中国保监会出台了《关于做好农业气象灾害理赔和防灾减损工作的通知》，要求各财产保险公司"加快推进天气指数保险"。到 2019 年，我国已经开发了种类繁多的天气指数保险产品，其中以特色作物为主的农业天气指数保险占据了 95% 以上，天气指数保险成为中国农业保险的重要险种之一。随着市场需求的逐步释放，互联网、大数据、云计算等信息技术的快速发展，低成本的网络渠道为天气指数保险的"受宠"提供了客观条件，经济林天气指数保险应运而出，为促进林业保险的转型升级和创新发展提供了有力支撑。

我国经济林天气指数保险起源于浙江省茶叶低温气象指数保险。为应对低温霜冻（俗称"倒春寒"）的自然灾害对春茶采摘的影响，2014 年，浙江省首创茶叶低温气象指数保险，并率先在绍兴市、湖州市安吉县开展茶叶低温气象指数保险试点，为各地经济林天气指数保险的创新和推行拉开帷幕。仅 2017 年，茶叶低温气象指数保险为绍兴市 143 家（户）参保茶企（农）承保的 22 348 亩茶园提供了 3352.2 万元风险保障。2015 年，海南省在在万宁、定安、屯昌、儋州 4 个市（县）的 5 个民营林场启动橡胶树风灾指数保险试点，共为 4417 户林业经营主体提供风险保障 2.22 亿元，赔付支出达 1578 万元。2017 年，为应对持续低温冻害对油茶产业发展的影响，浙江省林业局和浙江省人保财险公司联合气象中心，以大量基础数据为基础，科学制订油茶低温气象指数保险方案，并在衢州市常山县首次推行。截至 2021 年，油茶低温气象指数保险累计为 120 户林业经营主体的 32 914 亩油茶承保，赔偿总额达 484.54 万元。此后，贵州、湖南等地陆续根据地方特色开展经济林天气指数保险试点工作（表 8-1）。

二、存在问题

（一）气象灾害数据观测误差大，保险存在基差风险

经济林天气指数保险产品推广中最为重要的是林木的损失数据和相关的气象数据，若

表8-1　经济林天气指数保险试点现状

保险品种	省份	试点地区	开始时间	保费缴纳	保险金额
油茶天气指数保险	浙江	常山	2017年	30元/亩	2000元/亩
	湖南	常宁	2018年	30元/亩	500~1000元/亩
茶叶天气指数保险	浙江	绍兴市、湖州市安吉县	2014年	210元/亩	3000元/亩
	贵州	贵阳市花溪区、开阳县、清镇市、都匀市	2017年	—	1200元/亩
杨梅天气指数保险	浙江	绍兴市柯桥区	2022年	35元、75元	2000元/亩
	浙江	湖州市	2022年	250~260元	—
香榧天气指数保险	浙江	诸暨市	2019年	—	1500元/亩、2000元/亩、3000元/亩
橡胶天气指数保险	海南	万宁市、定安县、屯昌县、儋州市	2015年	3~6元/亩	600~1200元/亩
核桃天气指数保险	浙江	杭州市临安区	2021年	—	—

缺少足够的、有效的数据支撑，就很难确定保险费率和触发标准等。因此，开发和运行该保险产品的关键在于为保险公司提供数据的气象观测站点。根据国际标准，天气指数保险产品开发需要在每20平方千米的范围内设置气象观测点，但是我国气象观测点大多是以县为单位，但在县域范围内不免会存在小气候，出现降水、温度等气象因素的空间异质性问题，导致最终统一按照县级尺度气象数据赔付时发生实际损失和模型损失的差异，产生天气指数保险空间尺度上的基差风险。也就是说，不同乡镇的农户因区域小气候的存在，可能获得与实际损失不匹配的赔偿，即有的地区极端天气造成的损失严重，但县级尺度天气指数没有触发而没有得到赔偿或得到的赔偿不足以弥补实际损失；而有的地区极端天气造成的损失轻微，但县级尺度的天气指数触发得到了赔偿。这影响了保险赔付的准确性，无法完全保障林业经营主体与保险公司的利益。

（二）气象指数拟合模型不准确，模型的准确度偏低

天气指数保险产品的构建需要精确的数据分析和复杂的模型设计，气象致灾的影响因素多，指标选取存在困难，若考虑单一指标设计指数则会由于选取指标的不全面，影响指标指数的准确性以及敏感性；若将若干影响因素综合考虑设计多层指标，一方面由于数据的难以获得性，影响其设计理念的可操作性，另一方面是对各个因素的相互作用关系难以把握，模型构建存在困难，打破了指数保险设计简便性与容易理解的原则。经济林产量分解为趋势产量、气象产量以及产量的随机误差3个部分，采用不同的分离趋势产量方法得到的趋势产量存在显著差异，且经济林种植面积及其产量不仅受天气影响，还在很大程度上受到市场需求的带动以及当地政府规划与相关政策引导的影响。采用计量方法HP滤波法仅仅是初步分离出趋势产量，得出经济林果的减产率具有很大的误差，准确计算天气产量还有很大的研究空间，减产率与干旱指数的回归方程模型可信度仍较低。

(三)指数保险责任范围较单一，产品创新供给不足

从全国试点情况看，经济林天气指数保险通常选取某一单一指标，如茶叶低温气象指数保险、橡胶树风灾指数保险、油茶低温气象指数保险等。对于经济林而言，天气致灾的影响因素包括降水量、土壤湿度、水分蒸发量以及种植保墒技术等，若仅考虑单一指标设计指数，长期忽视其他气象因素对保险标的的影响，会由于选取指标的不全面，影响指标指数的准确性以及敏感性，往往难以反映真实灾情，影响经济林天气指数保险的市场潜力。我国仍旧缺乏承保多种气象灾害的综合型经济林天气指数保险，可能原因是收集和处理气象数据存在较大难度，需要大量的数据和实验才能分离各个因素对林木生长的影响，从而建立综合性指数模型。

第三节　保险产品与要素设计

经济林天气指数保险设计需要遵循保险的"损失补偿"与"期望值相等"原则，确定灾害损失与致灾因子之间的定量关系，有效控制基差风险。本节从投保主体、保险标的、保险责任、保险金额、费率厘定和定损理赔等保险产品的关键要素对经济林天气指数保险进行设计。

经济林天气指数保险投保主体应当包含所有种植经济林的林业经营主体，包括新型林业经营主体和林农，可以选择自行投保和集中投保。开展经济林天气指数保险应选择匀质性较高区域进行试点，这样的地区对经济林天气指数保险的潜在需求较高、效果更加显著。经济林天气指数保险的保险标的应当为易受气候或天气条件限制且符合一定条件的经济林，具体包括符合本地区农业技术部门要求和技术规范，达到普遍种植标准和管理的要求，栽种的品种符合林业部门的规定；产地环境条件符合行业标准；林业经营主体信誉良好，无违法违纪记录的经济林。

一、保险责任划分

经济林天气指数保险产品的保险责任根据保险标的可能发生的风险进行设定，通常涵盖由于气象灾害对当地林木造成的经济损失等。不同保险产品的保险责任不同，例如，茶叶在生长过程中容易遭受低温等灾害，保险茶叶所在区域的气温符合约定条件，且产生对应赔偿金额大于零时视为保险事故发生，保险人按照保险合同的约定负责赔偿；杨梅采摘期易遭受梅雨天气影响，以气象部门审核发布的保险杨梅所在地域的气象站观测的数据为准，气象站点名称、编号及经纬度须在保险单中载明；油茶易遭受霜冻、干旱以及连阴雨天气影响，当保险标的所在区域内霜冻指数、干旱指数、连阴雨指数中一个或多个指数达到本保险合同约定的赔付标准时，视为保险事故发生，保险人按照本保险合同约定负责赔偿。经济林天气指数保险的除外保险责任是指保险合同中明确载明保险人不负责赔偿的风险事故，即天气之外的因素导致的损失。

二、保险金额设定

经济林天气指数保险的保险金额通常以承保机构依据种植成本的一定比例或与林业经营主体进行科学合理的协商来确定。例如，湖南常宁油茶种植成本为 1000~1500 元/亩，则依据成本的 10%~30% 设计油茶天气指数保险的保险金额为 100~400 元/亩；浙江杨梅采摘期降雨气象指数保险中，杨梅的单位保险金额参照保险杨梅生长期内所发生的直接物化成本，由投保人与保险人协商确定，并在保险单中载明。

三、保险费率厘定

(一)纯费率厘定模型

依据保险的"损失补偿"与"期望值相等"原则，经济林天气指数保险设计时需要注意投保人发生损失要依法赔付，以及保费等于赔付的期望值，实现保险的公平合理。从风险分散、风险对冲和追求最大效用的角度出发，经济林天气指数保险定价通常包括精算定价法、无差异定价法和衍生品定价法 3 类。

1. 精算定价法

(1)燃烧分析法

燃烧分析法是目前林业气象指数保险最常用的一种定价方法，这种方法基于被保险人未来的损失分布与被保险人的历史损失经验分布一致的假设，也就是可以用被保险人过去发生的损失来推测未来发生的损失，即历史的损失期望值是纯保费的最优估计。燃烧分析法具体数学公式如下：

$$P = \mathrm{e}^{-\gamma(T-t)}\left[\frac{1}{n}\sum_{i=1}^{n}L(W_t)\right] \tag{8-1}$$

式中，P 是 n 年损失的历史数据计算出的气象指数保险的纯保费；$\mathrm{e}^{-\gamma(T-t)}$ 是无风险折算因子；W_t 是第 i 年的气象指数；$L(W_t)$ 是第 i 年的损失；算出 n 年历史损失的均值，再乘以风险折算因子得到纯保费。

(2)指数模型法

首先，选取合适的模型，将历史损失数据作为因变量，与选定的气象指数作为自变量进行拟合，得出函数关系式。其次，对各个气象指数进行历史分布概率拟合，以误差最小反推得到模型参数，计算出各个气象指数损失期望。最后，将气象指数期望代入关系模型中，求得纯费率。指数模型定价过程中模型的选取特别关键，选择参数或非参数方法、离散分布或连续分布还是核密度函数分布，都需要根据气象指数历史数据分布的特点确定。一般是通过将历史数据与多种已知分布模型进行拟合，得到分布模型参数，通过比较选取最优分布模型。

2. 无差异定价法

无差异定价法的基本原理是：当可能发生气象灾害时，如果投保人通过买入经济林天气指数保险产品规避灾害风险从而增加效用，或者保险公司通过出售经济林天气指数保险产品以达到自身财富的效用最大化，那么他们将有动机购买或出售经济林天气指数保险。

在不购买经济林天气指数保险的情况下，有：

$$V(x) = \sup_{v \in \theta} \left[\mu \left(x + \int_0^t v dS t \right) \right] \tag{8-2}$$

式中，x 是初始财富值；v 是交易策略；St 是标的资产价格。令 F_b^i 表示第 i 个投资者购买经济林天气指数保险产品的无差异购买价格，用 F 的价格购买 k 份经济林天气指数保险时，有：

$$V(x - F_b^i, k) = \sup_{v \in \theta} E \left[\mu \left(x + \int_0^t o dS t - k F_b^i + k l(W_i) \right) \right] \tag{8-3}$$

基于式(8-2)和式(8-3)，经济林天气指数保险的无差异价格可以表示为：

$$V(x - F_b^i, k) = V(x) \tag{8-4}$$

3. 衍生品定价法

天气指数保险时常被纳入衍生品中，也称为气候与保险衍生产品，故采用衍生品定价法。该方法的显著特点是产品的收益中没有系统风险，这说明由历史数据所得到的估计值也同样适用于风险中性的情况。因此，气候与保险衍生品也可以按期权的方式进行定价，即按无风险利率对收益的期望值进行贴现。最常见的方式是使用 Black-Scholes 模型及其修正模型进行定价。B-S 模型是以无风险利率作为回报率，不依赖于投资人的风险偏好，推导出该投资组合价值变化的方程式，再以标的物约定价格与到期日价格的差额作为边界条件，即衍生产品到期日的收益，在无套利情况下解出方程，得出天气指数保险价格。

(二)定价案例

核桃是云南第一经济林，种植面积与产量均处于全国领先地位，发生严重干旱时易造成大幅减产，核桃产业发展存在较大的风险隐患，推广核桃干旱指数保险是转移核桃灾害风险的有效路径。核桃干旱指数保险的保险责任为：当保险果树树体所在区气象站公布的各月实际累计降水量低于该区县的果树树体干旱气象指数标准时，保险人按照本保险合同的约定，对果树树体负赔偿责任。核桃干旱指数保险纯费率的厘定采用的是指数模型法。

1. 干旱气象指数测算

年降水量距平百分率可以直观反映干旱指数(DI_q)，以此构造干旱指数：

$$DI_q = \frac{P_q - \overline{P_q}}{\overline{P_q}} \times 100\% \quad q = 1, 2, 3, \cdots \tag{8-5}$$

式中，P_q 是某年降水量(mm)；$\overline{P_q}$ 是研究期内历年平均降水量(mm)；q 是年份。

2. 核桃年减产率测算

核桃种植技术的提高以及其他影响因素等都对核桃产量具有重要影响，因此，要精准分离气象产量需要去除其趋势部分、周期部分和随机波动等，故选择具有去除长期趋势的 HP 滤波法计算气象产量。核桃减产率(YLR_q)为核桃实际总产量与其趋势产量的差值(即气象产量)占趋势产量的百分比，计算公式如下：

$$Y_{aq} = Y_{tq} + Y_{wq} + \mu \tag{8-6}$$

$$YLR_q = \left| \frac{Y_{wq} + \mu}{Y_{tq}} \right| \tag{8-7}$$

式中，Y_{aq} 是总产量；Y_{tq} 是趋势产量；Y_{wq} 是气象产量；μ 是误差值，可忽略不计。为了保证减产年份的减产率为正值，式(8-7)取绝对值。

3. 核桃减产率回归模型

干旱气象指数(DI_q)与核桃减产率(YLR_q)的相关关系回归模型为：

$$YLR_q = \alpha + \beta DI_q + \varepsilon \tag{8-8}$$

式中，α 是除去干旱影响因素外其他因素造成的减产率；β 是干旱指数影响减产率的系数；ε 是产生的误差。

4. 保险纯费率厘定模型

根据农业指数保险的损失率期望值研究方法，选用损失率期望值的思路进行厘定，用历年干旱造成的减产率(YLR_q)与因对应干旱指数导致减产发生的概率(P_i)乘积的和厘定纯费率，其中，P_i 由各个地区研究期内发生干旱天气造成核桃减产的概率确定。费率厘定公式如下：

$$R_i = \frac{E_{(loss)}}{\lambda \eta} = \sum_{q \leqslant n} P_i \times YLR_q \tag{8-9}$$

式中，R_i 是保险费率；$E_{(loss)}$ 是平均损失率；λ 是保障比例；η 是预期的相对产量(λ 以及 η 一般取值为100%)；P_i 是对应干旱指数导致减产发生的概率；YLR_q 是干旱造成的减产率；i 是研究地区；n 是研究期。

四、定损理赔方式

不同地区气象致灾成害程度不同导致费率不同，进而导致赔付值也不同。经济林天气指数保险补偿的思路是给林业经营主体提供预测的气象数据与致灾成害模型，提高林业经营主体风险预测能力，协助林业经营主体科学备灾；同时，当天气指数(如干旱指数、连阴雨指数、霜冻指数等)达到保险合同约定数值时触发理赔，赔偿金额计算公式为：

$$q = I \cdot X_s \tag{8-10}$$

式中，q 是单位赔偿金额；I 是保险金额；X_s 是减产率。

总赔偿金额计算公式如下：

$$Q = q \cdot s \tag{8-11}$$

式中，Q 是总赔偿金额；q 是单位赔偿金额(元/亩)；s 是保险面积(亩)。

此外，在保险期间内，多次事故的累计赔偿金额不超过保险金额。另，考虑到气象灾害具有持续性且过程复杂，在上述计算公式的基础上设置了赔偿比例：

$$Q_i = Q \cdot \lambda \tag{8-12}$$

式中，Q_i 是每次事故赔偿金额；λ 是赔偿比例。赔偿金额为每次事故赔偿金额的加总。例如，浙江杨梅采摘期降雨气象指数保险就根据日期时段、过程降雨量累加设置了不同赔偿级别，并根据前后时段实际降雨日所占连续降雨日比例分段计算赔偿比例。

第四节　典型案例

一、油茶天气指数保险

(一)湖南省常宁油茶天气指数保险

近年来,在常宁市委、市政府的高度重视下,常宁油茶产业发展迅速,成功创建了全国油茶生物产业基地,成为国家油茶示范林基地试点县、全国首个森林经营认证县和全国木本油料特色区域示范县,"常宁茶油"成为国家地理标志保护产品。2018 年,常宁近 100 万亩油茶林产茶油 1.14 万吨,年产值达 31.3 亿元,已成为该地区林业经营主体增收的重点产业之一。但茶油生长过程易受干旱、低温、冻害等气象灾害的影响,导致油茶果产量变化无常,影响林业经营主体收入水平。

为此,在衡阳市推出天气指数保险试点的背景下,常宁市率先开展油茶天气指数保险,通过保障适度、保费实惠、财政适当补贴的方式,由中国人民财产保险股份有限公司对符合条件的油茶种植户进行承保、理赔等服务工作,为油茶种植户提供风险保障。自开展试点以来,增强了油茶种植户抵御自然风险、保障生产稳定的能力,助力该市油茶产业更好更快发展。2019 年,常宁市 14 家油茶种植企业与中国人民财产保险股份有限公司常宁支公司签订投保协议,为 9.93 万亩油茶林购买天气指数保险,该市油茶种植迈入"全保险时代"。

专　栏

湖南常宁油茶天气指数保险

一、保险标的

符合当地种植规范的油茶林。

二、保险责任

在保险期内,保险油茶所在区域的月最高气温或月最低气温达到保险合同约定的起赔标准时,视为保险事故发生,保险人按照保险合同的约定负责赔偿。保险合同约定的月最高气温持续 1 天的起赔标准,是指一个自然日气温最高值达到 39℃(含)以上。保险油茶在一个自然月内遭受高温天气为一次保险事故,保险人按一个自然月内发生的"月最高气温"的最高值计算赔付金额。在保险期内,一个自然月发生多次最高气温达到或高于 39℃的高温天气的,保险人只按最高温度的一次灾害损失进行赔偿,每个自然月限制赔偿次数为 1 次。当月最高气温持续 N 天达到 41℃(含)以上时,按照天数对应的最高赔偿比例进行赔偿。

三、保险金额

500~1000 元/亩。

四、保险费率

费率为 6‰,保费为 30 元/亩。

　　五、赔偿处理

　　保险油茶发生保险责任范围内的损失，保险人按以下方式计算赔偿，其中：月赔偿金额＝每亩保险金额（元）×赔偿比例×保险面积（亩）；累计赔偿金额＝Σ月赔偿金额；月最高（低）气温同时满足两个及以上赔付标准时，以赔偿金额最高者为准，每个自然月限制赔偿次数为一次。在保险期内，保险油茶累计赔偿金额以保险金额为限；多次受灾，累计赔偿金额达到保险金额时，保险责任终止。

（二）浙江省青田油茶天气指数保险

　　浙江省青田油茶是世界四大木本油料树种之一，浙江省丽水市青田县现有油茶20万亩，种植面积居全省第一，有"浙江油库"之美称。但青田县油茶开花坐果期间正好是低温时节，极易遭受冰冻灾害影响，导致油茶减产甚至绝收，林业经营主体经济损失严重。为保障广大林业经营主体的利益，青田县于2019年创新推出油茶低温气象指数保险，遵循"政府引导、市场运作、林业经营主体自愿、协同推进"的原则，采用保障适度、保费低廉、财政补贴的方式，投保户自交30%保险费，其余70%的保险费由县财政统一补助。2020年，青田县域内油茶低温气象指数保险参保亩数达12 049亩，15户投保户共获得理赔总额722.94万元，赔付率高达250%。

　　　专　栏

浙江省青田油茶天气指数保险

　　一、保险标的

　　符合当地种植规范和投保要求的油茶林。

　　二、保险期限

　　保险期限为每年冬春季节。

　　三、保险责任

　　在保险期间内，保险油茶在保险期间内遭受0℃（含）及以下的低温天气，且保险合同约定气象观测站实测气象数据达到约定理赔标准，保险人按照本保险合同的约定承担赔偿责任。

　　四、保险金额

　　100~400元/亩。

　　五、保险费率

　　分为10‰、15‰两档费率，并根据油茶基地所处地理位置的不同风险程度和海拔设定对应的保险费率。

　　六、财政补贴

　　青田县财政补助70%，林农承担30%。

　　七、赔偿处理

　　总赔偿金额＝Σ每亩赔偿金额，每亩赔偿金额为保险期间内低温值所对应赔付表中最高理赔金额。低温值由两项内容组成，一项为保险期间各时间段内实际观测的日最低气温值，另一项是由于持续低温增加冻害严重程度的低温附加值。

(三)湖南省衡阳油茶林天气指数保险

专　栏

湖南省衡阳油茶林天气指数保险

　　湖南省衡阳市地处湘南腹地,居亚热带季风性湿润气候区,适宜的气候、地形和土壤条件孕育了衡阳 2300 多年的油茶发展历史,也造就了北纬 27°的全球油茶核心产区。目前油茶林种植面积达到了 417 万亩,2019 年,全市围绕油茶扩面、提质、增效加大资金投入,油茶产业共投入 17 亿元,组建了 5 亿元油茶产业发展基金,深度研发油茶产业链,促进产业做大做强;市财政安排 1 亿元油茶产业发展专项资金,用于产业扶贫、产业融资、基地补贴、产业宣传和科技创新等。

　　2019 年,衡阳市下发了《关于印发〈衡阳市油茶林保险实施方案〉的通知》,首次提出了油茶林天气指数保险,天气指数保险属于政策性保险,油茶树生长过程中一旦遭遇干旱、低温、冻害等气象灾害,将导致油茶果产量变化无常。在保险期内,油茶林所在区域的月最高气温或月最低气温达到保险合同约定的起赔标准时,即视为保险事故发生,保险人按照保险合同约定负责赔偿。这样一来,种植户一旦遭遇极端天气,造成油茶产量减少、质量降低,就能有兜底保障。

　　2019 年,全市共 6 个县(市)开展了油茶林保险工作,完成投保面积共 47.91 万亩,共计保险金额 4.13 亿元,签单保险费为 919.68 万元,根据该《通知》要求,其中市级财政支持解决 40%,共补贴保险经费 367.87 万元,县级财政支持性补贴 40%,其余 20% 由种植经营主体承担。2019 年衡阳市受理油茶林灾害 166 起,已理赔结案 58 起,理赔金额 155.89 万元,未决案件 108 起,未决理赔金额 494.83 万元。

二、低温气象指数保险

(一)浙江低温气象指数保险

　　茶叶是浙江省农林业主导产业之一,是山区茶农的重要经济收入来源。在每年 2 月下旬到 4 月春茶采摘的关键时节,极易遭受低温霜冻(俗称"倒春寒")的自然灾害,导致茶叶减产茶农减收。为增强茶农抵御自然灾害风险能力,2014 年浙江省在全国首创茶叶低温气象指数保险,并先后于绍兴市和安吉县开展试点。不同于传统的政策性森林保险,这种新型保险模式理赔的唯一依据是气温数据。茶叶低温气象指数保险是根据历史数据制作出损失模型,在采摘期内,茶园遭遇低温冻害天气,只要气温降至保险合同约定的最低温度以下,就视为保险事故发生,启动理赔程序。茶叶低温气象指数保险试点以来,根据政策性森林保险的要求,气象部门依托气象监测数据科学设计茶叶气象指数险产品,并不断完善优化,力求准确测算天气和茶农实际损失的相关性,缩减保险的基差,同时,不断加密茶叶生产区域气温监测站点,为茶农保险理赔提供足够的数据支持,并为茶农抵御自然风险提供有力的气象支撑。

　　由于茶叶气象指数保险具有透明度高、理赔快捷、道德风险低等优点,至 2017 年已在浙江省各茶叶主产区全面推开。在全国率先推出茶叶低温气象指数保险的绍兴市，2017年参保茶园面积达22 348亩，总保险费为301.41万元，共为143户参保茶企（农）提供3352.2万元风险保障。

专　栏

浙江茶叶低温气象指数保险

一、保险标的

符合当地种植规范和投保要求的茶叶。

二、保险期限

本保险合同的保险责任期间自保险茶叶春季开采日前20天（含）起，至开采日后16日（含）止，但不得超出保险单载明的保险期间范围。承保时需确定茶叶的采摘日。茶叶开采日为受灾地前三年开采期的中间日期（平均日）为开采期。本年的投保工作需在上年完成，当年不接受投保需求。

三、保险责任

在保险期间内，保险茶叶所在区域的气温符合约定条件，且产生对应赔偿金额大于零时视为保险事故发生，保险人按照保险合同的约定负责赔偿。

四、保险金额

3000元/亩（协商确定）。根据采摘时间不同提供不同的赔偿金额：A款早茶采摘高峰期是3月9日至11日，如在这段时间出险，赔偿金额最高；B款时间期限为3月13日至16日；C款则为3月24日至27日。

五、保险费率

原每亩保额是2500元，费率是12‰，即每亩保费300元。因为连续两个保单年度赔付率低于40%，2022年费率改变，每亩保费210元。

六、财政补贴

省、市、区三级补贴80%，林农承担20%。

七、赔偿处理

保险标的发生保险责任范围内的损失，保险人按以下方式计算赔偿：当就近气象观测站实测日最低气温达到-1℃（含）以下时：

赔偿金额＝每亩保险金额×气温指标出现日期对应赔偿比例×保险面积。

注：（为不含，]为含，如(-1, 0.5]表示温度≤0.5，>-1；

气温指标出现日期0为开采日，-20天表示开采日前20天，4～6天表示开采日后4～6天。造成损失后难以立即确定损失率的情况下，实行二次（或多次）定损。第一次定损先将灾情和初步定损结果记录在案，经一定时间观察期后二次（或多次）定损，以确定确切损失程度。以保险事故发生之日起8天为一个理赔周期，若一个理赔周期内保险责任均发生，则按保险责任对应的赔偿方式计算赔偿金额；若一个理赔周期内多次发生所指保险责任，在这一个理赔周期内只赔一次，保险人按损失金额最高的一次进行赔偿。在保险期间内，实行累计赔偿，累计赔偿金额以保险金额为限。

(二)福建省仙游枇杷低温气象指数保险

专　栏

福建省仙游枇杷低温气象指数保险

　　福建省莆田市仙游县书峰乡是"枇杷之乡"，枇杷种植面积达 2 万余亩，是仙游县的优势特色产业，2020 年全乡枇杷产量 9800 多吨，创产值 1 亿多元。然而，枇杷最怕寒冬的霜冻极端灾害天气，一旦遭遇几乎颗粒无收，损失惨重。2020 年 1 月，国寿财险莆田市中心支公司在书峰乡试点枇杷低温气象指数保险，保险期限为 1 年，基础保险金额为每亩每份 1000 元，保费为每亩每份 80 元，其中财政补贴 40%，种植户自缴 60%。保险期间内，当遭遇保险方案约定的低温事件时，将给予相关档次的赔偿。其中，当地的日最低气温为 2.5～2.0℃ 时，每亩每份赔付 20 元；日最低气温低于或等于 -3.0℃ 时，每亩每份可赔付 1000 元。

　　枇杷低温指数保险产品是一项惠民生的创新型保险产品，省略了现场查勘定损环节，最大程度节约了时间成本，有利于帮助枇杷种植户化解自然灾害风险，让种植户在灾后迅速获得补助，及时恢复生产。

　　截至 2020 年年底，全乡枇杷低温气象指数保险参保种植户 800 户，参保面积 1717.96 亩。2021 年元旦前夜的日最低气温仅有 1.4℃，且尚在保险期内，因而投保的枇杷被自动视为发生保险事故，迅速获得"触发即赔"的补助。

(三)山东省日照茶叶低温气象指数保险

专　栏

山东省日照茶叶低温气象指数保险

　　山东省日照市是北方茶区最早实施"南茶北移"的地区之一，已经有 50 余年的茶叶生产历史，是山东省茶叶主产区和优质绿茶生产基地。日照茶叶生产涉及 38 个乡镇的 760 个村，茶叶从业人员 30 余万人，茶园总面积 27.8 万亩，年产干毛茶 1.6 万吨，总产值 30 亿元。但由于日照市纬度较高，每年 2 月下旬到 4 月春茶采摘期易遭受低温霜冻影响而导致茶农减产减收。为了给茶叶生产提供风险保障，2019 年日照市在岚山区开展茶叶低温气象指数保险试点。根据当地低温天气情况进行赔付，实行保费 100 元/亩，其中，茶农自行承担 20%，市区财政补贴 80%。2019 年，共有 10 311 户茶农投保，投保面积达 25 731.88 亩，提供风险保障 7700 多万元。2020 年，日照市全面开展茶叶低温气象指数保险。其中，莒县根据近 30 年气象数据，计算出茶叶产量受低温冻害影响的概率，最终确定出 -8℃ 和 4℃ 两个阈值，并出具低温报告作为定损"标尺"。在茶叶采摘期前后易受低温影响时段 1 月 1 日至 3 月 31 日、11 月 1 日至 12 月 31 日最低气温在 -8℃(含)以下，4 月 1 日至 4 月 30 日最低气温在 4℃(含)以下，且产生对应赔偿金额大于零时视为保险事故发生时段，保险人按照合同约定负责赔偿。气象部门作为茶叶保险的主要参与部门，提供相关气象数据。茶叶低温气象指数保险为日照参保茶农提供了强有力的风险保障，有效地促进了茶叶产业的健康持续发展。

三、浙江省仙居杨梅采摘期降水指数保险

　　浙江省仙居县是著名的"杨梅之乡"，杨梅产业是仙居梅农致富增收的支柱性产业。杨梅成熟期短，采摘期只在每年 6 月初到 7 月初。由于杨梅采摘期间降雨较多，易造成腐烂落

果，给梅农造成较大损失。为对仙居县梅农的经济损失进行兜底，中国人民财产保险股份有限公司仙居支公司以气象局的气象指数为准，开发了杨梅采摘期降水指数保险，当杨梅采摘期内连续两天降水达到 3 毫米就会产生相应理赔。杨梅降水指数保险项目已被列为省定试点品种，费率确定为 7%，保费由省财政承担 30%、县财政承担 40%、梅农承担 30%。截至 2022 年，杨梅采摘期降水指数保险参保户数达到了 11 774 户，参保亩数为 79 800 亩。

专　栏

浙江杨梅采摘期降水指数保险

一、保险标的

相对连片种植面积在 5 亩(含)以上，且处于结果期的杨梅树。

二、保险期限

杨梅保险责任起始日期为市气象部门公布的入梅时间，若入梅时间晚于 6 月 5 日的，保险责任起始时间为 6 月 5 日，保险责任期间为 20 日。

三、保险责任

在保险期间内，保险杨梅所在区域的降水量达到或高于保险合同约定的起赔标准时，视为保险事故发生，保险人按照本保险合同的约定负责赔偿。降水量以气象部门市发布的保险杨梅所在地城的气象站观测的数据为准，气象站点名称、编号及经纬度须在保险单中载明。起赔标准是指保险合同约定气象观测站实测日(24 小时)降水量达到 5 毫米(含)连续 2 天及以上且过程降水量累计达到 20 毫米(含)，或单日降水量达到 30 毫米(含)，以保险单载明为准。

四、保险金额

保险杨梅的每亩保险金额参照保险杨梅生长期内所发生的直接物化成本，由投保人与保险人协商确定，并在保险单中载明，一般定为 2000 元/亩。

保险金额 = 每亩保险金额(元/亩) × 保险面积(亩)

五、保险费率

2021 年，根据杨梅种植品种及海拔等因素，分为低海拔地区杨梅(海拔 350 米及以下)和高海拔地区杨梅(海拔 350 米以上)保险，低海拔地区杨梅保险费率为 7‰，高海拔地区杨梅保险费率为 16‰。2022 年，杨梅采摘期气象指数保险费率为 12‰，保险费为 240 元/亩。

六、财政补贴

省财政承担 30%、县财政承担 40%、林农承担 30%。

七、赔偿处理

保险杨梅发生保险责任范围内的损失，保险人按以下方式计算赔偿：

每次事故赔偿金额 = 每亩保险金额 × 赔偿比例 × 保险面积

赔偿金额 = 每次事故赔偿金额

采用过程降水量为指标：当满足日降水量 ≥5 毫米连续 2 天及以上且过程降水量累计达到 20 毫米(含)，或单日降水量 ≥30 毫米时，可按照赔偿比例表对应的日期时段、过程降水量累加的不同级别进行赔偿。如遇连续降雨日期出现时段交叉的，按前后时段实际降雨日所占连续降雨日比例分段计算赔偿比例。如，连续降雨日为 6 月 15 日至 6 月 17 日，降水量为 75 毫米，则按 6 月 11 日至 6 月 16 日期时段对应应赔偿比例 7% 的 2/3 与 6 月 17 日至 6 月 22 日时段对应赔偿比例 8% 的 1/3 之和计算赔偿比例。其他赔偿处理以保险公司的条款为准。

四、浙江省诸暨香榧高温干旱气象指数保险

诸暨市现有香榧约 15 万亩，其中盛产约 9.5 万亩，高温和干旱是影响香榧产量和林业经营主体收入的主要因素。为增强香榧生产的自然灾害防范能力，促进香榧产业的持续健康发展，诸暨市于 2019 年推行全国首个香榧高温干旱气象指数保险试点。香榧高温干旱气象指数保险由人保财险诸暨支公司经营，实行政策扶持与商业化运作相结合，采用低保费、保成本、财政适当补贴的承保方式，理赔模型则由省人保财险公司农险部、省气候中心专家赴诸暨调研考察，采集历年产量数据和高温及干旱受损情况后确定。2020 年香榧高温干旱气象指数保险为诸暨市榧农参保的 300 亩香榧提供了 45 万元的风险保障。

专栏

诸暨香榧高温干旱气象指数保险

一、保险标的

保险香榧需符合 3 个条件：一是种植榧树符合本地区农业技术部门要求和技术规范，生长正常；二是种植面积在 30 亩(含)以上，且树龄 10 年(含)以上；三是连片种植面积未达到 30 亩的种植户，可通过专业合作组织以联保方式参加保险。

二、保险期限

时间定为投保当年的 6 月 1 日至 10 月 31 日。

三、保险金额

保险香榧的每亩保险金额分为 1500 元、2000 元与 3000 元三档。

四、保险费率

保险费率为 14‰。三档保费对应分别为每亩 210 元、280 元、420 元。

五、财政补贴

市财政补贴 50%，榧农自付 50%。

六、赔偿处理

根据保单合同，在保险期内，若种植的香榧遭遇高温或干旱灾害，当气象观测站的气象数据达到约定理赔标准，保险公司就将给予赔偿。

当保险香榧所在区域的气象观测站于 6 月 1 日至 10 月 31 日实测日最高气温高于 38℃(含)的天数超过 10 天，且对应赔偿金额大于零或保险香榧所在区域的气象观测站于 7 月 11 日至 8 月 20 日平均降水量 3 毫米(含)以下，视为保险事故发生，保险人按照本保险合同的约定负责赔偿。

五、海南省橡胶树风灾指数保险

海南省橡胶树种植面积高达 800 多万亩，年产干胶 30 多万吨，是我国最大的天然橡胶生产、加工基地。但因地处"台风走廊"，海南省橡胶树生产常年遭受风灾危害，给广大胶农的生产和生活造成巨大影响，胶农"多年积富，一灾返贫"的现象时有发生，国家战略资源的供应也常出现较大波动。

为保障橡胶产业良好发展，2015 年首批橡胶树风灾指数保险在万宁、定安、屯昌、儋州 4 个市(县)5 个林场的民营橡胶开始试点，橡胶树风灾指数保险产品利用橡胶树损失与

风速相关性较大的特点，建立了损失程度与气象数据指数化的对应关系，灾害发生时只需测算受灾地区风力级数即可定损。同时，按5~20平方千米建立一个标准配套自动气象站，密度高于天气指数保险操作中公认的30平方千米/个的标准，气象站选址规划经过科学测算，有效克服了微环境对参数准确性的影响，降低了基差风险发生概率。总体看来，海南橡胶树风灾指数保险效果良好，2016年，海南橡胶树风灾指数保险保费收入1442万元，共计为4417户林业经营主体提供风险保障2.22亿元，受益林业经营主体1534户次，赔付支出1578万元。

专 栏

海南橡胶树风灾指数保险

一、保险标的

当地生长正常的橡胶树。

二、保险责任

在保险期间内发生风灾事故后，气象部门出具的气象证明材料或报告表明本次风灾事故的持续时间内极大风速对应的风力等级达到或超过本保险合同约定的起赔风级时，视为保险事故发生，保险人依照本保险合同的约定负责赔偿；在保险期间内，由于风力8级及以上的热带气旋或强对流天气，或由于上述灾害性天气引发的洪水、泥石流或滑坡，造成保险橡胶树的倒伏、主干折断、主枝折断，或被冲毁、掩埋的损失，由保险公司按照保险合同的约定负责赔偿。

三、保险金额

未开割树每株保险金额最高50元；开割树每株保险金额最高90元。

总保险金额＝总保险面积(或株数)×保险金额/亩(株)

其中，橡胶树保险按实际株数计算，若仅有面积无具体株数，则全省统一按照每亩33株计算。

四、保险费率

根据橡胶树种植地域所属的风灾区类型分别实行5‰~8‰的差异费率，保费3~6元/亩。

五、财政补贴

橡胶树公益林保费：橡胶树公益林按照橡胶树保险条款参保。其中，市县属国有林场橡胶树公益林保费由参保者自缴15%，中央财政补贴40%，省级财政补贴45%；省属国有林区林场橡胶公益林按每株保险金额30元的档次投保，保费由中央财政补贴40%，省级财政补贴60%。

六、赔偿处理

每次事故赔偿金额＝未开割树每株保险金额×未开割树对应赔偿比例×未开割树保险数量+开割树每株保险金额×开割树对应赔偿比例×开割树保险数量

第九章 林业碳汇保险

第一节 内涵界定与功能作用

一、内涵界定

林业碳汇是基于森林碳吸收存储功能，进一步通过实施造林、再造林和加强森林经营管理、减少毁林、保护和恢复森林植被等活动，吸收和固定大气中的二氧化碳，并按照相关规则与碳汇交易相结合的过程、活动或机制。根据林业碳汇开发交易规则，可以将林业碳汇分为林业碳汇资源经营、林业碳汇项目开发和林业碳汇资产交易 3 个阶段。林业碳汇资源经营是在符合碳汇造林条件的土地上，通过森林抚育、结构优化、土壤保护等方式维持和提高森林生产量及其他生态服务功能，从而增加林业碳汇资源(碳汇储量)。此阶段主要面临因林木损失所造成的林业碳汇储量灭失风险。林业碳汇项目开发阶段主要包括前期评估、项目设计、项目审定、项目登记、项目实施和监测等活动。在该阶段，林业碳汇项目(预期减排量)易受到自然、政策、技术、市场等多种风险冲击，一方面可能导致林业碳汇项目预期减排量的损失，另一方面则可能导致林业碳汇项目预期减排量交易价格的波动，最终影响林业碳汇项目(预期减排量)的实际价值。由于林业碳汇资产交易阶段已经完成项目减排量登记，并形成了可供企业交易的林业碳汇资产(核证减排量)，因此当前价格波动是影响碳资产价值损失的关键风险。综上，林业碳汇保险是以林业碳汇储量、林业碳汇项目预期减排量和林业碳汇核证减排量(CCER)为标的，对林业碳汇资源经营过程中碳汇储量灭失、林业碳汇项目开发过程中碳汇价值损失，以及碳交易过程中价格波动造成碳资产损失进行风险补偿的一种保险产品，也是为林业碳汇资源培育、林业碳汇项目开发、林业碳汇资产交易提供风险保障的重要增信担保工具(图 9-1)，具有深刻的内涵。

二、功能作用

林业碳汇保险通过风险分散与损失补偿实现风险管理，可以有效保障保险标的物的价值，为投保主体融资贷款提供信用担保，进而实现金融增信功能，促进林业碳汇产业发展(图 9-2)。因此本节主要分析林业碳汇保险的风险补偿与金融增信功能。

(一)林业碳汇保险风险补偿功能

对于尚未进入林业碳汇项目开发阶段的森林资源，其风险主要来自森林资源培育过程中自然灾害、人为破坏或野生动物毁坏等灾害，在造成森林资源损失的同时也将减损森林资源所能够产生的碳汇量，当林木资源受损，进而导致森林碳汇储量减损到一定程度时，林业碳汇保险则可以通过防范森林碳汇储量灭失风险的作用，对森林碳汇储量灭失而造成

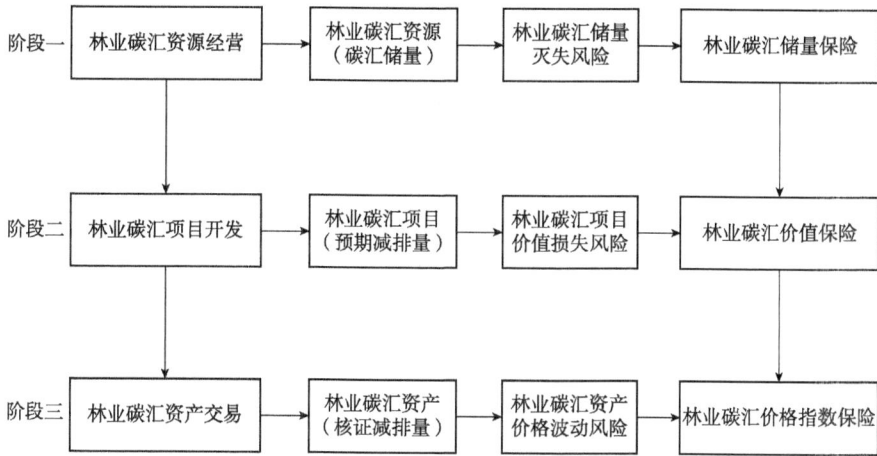

图 9-1　林业碳汇保险概念内涵的理论框架

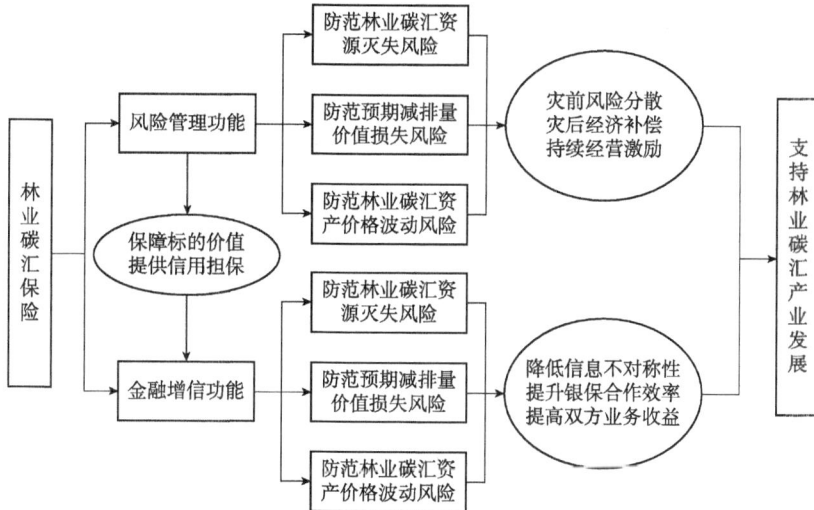

图 9-2　林业碳汇保险的作用机制

的经济损失给予赔偿。此阶段，保险公司应重点关注不同林木资源所能够产生的碳汇储量，从而准确计量保险金额，以确保实现林业碳汇保险产品的精准赔付。

对于已经完成项目审定登记的林业碳汇项目，除自然风险的冲击外，还容易受到技术和政策等因素的影响，导致项目登记、监测、减排量核证等进程受阻，造成项目实际开发的减排量与预期开发的林业碳汇减排量不符，使得林业碳汇开发的预期收益产生较大不确定性。林业碳汇保险则可以为碳汇项目提供价值保障，当项目开发因风险造成预期收益与实际收益之间出现较大差额时，林业碳汇保险应根据具体损失情况进行相应赔偿，赔偿金额主要包括两部分，一部分是碳汇项目中林业资源的损失价值，另一部分则是相应林业资源所产生的碳汇价值，其保险金额也要根据林木价值与碳汇价值的总额来设定。稳定林业碳汇项目开发收益，保证林业碳汇项目价值稳定在合理区间内。

对于已经完成林业碳汇项目核证减排量登记的碳资产而言，林业碳汇资产（核证减排量）主要面临碳交易过程中因交易规模小且不活跃、碳交易价格波动等市场因素而导致林业碳汇交易价格波动剧烈，造成林业碳汇价格下跌所带来的风险损失。当林业碳汇资产实际价格低于目标价格时，林业碳汇价格保险对其进行收益损失的赔偿，发挥防范林业碳汇核证减排量价格波动风险的功能，可以稳定林业碳汇交易收入，实现林业碳汇交易价值稳定。

综上，针对不同类型的林业碳汇资产，林业碳汇保险先后发挥灾前防范、灾后补偿和正向激励等功能，从而提高林业碳汇经营主体在开发、经营和管理林业碳汇的风险管理能力：①林业碳汇保险作为一种损失发生前的风险防范工具，能够提高林业经营主体的灾前防范能力，有效保障碳汇造林过程的持续进行；②林业碳汇保险作为一种损失发生后的经济补偿工具，能够降低林业碳汇经营主体因发生自然灾害导致的碳汇资产价值灭失的破产风险；③林业碳汇保险作为一种激励工具，能够提高林业碳汇经营主体的风险承担能力，进而促进林业碳汇业主投资效率和持续经营能力提升。

（二）林业碳汇保险金融增信功能

林业碳汇项目预期收益权质押贷款模式中，由于碳汇项目经营周期长、不确定性大，容易受到自然风险的冲击，银行等信贷机构将面临质权价值降低或质权落空的风险，因此现有符合银行等信贷机构质押标准的合格资产相对较少。此外，虽然银行等信贷机构可以通过引入第三方评审机构对质押物进行价值评估，但我国尚未形成统一的碳汇价值评估标准，价值评估结果难以被银行等信贷机构认可，从而导致"惜贷"现象的发生，无法满足经营主体的融资需求。林业碳汇"保险+信贷"合作是基于银行等信贷机构和保险公司在开展此类金融业务上的极大类似性，将信贷与保险机制实现联合运行的一种创新型业务模式。合作过程中，林业碳汇保险不仅可以利用保单质押功能为银行等信贷机构提供更多合格质押资产，还可以降低银行等信贷机构质押资产的价值评估难度，为银行等信贷机构提供充足授信依据。此外，通过金融增信功能有效增强银行等信贷机构的信贷供给意愿，最终在银保合作优势的推动下，有效提高银保机构间信息利用效率，降低双方经营成本，进而提高整体收益水平，促进林业碳汇融资主体、林业碳汇信贷、林业碳汇保险三者之间良性互动关系的形成。

1. 发挥保单质押功能，提供合格质押标的

由于在林业碳汇项目预期收益权质押贷款中，林业碳汇项目并未完成减排量登记，经营主体无法获得类似 CCER 签发证明等信贷凭证，且我国目前法律及行政法规尚未明确规定 CCER 可用以质押，其有效性均不确定。而金融机构在接受 CCER 作为质押物时，需要同时追加第三人保证或其他担保物，保证质押无效的情况下可以追索保证人责任及其他担保人责任。通过林业碳汇保险的加入，一方面，经营主体可以利用保险保单作为质押凭证，为银行等信贷机构提供还款证明；另一方面，根据经典 S—W 模型，抵（质）押资产的信贷担保程度是银行等信贷机构甄别融资主体能否获得信贷的关键依据，也是评判其能否成为合格抵（质）押资产的重要标准。林业碳汇保险则恰好能够充分保障碳汇项目预期减排量价值下降风险，为银行等信贷机构明确还款来源，保障还款资金的稳定性，进而提高质押资产的信贷担保程度，促使更多合格质押资产的形成。

2. 实现碳汇价值认定，提供信贷授信依据

林业碳汇保险除实现金融增信外，还可通过保险定价功能帮助银行等信贷机构对质押物进行价值认定。虽然银行等信贷机构可以通过引入第三方评审机构对质押物价值进行评估，但由于我国林业碳汇市场中还未形成统一的碳汇价值核算评估标准，导致质押物价值的认定结果并不能被银行等信贷机构完全认可。此外，目前基于减排项目所产生的 CCER 尚未被纳入全国碳排放权交易市场的交易范围内，甚至在各试点地区也有限制。例如，湖北省碳排放权交易市场仅允许本地产出的 CCER 交易；重庆碳排放权仅允许控排单位交易在 2010 年 12 月 31 日后启动运行项目所产出的 CCER；广东省碳排放权交易市场仅允许省外项目产出的 CCER 在交易中占 30%。上述交易限制使得 CCER 的可对比交易价格难以获得，对金融机构发放贷款而言，难以合理评估作为质押物的 CCER 的价值。林业碳汇保险的加入却可以为银行等信贷机构提供充足的授信依据，银行等信贷机构可以将林业碳汇保险中保险金额的设定作为碳汇项目价值的认定基础，缩短价值认定期限，降低其在质押物价值评估方面的难度。可进一步以保险价值评估为依据，结合融资主体收益情况、风险抵抗能力、经营管理水平等因素直接确定贷款利率、贷款期限、贷款额度等信贷要素，从而大幅缩短质押贷款业务运行周期。

3. 利用金融增信功能，增强信贷供给意愿

林业碳汇"保险+信贷"合作模式中，林业碳汇保险可以通过发挥金融增信功能，充分激发银行等信贷机构的信贷供给意愿。从信贷需求角度看，拥有授信资格但授信额度较低和因贷款资质未达标准等原因而无法获得林业碳汇信贷的经营主体都可以通过保险提升贷款资质，进而向银行等信贷机构申请信贷，有效缓解林业经营主体的融资约束问题。对于拥有授信资格但授信额度较低的经营主体而言，实现"从有到更多"的授信额度变化；对于没有授信资格的经营主体而言，则实现"从无到有"的授信额度变化。此外，从信贷供给角度看，由于在林业碳汇信贷发放前，银行等信贷机构等金融机构多数情况下会针对林业碳汇经营组织或经营个体进行资质调查，主要关注个体风险，其更多强调的是一种"点"上性质的风险防范手段。而林业碳汇保险实际上则是一种基于大数法则而创造的风险规避工具，其在风险管控方面更加关注多数经营主体所面临的同质风险，将符合林业碳汇项目经营风险特性的多种不确定风险转化为确定收益，属于一种"面"上性质的风险防范手段。基于此，通过林业碳汇"保险+信贷"合作模式的建立将实现信贷风险防范机制的"点""面"结合和全面优化，进一步提高银行等信贷机构信贷风险的防范力度，使银行等信贷机构能够更放心、更安全地为融资主体提供信贷，从而激发银行等信贷机构的信贷供给意愿。

4. 优化金融资源配置，提高信贷融资效率

信息不对称始终是质押贷款业务开展过程中面临的主要风险来源，银行等信贷机构往往需要花费大量信息收集成本信息以降低交易市场中信息不对称性。在原有独立机制下，银行等信贷机构为避免市场风险，需要独自建立风险监控机制。但由于银行等信贷机构和保险公司面临的客户群体近似一致，银保双方完全可以通过建立合作关系，共同出资并构建一套符合双方风险防控需求的风险防范体系，利用银保协同机制有效共享融资主体林地权属信息、林业碳汇项目经营信息、贷款信用信息、风险承担资质信息等内容，从而有效

提高双方信息交互效率。保险公司除为银行等信贷机构在信贷要素确定方面提供授信依据外，还可通过投保资质审核环节为银行等信贷机构筛选出信用状况良好、贷款资质合格的融资主体，既更完善地保障了银行等信贷机构的还款风险，又为银行等信贷机构节省大量时间成本，缩短了融资主体获得贷款的周期长度，确保能够在短期内充分满足林业碳汇项目开发经营的资金要求，最终在银保合作机制的推动下实现融资效率的全面提高。

综上，林业碳汇"保险+信贷"合作模式的开展相对原有独立的信贷机制、保险机制而言，存在帕累托改进。具体推演逻辑如下：第一，林业碳汇保险作为碳汇质押贷款价值评估、金融增信的有效工具，不仅可以提高经营主体贷款申请资质，满足碳汇生产经营过程中的融资需求，还可缓解银行等信贷机构在林业碳汇信贷业务中的风险和信息不对称问题，保障信贷资金投放安全，从而增加银行等信贷机构对经营主体的信贷供给量。第二，融资需求的满足和信贷供给的增加将帮助林业碳汇项目经营主体扩大林业生产规模、提高碳汇项目开发技术，最终达到激发经营主体参与意愿、提高经营主体收益水平的目的。第三，在利率水平不变的情况下，信贷供给量的增加可以提高银行等信贷机构信贷总体收益水平，保险公司也可以借助信贷渠道扩张林业碳汇保险产品的市场规模，利用银行等信贷机构及农村信用社机构分支网点提高碳保险市场容量，进而提高保险机构收益水平。第四，银保机构还可以通过基础设施、网点分布、信息技术等方面的互补优势，将各自业务成本尽可能降到最小，这也意味着三方均可以通过建立林业碳汇"保险+信贷"合作机制获得相比于信贷、保险单独运行机制下的超额收益。第五，根据乘数加速模型理论，在林业"保险+信贷"合作机制中，林业碳汇信贷供给量的增加将会带来投资增加，进而带来整体收益的成倍性增加，而收益增加又会进一步促使投资增加和注重风险的保障，形成林业碳汇项目经营主体、林业碳汇信贷和林业碳汇保险三者之间的良性循环，具体如图9-3所示。总之，林业碳汇"保险+信贷"合作模式能够在各方主体效用不受损害的前提下提高不同主体效用水平，从而实现林业碳汇信贷资源整体配置的"帕累托改进"。

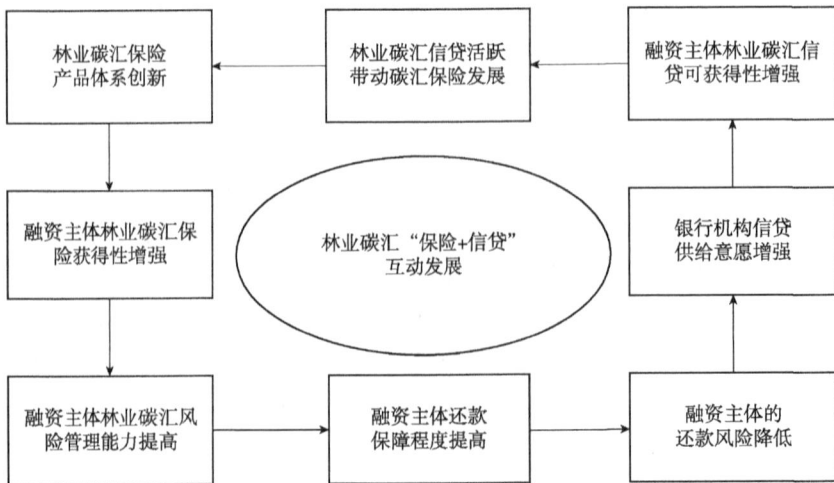

图9-3　林业碳汇"保险+信贷"耦合机制

第二节 发展情况与存在问题

一、发展情况

2021年起各省(自治区、直辖市)地方政府加速出台关于林业碳汇项目试点探索、林业碳汇计量方法与林业碳汇交易机制等方面的政策文件,并引导人保财险、人寿财险等保险公司参与,积极开展林业碳汇保险试点工作。截至2023年3月,全国已有21个省(自治区)的49个市(县)开展了林业碳汇保险的实践和探索工作,初步形成了4种林业碳汇保险产品,承保面积超过950万亩,保险金额超过3.1亿元(表9-1)。

表9-1 我国林业碳汇保险试点情况

保险类型	试点时间	保险区域	承保面积(万亩)	保额(万元)	保险公司
林业碳汇量保险	2021.04.26	福建龙岩市	0.0257	104	人寿财险
	2021.11.08	广东肇庆市	—	21.8	人寿财险
	2021.12.27	河北承德市	—	57.37	平安财险
	2021.12.31	湖南邵东市	7	388	平安财险
	2022.01.27	云南文山市	22.39	300	人寿财险
	2022.01.27	安徽池州市	1.0979	64.12	平安财险
	2022.02.25	广东梅州市	0.2005	23.16	平安财险
	2022.03.03	福建三明市	5	76	人寿财险
	2022.04	贵州龙里县	19.99	1787	平安财险
	2022.04.28	广东韶关市	0.4	24	人寿财险
	2022.05.17	山东威海市	0.5	—	泰山保险
	2022.05.24	新疆伊犁哈萨克自治州	0.006	4.2	平安财险
	2022.07.05	江苏高邮市	0.7658	60	平安财险
	2022.09.26	山东威海市	0.9	36	平安财险
	2022.10.18	广东汕头市	0.032 85	—	平安财险
	2022.10.25	湖北蕲春县	2.8	205	平安财险
	2023.01	山东邹城市	0.2527	12.6	人寿财险
	2023.02.02	黑龙江桦南县	—	—	中原农险
	2023.02.09	广东韶关市	—	1207	太平财险
	2023.02.21	河南周口市	0.030 46	21	中原农险
林业碳汇价格保险	2021.05.25	福建顺昌市	6.9	100	人保财险
	2021.06.28	江西乐安县	11.62	191.73	人保财险
	2021.06	甘肃兰州市	1.1742	—	人寿财险
	2021.12.30	广东清远市	—	221	人保财险

（续）

保险类型	试点时间	保险区域	承保面积(万亩)	保额(万元)	保险公司
林业碳汇 价值保险	2021.06.28	江西黎川县	0.037	37	人保财险
	2021.07	海南	5	486	太平洋保险
	2021.09.23	四川阿坝 藏族羌族自治州	231.94	3479.22	中航安盟财险
	2021.12	浙江安吉县	—	—	太平洋保险
	2021.12	广西南宁市	125	500	人寿财险
	2022.03.17	安徽宣城市	18.9	5004.17	人寿财险
	2022.03.28	内蒙古呼伦贝尔市	—	36.14	人寿财险
	2022.04.01	安徽岳西县	6.88	5431.89	国元农险
	2022.04.01	安徽望江县	—	38.47	国元农险
	2022.04.12	河南商丘市	0.1	70	中原农险
	2022.05.17	山东济南市	0.238	47.6	安华农险
	2022.05.20	山东蒙阴县	—	150	安华农险
	2022.06.15	广西柳州市	26万株林木	78	太平洋保险
	2022.07.13	广东连州市	1.125	—	中华财险
	2022.08.22	江苏连云港市	2	150	人保财险
	2022.09.29	宁夏中宁县	—	111.6	人保财险
	2022.11.17	安徽滁州市	2	88.52	国元农险
	2022.12.07	江苏苏州市	0.7632	44.27	人保财险
	2022.12.26	海南临高县	0.5174	—	人保财险
	2023.01.10	山东淄博市	28	1680	中华财险
	2023.01.12	山东烟台市	300	5171	人保、太平财险等7家共保
	2023.01.29	黑龙江肇州县	1.1	550	安华农险
	2023.02.14	河北沽源县	—	170	人保财险
	2023.02.16	山东沂源县	41.6	2496	人寿财险
林业碳汇综合 价值保险	2021.06.30	广东云浮市	0.51	112	人保财险
	2022.06.20	广东茂名市	0.1529	190	人保财险

数据来源：根据公开资料收集整理。

从试点保险品种来看，我国已初步形成4种主要的林业碳汇保险产品，分别是林业碳汇量保险、林业碳汇价格保险、林业碳汇价值保险与林业碳汇综合价值保险，基本保障了林木及林业碳汇资产的风险需求。从试点数量来看，林业碳汇量保险与林业碳汇价值保险是主流的保险产品，分别有20个和24个试点产品，而林业碳汇价格保险与林业碳汇综合价值保险分别只有4个和2个产品。这是因为目前CCER审批机制暂停后已登记签发的林业碳汇项目较少，投保者面临的市场风险较低，主要来源于碳汇林面临的自然与技术等风险，因此更多的试点选择林业碳汇量保险与林业碳汇价值保险两类产品(图9-4)。

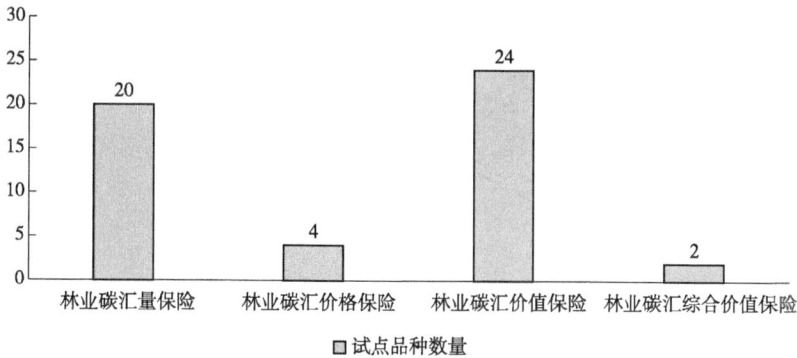

图9-4　我国林业碳汇保险试点品种及数量

从保险试点开展时间来看，林业碳汇保险试点工作始于2021年，当年进行了16处试点工作，包含四种典型产品。但由于保险需求低、开发难度大等原因，林业碳汇价格保险和林业碳汇综合价值保险之后未进行新的试点，2022年起的林业碳汇保险试点产品主要以林业碳汇量保险与林业碳汇价值保险为主，且试点数量显著提高，分别达到11个和14个。2023年林业碳汇保险试点工作继续保持高速发展，仅前两个月就进行了8处试点工作，其中林业碳汇量保险与林业碳汇价值保险分别有3处和5处，显著超过去年同期的4处和0处。随着保险试点的不断深入，保险条款的不断优化，2023年的总试点数预计超过30处，如图9-5所示。

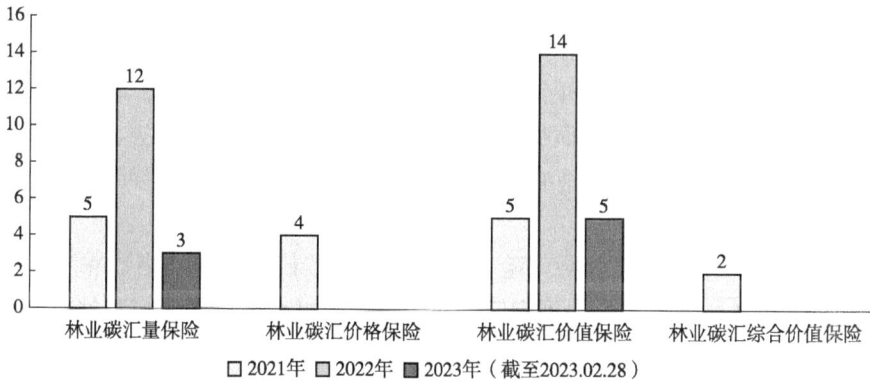

图9-5　我国林业碳汇保险试点开展时间

从试点地区分布情况来看，按自然地理分区，我国林业碳汇保险试点地区主要集中在华东和华南地区，分别进行了22处和12处试点工作，合计占比达总试点的67%，一方面是因为华东和华南地区森林资源丰富，具有优异的碳汇资源储备；另一方面得益于地区较好的经济发展，对于新兴的林业碳汇保险试点工作，地方政府可以给予一定的资金支持，如图9-6所示。

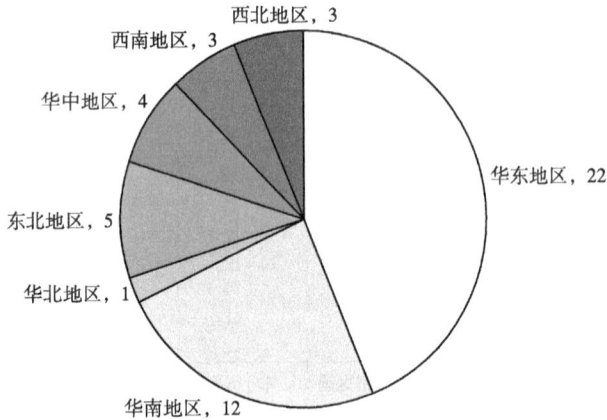

图 9-6 我国林业碳汇保险的试点地区分布情况

二、典型模式

根据我国林业碳汇保险的发展情况，以及各家保险公司推出的碳汇保险产品，基本上可以分为林业碳汇（储量）指数保险、林业碳汇价格指数保险、林业碳汇价值保险和林业碳汇综合价值保险四种保险产品类型，具体如下：

（一）林业碳汇指数保险

在福建省龙岩市林业局、财政局、金融局和新罗区政府支持下，中国人寿财险福建省分公司联合林学专家，运用卫星遥感科技手段与碳汇理论方法学相结合，经过 3 年的考察、研究与论证，建立了林业损毁与固碳能力减弱计量的函数模型，创新开发了林业碳汇量指数保险产品，2021 年 4 月 26 日在福建省龙岩市新罗区试点落地，覆盖 300 多万亩林地，通过 2000 万元的保额，保障近 100 万吨碳汇量，在保费为 120 万元的基础上，最大赔付比超过 16 倍，有效保障碳汇林木生长过程中面临的火灾、雨灾、风灾、水灾、雹灾、冻灾、雪灾、雨凇、旱灾、泥石流、山体滑坡、林业有害生物等自然灾害和意外事故而导致的碳汇能力减弱风险。

福建龙岩开创了"林业碳汇指数保险+灾后直接赔付"模式，借助指数保险在灾后赔付时特有的"出险—赔付"流程，省去了中间的核损过程，可在灾后迅速将赔款支付到位，为灾后减损、固碳能力修复争取宝贵时间，并为其他林业碳汇保险灾后理赔提供新思路。林业碳汇指数保险的具体内容见表 9-2 所列。

表 9-2 林业碳汇指数保险产品要素

产品要素	主要内容
保险人	中国人寿财险福建省分公司
被保险人	福建省龙岩市新罗区政府
保险标的	新罗区境内生长正常且管理规范的生态林和商品林
保险责任	保险期间内林木碳汇能力减弱事故发生时进行赔偿

（续）

产品要素	主要内容
保险金额	根据对当地林业碳汇资源进行救助、植被恢复等与林业碳汇富余价值生产活动有关的灾后费用的支出设定相应保险金额
保险费率	6‰
定损理赔	赔偿金额＝林业碳汇减少量换算成的年度林木损毁累计面积对应的单位赔偿金额×（1−免赔率）

数据来源：根据人保财险提供的资料整理。

1. 保险标的

福建省龙岩市新罗区境内生长正常且管理规范的生态林和商品林（简称"保险林木"），不含无立木林地林木和龙岩市梅花山自然保护区林木。

2. 保险责任

在保险期间内，由于以下原因直接造成投保地理区域内的保险林木完全损毁，且保险林木减少面积大于或等于232亩时，视为发生林业碳汇减弱事件，对于被保险人因保险事故所支出的对当地林业碳汇资源救助、植被恢复等与林业碳汇富余价值生产活动有关的灾后救助费用，保险人按照本保险合同约定负责赔偿：①火灾、泥石流、山体滑坡、空中飞行物体坠落等意外事故；②台风、洪水（政府行蓄洪除外）、冻灾、雪灾、雨凇、雪凇、旱灾等自然灾害。

3. 保险金额

参照投保地理区域内的林木资源面积、林木种类及比例、被保险人灾后救助费用等相关数据，根据对当地林业碳汇资源进行救助、植被恢复等与林业碳汇富余价值生产活动有关的灾后费用的支出，确定保险林木每份保险金额上限为2000万元；投保人可根据实际情况选择投保份额，并在保险单中载明。计算公式如下：

$$保险金额＝每份保险金额（万元/份）×投保份数（份）\qquad(9\text{-}1)$$

4. 保险期间

保险期间为一年。同时，按照2020年财政部、农业农村部《关于加强政策性农业保险承保机构遴选管理工作的通知》中"对于承保机构在当地首创的农业保险产品，可给予首创承保机构不少于3年的创新保护期，保护期内由首创承保机构独家经营"的相关规定，福建省龙岩市地方财政补贴型林业碳汇指数保险项目受到当地政府相关部门一定期限的创新保护。

5. 赔偿方式

灾情发生后，保险公司与龙岩市林业主管部门灾后共同查勘，对保险责任原因引起的完全损毁且不可恢复的森林面积进行认定，并将其对应的碳汇能力减弱进行吨数换算，最后根据指数保险灾害水平的分档确定对应的赔付比例。发生保险责任范围内的损失，被保险人向保险人提出书面赔偿申请后，保险人按以下方式计算赔偿：本保险合同根据保险期间投保地理区域内林业碳汇减少量换算成的年度林木损毁累计面积对应的赔偿金额进行赔付，具体见表9-3所列。

$$赔偿金额 = 林业碳汇减少量换算成的年度林木损毁累计面积对应的$$
$$单位赔偿金额(万元/份) \times 投保份数(份) \times (1-免赔率) \qquad (9-2)$$

表 9-3 年度林木损毁累计面积对应的单位赔偿金额

年度林木损毁累计面积(亩)	单位赔偿金额(万元/份)	年度林木损毁累计面积(亩)	单位赔偿金额(万元/份)
[232, 698)	100	[5814, 9302)	700
[698, 1395)	150	[9302, 13 953)	1000
[1395, 2790)	250	≥13 953	2000
[2790, 5814)	400		

数据来源：根据人保财险提供的资料整理。

林业碳汇指数保险是"绿水青山就是金山银山"的实现路径之一，将助力福建省森林质量提升、生态安全保障工作的落实，全方位推动福建省林业生态高质量发展，主要的积极作用有以下 4 点：

第一是有利于灾后救助和碳源清除。即制止火灾或其他重大灾害导致的灾情进一步蔓延、过火林木扑救、生成碳源清除等相关费用支出。

第二是有利于资源培育和生态修复。即根据政策性农业保险物化成本补偿原则，现有的森林综合保险仅用于苗木种植的直接物化成本投入，包括人工投入成本及碳汇富余价值在内的有关成本属碳汇保险补充范畴。

第三是有利于固碳能力的消耗维护。四大林种中，毛竹需 3~5 年成材，杉木和马尾松需 15~25 年成材，新栽种苗木胸径小，固碳能力较低，生长期间损失不可挽回。在对区域内森林碳汇实施计量与监测时，可通过减少森林退化、提升树木遗传改良、提高林分水平碳密度等相应技术举措维护固碳能力。

第四是有利于碳汇交易量价值估损。设定一定额度的碳汇直接经济价值补偿，可参照国内相关碳交易市场交易价格。

根据调研情况，以上赔款总体设定一定区间范畴，每单位赔偿金额根据灾情、树种、树龄及管理恢复难度等分档设定，由林业主管部门和保险公司协商后统筹确定。

(二)林业碳汇价格指数保险

2021 年 5 月 25 日，人保财险福建省分公司与福建省顺昌县国有林场签下全国首单《"碳汇保"商业性林业碳汇价格保险协议》，为 6.9 万亩碳汇林提供 100 万元的风险保障，保费 0.52 万元，可以有效保障林木产生的碳汇因市场交易价格下跌导致参与主体收入下降风险。不同于传统森林保险将保险对象认定为各类树木，林业碳汇价格保险的创新之处在于聚焦森林的碳汇功能，通过保险有效防止碳汇林种植企业受到价格极端下跌的波动，稳定林业碳汇交易收入，从而保障林业产生的富余价值、生态环保价值、碳汇恢复期间耗损、固碳能力修复成本以及碳排放权交易价值。

福建省顺昌在全国开创了"林业碳汇质押+远期碳汇融资+林业碳汇保险"的模式，将森林保险与碳汇质押、碳汇融资进行有机融合，把碳排放权转化为经济价值。2021 年 3 月 30 日，顺昌县国有林场与兴业银行南平分行签订林业碳汇质押贷款和远期约定回购协议，通过"碳汇贷"综合融资项目，人保财险联合兴业银行和海峡股权交易中心为碳汇质押贷款增信，林场获得兴业银行2000万元贷款，邮储银行三明分行向福建金森森林资源开发服务有限公司发放林业碳汇收益权质押贷款100万元。这是福建省首例以林业碳汇为质押物、全国首例以远期碳汇产品为标的物的约定回购融资项目。

林业碳汇价格保险的具体内容见表9-4所列。

表9-4　林业碳汇价格指数保险产品要素

产品要素	内容
保险人	人保财险福建省南平市分公司顺昌支公司
被保险人	福建省顺昌县国有林场
保险标的	满足相应条件的林业碳汇项目的碳汇林产生的碳汇
保险责任	保险期间内碳汇的实际价格低于目标价格时，进行赔偿
保险金额	根据不同树种的年平均固碳储值、碳汇目标价格和投保面积确定
保险费率	0.52‰
定损理赔	赔偿金额=（碳汇目标价格－实际价格）×对应赔偿比例×保险产量（吨/亩）×保险面积（亩）

资料来源：根据人寿财险公司提供的资料整理。

1. 保险标的

同时符合下列条件的林业碳汇项目的碳汇林产生的碳汇可作为本保险合同的保险标的，投保人应将符合下述条件的林地全部投保，不得选择投保：

一是自2005年2月16日之后开工建设，林业碳汇项目要求2005年2月16日后抛荒一年以上的林地。

二是林业碳汇项目业主必须具备独立法人资质，并且林地权属清晰，具有林地权属证书。

三是林业碳汇项目活动参照国家发展改革委或福建省碳交办备案的方法学，国家备案的林业碳汇方法学有四类，包括《森林经营碳汇项目方法学》《竹林经营碳汇项目方法学》《竹子造林碳汇方法学》和《碳汇造林项目方法学》。

2. 保险责任

在保险期间内，由于市场价格波动造成保险碳汇的实际价格低于目标价格时，视为保险事故发生，保险人按照本保险合同的约定负责赔偿。

目标价格以易碳投资指数（http://zhishu.tanjiaoyi.com/）平台发布的福建碳汇市场近3年发生交易金额交易日收盘价的年平均价格为基础，并在上年收盘价格的波动范围内，由保险人和投保人协商确定，并在保险单中载明。

实际价格是指采用易碳投资指数（http://zhishu.tanjiaoyi.com/）平台发布的福建碳汇市场交易价格，投保人、被保险人可约定保险期间内保险碳汇平均市场价格的计算方式，即保险期间内的市场发生交易金额交易日收盘价的年平均价格，并在保险单中载明；若保险期间内，易碳投资指数平台停止发布价格数据，则实际价格以业务所在地市级人民政府发布的保险期间内的保险碳汇平均价格为准。

3. 保险金额

保险金额具体计算公式如下：

$$保险金额 = 杉木单位保险金额(元/亩) \times 杉木保险面积(亩) +$$
$$马尾松单位保险金额(元/亩) \times 马尾松保险面积(亩) +$$
$$阔叶树单位保险金额(元/亩) \times 阔叶树保险面积(亩) +$$
$$毛竹单位保险金额(元/亩) \times 毛竹保险面积(亩) \qquad (9-3)$$
$$单位保险金额 = 目标价格(元/吨) \times 不同树种树龄对应每亩保险产量(吨/亩) \qquad (9-4)$$

不同树龄碳汇量储值情况见表9-5所列。

表 9-5　每亩保险产量碳汇储值表

树种	树龄(年)	年平均碳汇储值(吨/亩)	树种	树龄(年)	年平均碳汇储值(吨/亩)
杉木	4~16	1.19	阔叶树	4~16	2.3
马尾松	4~16	1.12	毛竹	1~16	0.0927

资料来源：根据人寿财险公司提供的资料整理。

4. 赔偿方式

保险碳汇发生保险责任范围内的损失，保险人按以下方式计算赔偿：

$$赔偿金额 = (P_0 - P_1) \times 对应赔偿比例 \times 保险产量(吨/亩) \times 保险面积(亩) \qquad (9-5)$$

式中，P_0 是碳汇目标价格；P_1 是保险期间内的市场发生交易金额交易日收盘价的年平均价格(元/吨)。

对应赔偿比例见表9-6所列。

表 9-6　碳汇价格对应赔偿金额比例表

碳汇价格指数(元/吨)	赔偿金额比例(%)	碳汇价格指数(元/吨)	赔偿金额比例(%)
$0 < P_0 - P_1 < 2$	10	$6 \leqslant P_0 - P_1 < 8$	60
$2 \leqslant P_0 - P_1 < 4$	20	$P_0 - P_1 \geqslant 8$	100
$4 \leqslant P_0 - P_1 < 6$	40		

资料来源：根据人寿财险公司提供的资料整理。

赔偿周期为一年，即在保险期间内若保险碳汇年平均市场价格低于保险合同约定的目标价格时，视为保险事故发生，仅赔偿一次，并在保单中载明。

林业碳汇价格指数保险是保险行业提升碳汇林种植企业经营森林积极性，提高森林固碳能力，有效解决林业碳汇项目普遍存在的签发周期长、生态价值实现难等问题，助力我国碳达峰、碳中和目标实现的一次大胆且有益的尝试。

目前，因碳汇市场流动性低、波动性大，金融机构不认定碳汇为标准化的质押物，而且市场价格无法充分体现其生态产品的价值，交易规模偏小，以林业碳汇为质押物的碳金融产品在福建省仍是空白。同时林业碳汇普遍签发周期长，一般为20~60年，存在期限错配的问题，顺昌林场一些减排量签发时间都排到了2039年，市场都是现货交易，缺乏流动性。通过林业碳汇价格指数保险，顺昌县国有林场拓宽了林场绿色融资渠道，将10.4万亩林业碳汇项目中剩余未售的碳汇转化成"金山银山"，以未来碳减排的收入来支持当前绿色投资，为生态产品价值实现提供了新路径。随着全国碳汇市场启动，碳汇价格预期走高；同时，这笔资金解决了林场投入问题，既可培育大径级木材，提高林分质量，又可增加森林碳汇（经测算每年每亩可达0.25~0.35吨，同比增加30%）。

（三）林业碳汇价值保险

2021年6月28日，人保财险江西省分公司与江西省黎川县林业工业公司岩泉林场签下全省首个碳汇林价值保险保单，为其位于樟溪乡的370亩碳汇林提供37万元风险保障。林业碳汇价值保险在传统森林保险基础上进一步补充了碳汇价值保障，使林木成本和碳汇价值不受自然因素和市场价格波动风险的影响，将林木损失合理转化为森林固碳量损失，从而科学测算碳汇价值损失。

江西省黎川开创了"林业碳汇价值保险+国有企业参与+林业碳汇融资"模式，通过引导国有企业对其拥有的国有林场进行投保，为其他国有企业积极参与林业碳汇产品做出示范作用；同时企业的参与也为林业碳汇参与生态产品价值实现机制提供便利，可在未来通过江西省刚成立的南方林业产权交易所生态产品（抚州）运营中心开发林业碳汇融资产品。

林业碳汇价值保险的具体内容见表9-7所列。

表9-7　林业碳汇价值保险产品要素

产品要素	主要内容
保险人	人保财险抚州市黎川支公司
被保险人	江西省黎川县林业工业公司岩泉林场
保险标的	岩泉林场林业碳汇项目的碳汇林木
保险责任	保险期间内因自然灾害和意外事故造成碳汇林木损失时进行赔偿
保险金额	根据碳汇林的碳含量和碳容量计算出固碳量，从而设定保险金额
保险费率	0.55‰
赔偿方式	赔偿金额＝不同树种每亩保险金额×受损面积×损失程度

资料来源：根据人保财险公司提供的资料整理。

1. 保险责任

在保险期间内，因火灾、冻灾、泥石流、山体滑坡等合同约定灾害造成的森林固碳量损失达到保险合同约定标准时，视为保险事故发生，保险公司按约定标准赔偿。

2. 保险金额

$$保险金额 = \sum [不同树种每亩保险金额(元/亩) \times 不同树种保险面积] \qquad (9-6)$$

$$不同树种每亩保险金额 = 不同树种树龄对应每亩保险碳汇产量(吨/亩) \times$$
$$碳汇单位价格(元/吨) \qquad (9-7)$$

不同树种树龄对应每亩保险碳汇产量由林业部门提供；碳汇单位价格以易碳投资指数平台发布的上海市场碳汇的近3年发生交易金额交易日收盘价的年平均价格为基础，由保险人和投保人协商确定。

3. 赔偿方式

$$赔偿金额 = 不同树种每亩保险金额 × 受损面积 × 损失程度 \tag{9-8}$$

$$损失程度 = 单位面积平均损失株数 / 单位面积平均种植株数 \tag{9-9}$$

林业碳汇价值保险可以有效扩展企业拥有的林业碳汇的质押权和可能的融资贷款手段。在2021年10月21日，抚州市林业碳汇交易完成首单签约，市农发投公司与黎川县樟村生态林场达成合作意向，以100万元成交价格开发收储黎川县樟村生态林场的远期林业碳汇权益资产项目。本次收储的黎川县樟村生态林场林业碳汇项目，是根据《抚州市远期林业碳汇备案登记暂行办法》申报的第一个林业碳汇项目，涉及造林面积1.46万亩，主要造林树种为杉木、湿地松。项目碳汇总量达29万吨；该项目采用的碳汇造林项目方法（AR-CM-001-V01）符合国家相关政策规定；项目通过了市林业局、市发改委、市生态环境局、市自然资源局联合组织的黎川县樟村生态林场林业碳汇项目专家评审会，由市林业局备案登记，市农发投公司收储及交易。通过探索林业碳汇等生态产品价值的市场化实现机制，将极大助力生态产品价值实现机制转换。

(四) 林业碳汇综合价值保险

2021年6月30日，人保财险广东省分公司与广东省云浮市国有大云雾林场签下全国首单林业碳汇价值综合保险合同，为其5100亩碳汇造林项目提供112万元的风险保障，保费0.71万元。该保险将因火灾、暴风、暴雨等自然灾害造成的保险林木流失、被掩埋、主干折断、倒伏或死亡，按照约定标准对林木价值和碳汇价值的损失进行赔偿，既为森林的生态修复提供风险保障，也为森林所产生的碳汇恢复期间耗损、固碳能力修复成本以及碳排放权交易价值提供保障，相当于为碳汇林项目的林业价值和碳汇价值提供双重风险保障。

广东省云浮开创了"林业碳汇综合价值保险+碳汇方法学+碳排放交易所认定价值"模式，是全国首次在认定碳汇量时引入碳汇方法学和碳排放交易所参与。为解决碳汇价值确定难的问题，人保财险广东省分公司联合广州碳排放权交易所（以下简称广碳所）共同设计了林业碳汇价值综合保险方案，广碳所充分发挥广东碳交易权威定价平台和国有企业先锋角色，主动与主管部门、广东省林业调查规划院的林业行业专家进行沟通。在内部进行多轮论证，并与广东人保讨论后，结合大云雾林场的实际情况，提出将广东省碳普惠制林业碳汇方法学与本次项目有机结合在一起，充分利用方法学的科学性来核定此次大云雾林场投保造林项目的碳汇量，利用广东省林业碳汇碳普惠方法学的科学性来核定碳汇林项目的碳汇量，广碳所也发挥了碳交易权威定价平台的角色，为碳汇造林项目出具了林木碳汇价值认定结论，解决了碳汇价值确定难的问题。林业碳汇综合价值保险的具体内容见表9-8所列。

1. 保险标的

生态公益林、商品林、高质量水源林、红树林等林木及其所产生的林业碳汇。

表9-8 林业碳汇综合价值保险产品要素

保险要素	主要内容
保险人	人保财险广东省分公司
被保险人	广东省云浮市国有大云雾林场
保险标的	生态公益林、商品林、高质量水源林、红树林等林木及所产生的林业碳汇
保险责任	自然灾害和意外事故导致保险林木损失时，对林木和碳汇价值的损失赔偿
保险金额	保险金额=林木保险金额+碳汇价值保险金额
保险费率	0.75‰
定损理赔	赔偿金额=每亩保险金额×损失面积×损失率×每亩赔偿比例-免赔额

资料来源：根据人保财险公司提供的资料整理。

2. 保险责任

将因火灾、暴风、暴雨等自然灾害造成的保险林木流失、被掩埋、主干折断、倒伏或死亡，按照约定标准对林木价值和碳汇价值的损失进行赔偿。

3. 保险金额

$$保险金额=林木保险金额+碳汇价值保险金额 \qquad (9\text{-}10)$$

$$碳汇价值保险金额=不同树种对应每亩碳汇产量(吨/亩)×$$
$$碳汇单位价值(元/吨)×保险面积(亩) \qquad (9\text{-}11)$$

不同树种的碳汇产量以县(市)级及以上林业部门或广州碳排放权交易所认定的数据为准；碳汇单位价值以广州碳排放权交易所发布的近3年交易日收盘价年平均价格为基础，由保险人和投保人协商确定。

4. 赔偿方式

$$赔偿金额=每亩保险金额×损失面积×损失率×$$
$$不同树种及树龄每亩赔偿比例-免赔额 \qquad (9\text{-}12)$$

林业碳汇综合价值保险可以为碳汇资源保护工作提供保险保障，有力体现了碳汇林固碳能力提升成本、损耗成本以及碳排放权交易价值，是"碳普惠+"的又一次创新举措，对于金融支持森林资源培育、增强森林生态系统固碳能力有积极的创新意义，同时也为探索"碳汇+保险"方面跨出了第一步，为碳达峰碳中和贡献保险力量，为国家"双碳目标"发展提供经验。第一，为林木价值、碳汇价值和生态价值提供综合保障。林业碳汇综合价值保险在保障林木价值和碳汇自身价值之外，还创新性提出将碳汇造林项目的其他生态效益(如水土保持、水源涵养、放氧功能、净化空气)以调节系数的形式体现在碳汇最终价值的核定方法中，有效地将林木经济价值与碳汇价值、生态价值进行结合，为大云雾林场提供风险保障。第二，将碳普惠制与保险相衔接。林业碳汇综合价值保险中的林木碳汇价值认定，是由广碳所在广东省碳普惠制方法学的基础上开展的，通过碳汇方法学的手段，准确衡量碳汇林产生碳汇的最终价值，实现了多重机制的结合与创新。

(五)模式比较与特征分析

通过分析4种模式的保险产品不难发现，作为区域经济社会发展状况截然不同的4个试点地区，其保险产品在保险标的、投保主体、保险责任、保险金额和赔偿方式方面存在明显差异（表9-9）。

表 9-9　我国林业碳汇保险产品比较

产品	林业碳汇价格保险	林业碳汇量指数保险	林业碳汇价值保险	林业碳汇价值综合保险
保险标的	碳汇	林木	林木	林木与碳汇
投保主体	国有林场	区政府	国有企业	国有林场
保险责任	碳汇实际价格低于目标价格	固碳量损失指数达到一定标准	林木损失达到一定标准	综合价值损失达到一定标准
单位保额	20.23 元/亩	6 元/亩	1000 元/亩	535.31 元/亩
保险费率	0.5‰	6‰	—	0.75‰
赔偿方式	根据碳汇目标与实际价格差额划定不同赔偿比例	根据林木损失导致的碳汇减弱量确定赔偿比例	按照保险碳汇林损失来确定赔偿金额	根据核定方法计算出的综合损失确定赔偿金额

从保险标的来看，在碳汇保险模式中保险标的可分为3类，福建顺昌模式中标的是碳汇林木产生的碳汇，聚焦于碳汇交易市场中的碳汇价格；福建龙岩和江西黎川模式中标的是碳汇林木，聚焦于碳汇生产过程中的林木价值，通过林木受损量来衡量固碳量损失量；广东云浮模式中标的是碳汇林木及产生的林业碳汇，分别衡量林木价值和碳汇价值。明确了保险标的的范围与所属，为后续确定保险责任、保险金额和费率奠定了基础。

从投保主体来看，根据投保碳汇林所属单位不同，投保主体（被保险人）分为国有林场、地方政府和国有企业。国有林场和国有企业作为被保险人时更有利于企业借助碳汇进行融资贷款，满足企业对资金的需求，增强林业产业融资力度；地方政府作为被保险人时更有利于碳汇保险承保理赔，借助卫星遥感技术等科技手段进行查勘定损，满足防灾防损的需求。

从保险责任来看，保险责任是根据保险标的面临的风险设立的。福建顺昌模式主要保障碳汇交易时的价格波动风险，当碳排放权交易市场中的碳汇实际价格低于目标价格时进行赔偿。福建龙岩模式、江西黎川模式和广东云浮模式则主要保障林木在生长过程中可能发生的碳汇价值减弱风险，当合同约定的指标达到一定标准时进行赔偿。三者的区别在于如何确定约定的标准，福建龙岩模式将林木损失换算成固碳量减少指数，江西黎川模式是林木损失指标，广东云浮是综合价值损失指标。

从保险金额与费率来看，不同模式中保险金额和费率的计算方法均有不同。福建顺昌和江西黎川模式虽然单位保额和费率不同，但计算保额的方法一致，均为不同树种的单位保险金额与投保面积相乘而得，结果的差异是由于二者投保树种碳汇产量不同而产生的；福建龙岩模式保险金额最低，是根据灾后费用支出确定的，这也与其投保主体是地方政府有关，投保目的主要侧重于灾后补偿；广东云浮模式中将林木成本和碳汇价值保险金额分别计算相加，将林木保险金额也纳入进来，这也是广东云浮模式保险金额与费率偏高的主要原因。

从赔偿方式来看，福建顺昌模式中的风险主要发生在碳排放权交易市场中，所以根据碳汇目标价格与实际价格的差额划定不同赔偿比例，并结合保险产量和面积确定赔偿金额；福建龙岩模式采取"出险—赔付"的方法，灾情查勘后认定受灾森林面积，并将其对应的碳汇能力减弱进行吨数换算，通过指数保险灾害水平的分档划定赔偿比例；江西黎川模式通过统计受灾林木株数来计算损失程度，从而通过保额确定赔偿金额；广东云浮模式则是将林木损毁面积、损失率和赔偿比例综合纳入赔偿金额的确定方法中，并引入一定的免赔额。相较而言，福建龙岩模式的赔付更加直接，缩减了一定的定损时间，更有利于发挥林业碳汇保险的灾后风险补偿作用。

三、存在问题

(一)保险产品责任不够全面，投保主体实际需求未能满足

我国开展林业碳汇保险试点地区普遍林业资源丰富，气象灾害频发，林木受灾以自然灾害为主，但现行保险方案中普遍承保的是受灾后完全损毁或是不可再生的林木，忽略了不完全损毁或损毁后一定程度上可以恢复再生的林木资源，导致无法准确确定灾损面积，影响后续的保险赔付。另外参与林业碳汇的投保主体十分有限，主要为有减排需求的企业、拥有国有林场碳汇造林项目的国有企业或者地方政府。碳汇造林的地方属于集体经营的土地，农户作为林业经营的主体，分户经营的现状与碳汇交易的规模需求存在较大矛盾，加之信息不对称的劣势也使农户无法充分有效地参与到保险试点中。

(二)保险费率厘定不够科学，保险产品定价机制有待完善

科学厘定保险费率关系到投保主体对林业碳汇保险的有效需求与政府保费补贴的支出程度，是确保林业碳汇保险经营稳定的重要前提。如果保险费率过高导致超出投保主体投保能力，会直接影响投保积极性；如果费率过低导致保险公司偿付能力不足，也将损害投保主体的实际利益。以福建龙岩开展的林业碳汇指数保险为例，不能反映不同地区同一树种的固碳量差异，不能根据保险标的的实际成本与风险状况科学厘定费率，将保险费率统一规定为6‰，缺乏费率动态调整机制。

目前开展的林业碳汇保险试点中存在保险金额难以测算与衡量、确定损失量方法不明确等问题，在福建龙岩开展的林业碳汇指数保险中具体表现为以下两方面：一是保险金额由政策统一规定，不足以区分各地域的风险水平差异和灾害的实际损失成本，由于不同地区的森林固碳能力势必存在明显差异，简单的平均测算固碳能力必然出现明显基差；二是投保植被的固碳能力影响因素衡量方面不全面不明确，除了受自身树种、树龄、胸径和密度等因素影响，林木的净固碳能力还受到区域年度日照时数的影响，因此进一步完善影响因子有利于全面客观地确定保险金额。

(三)保险理赔方式比较复杂，风险补偿作用未能有效发挥

从目前实施的保险方案中可以看出，第一，现行的保险险种未根据灾害的种类与分布进行分区，保险费率在不同树种不同地区间也缺乏差异，这势必会导致低风险区需缴纳同样多的保费，造成整体赔付率低下，无法充分发挥林业碳汇保险的风险补偿作用。第二，理赔流程复杂，效率不高。在灾情发生后，对受灾林木需要有3~6个月的观察期，理赔

过程中需要进行大量的查勘定损工作，理赔时间长、程序复杂，导致收集受灾资料较为困难，理赔工作难以开展，也影响了赔付资金的发放。第三，在以林木为标的的试点方案中，普遍要将林木受灾面积与固碳能力减弱挂钩，通过一定的指数进行换算从而确定对应的赔付比例，而这种换算方法的合理性和有效性还需要时间进行检验，并根据后续实际情况进行调整。

(四)保险查勘定损标准缺失，定损理赔业务效率相对较低

目前林业碳汇保险主要借用传统的农业保险理赔机制，但碳汇保险与一般农业保险在标的单位价值、投保规模等方面存在较大差别，对于碳汇资产损失"赔多少""怎么赔"以及"赔给谁"这些都缺乏规范的流程以及统一的标准。在林业碳汇保险试点中，只是对不同类型的碳汇资产(资源)设置不同的保险额度以及触发成灾的面积比例，但是碳损失到什么程度才触发赔偿，没有规定统一赔偿标准，且对于保险责任中的"病虫害、沙尘暴"等仅用"碳汇被受损"以及"依据国家制定的灾害标准"来界定理赔标准，对赔偿比例等没有做出详细的说明。此外，以森林碳汇(储量)指数保险为例，在灾情发生后，其多数是根据林木损失折算为碳汇损失，但具体折算比例也没有说明。碳汇保险理赔过程中还需要进行大量的查勘定损工作，收集受灾情况成本较高，理赔方式以及流程比较复杂且效率低下，导致没有规定灾害发生后多久结束理赔工作，赔付资金的发放时效没有保障。

(五)银保协同合作机制尚未形成，信贷保险产品无法衔接

林业碳汇保险与信贷的联动机制需要信贷机构和保险公司之间资源共享、通力合作。但目前二者之间缺乏内在联系，未能形成风险利益共同体，仍然处于相对割裂的局面，偏重于信贷和保险各自功能作用的发挥，在合作机制保障、资源共享、产品开发等方面存在诸多不足。第一，双方缺乏制度协作，信贷与保险机构双方没有从碳金融服务体系的内在要求和实际需求出发建立合作制度，银保双方都无法有效利用对方在地域、人员、营销等方面的比较优势，难以实现彼此间的协同互助发展。第二，双方缺乏业务协作，林业碳汇信贷和保险在服务对象、服务目的、标的风险等方面具有相同点，但是目前二者在产品创新合作方面没有很好地衔接，产品设计和供应不匹配。一方面，信贷机构缺乏收集经营主体保险记录的意识，且没有将贷款人是否参保、参保类别、参保金额、参保年限等内容作为审核发放贷款的重要参考因素；另一方面，保险公司并未根据林业碳汇信贷产品设计出科学可行的碳汇保险品种，也未根据林业碳汇信贷的风险保障要求提高保险理赔金额，难以提高保险服务质量、发挥林业碳汇保险对防范和化解信贷风险的积极作用，这在一定程度上制约了林业碳汇保险的推广和发展。

第三节　保险产品与要素设计

在林业碳汇资源经营、林业碳汇项目开发、林业碳汇资产交易这3个不同阶段中，林业碳汇保险的投保标的分别具备3种不同形态，即林业碳汇资源(碳汇储量)、林业碳汇项目(预期减排量)和林业碳汇资产(核证减排量)。基于此，根据不同投保标的所面临的不同风险构建以林业碳汇储量保险、林业碳汇价值保险和林业碳汇价格指数保险为核心产品的体系框架，并对保险标的与责任、保险金额与费率、保险定损与理赔等产品要素进行优化，进一步强化林业碳汇保险的风险管理和金融增信功能。

一、林业碳汇储量定额保险

(一)保险责任划分

林业碳汇储量定额保险主要是以碳汇储量损失定额作为触发赔付机制，当因火灾、冻灾、泥石流、山体滑坡等自然灾害所造成的损失达到保险合同约定的林业碳汇储量损失标准时，视为保险事故发生，保险公司按照约定标准进行赔偿。

(二)保险金额设定

林业碳汇储量定额保险应以覆盖林木的再植成本为基础，由保险人和被保险人协商确定，如此才能在受灾后使森林碳储量尽快恢复至灾前水平，提升林业碳汇储量定额保险的风险保障力度，充分发挥风险管理作用。

(三)保险费率厘定

1. 经验费率法

经验费率法的主要思想是用平均损失率近似等于净费率。

经验费率法的具体做法是：①对近10~20年森林碳汇储量进行拟合估算，将单位面积碳汇储量拟合值与碳汇实际值作差，求得历年来单位面积森林碳汇储量的损失额。②将历年来单位面积森林碳汇储量损失额与拟合值相除，求得单位面积森林碳汇储量的平均损失率，即可近似代替为森林碳汇储量保险的费率。其中，单位面积森林碳汇储量拟合值大于实际值时，森林碳汇储量发生减少，此时损失值为拟合值与实际值的差；否则，森林碳汇储量未受损，损失值为0。

假设 u_i 为第 i 年的单位面积森林碳汇储量的实际值，$\hat{u}_i$ 为第 i 年的单位面积森林碳汇储量的拟合值，L_i 为第 i 年的单位面积森林碳汇储量的损失率，L 为平均损失率，R_1 为保险纯费率，则有：

$$L_i = \frac{\max\left[(\hat{u}_i - u_i),\ 0\right]}{\hat{u}_i} \times 100\% \tag{9-13}$$

$$R_1 = L = \frac{1}{n}\sum_{i=1}^{n} L_i \tag{9-14}$$

在实际费率厘定时，森林碳汇储量的历史数据可能因没有计量监测数据而缺失，无法进行拟合估算，故应采用单产分布模型法进行费率厘定研究。

2. 单产分布模型法

单产分布模型的主要思想是通过森林碳汇储量单位面积损失的概率分布函数来确定期望损失，从而计算保险纯费率。

假设 $F(u)$ 为单位面积森林碳汇储量的分布函数，$f_1(u)$ 为对应的概率密度函数，U_δ 为碳汇储量的风险保障程度，u 为实际碳汇储量，λ_1 为风险保障水平，则期望损失 EL_1 可以表示为：

$$EL_1 = \int_0^{\lambda_1 U_\delta} (\lambda_1 U_\delta - u) \cdot f_1(u) \, \mathrm{d}u \tag{9-15}$$

那么纯费率 R_2 可以表示为：

$$R_2 = \frac{EL}{\lambda_1 U_\delta} \tag{9-16}$$

运用单产分布模型法计算纯费率，关键点在于确定合适的赔偿触发值 U_δ 以及分布函数 $F(u)$。其中 U_δ 一般选前 3 年的平均值，而分布函数 $F(u)$ 一般有两种确认方法，即参数估计法与非参数估计法。参数估计法包括 Weibull 分布、正态分布、对数正态分布、伽玛分布、Logistic 分布、对数 Logistic 分布等；非参数估计法包括直方图、核密度估计法等。

(四)保险期限划分

鉴于常见的火灾、病虫害等自然灾害具有明显的周期性，保险期间一般设定为一年。

(五)定损理赔方式

事故发生后对损失林木面积进行查勘定损；赔付金额需覆盖受灾救助支出与灾后重建费用支出。

$$赔偿金额 = 林木损毁累计面积对应的赔偿金额 \times (1 - 免赔率) \tag{9-17}$$

二、林业碳汇储量指数保险

(一)保险责任划分

林业碳汇储量指数保险主要是以碳汇储量损失指数作为触发赔付机制，与林业碳汇储量定额保险相比，指数保险的赔偿并非基于实际损失，而是基于预先设定的参数是否达到触发水平，当因火灾、冻灾、泥石流、山体滑坡等自然灾害所造成的损失达到保险合同约定的指数标准时，视为保险事故发生，保险公司按照约定标准进行赔偿。

(二)保险金额设定

林业碳汇储量指数保险应以覆盖林木的再植成本为基础，由保险人和被保险人协商确定，如此才能在受灾后使森林碳储量尽快恢复至灾前水平，提升林业碳汇储量定额保险的风险保障力度，充分发挥风险管理作用。

(三)保险费率厘定

在费率厘定方面，可以借鉴农业区域产量指数保险，常见的费率厘定方法有生产经验法(AHP)、经验费率法和单产分布模型法等。在这 3 种方法中，相对应用较早的是 AHP 法，而经验费率法是其改进优化方法。经验费率法的主要思想是用平均损失率近似等于净费率，但在实际费率厘定时，森林碳汇储量的历史数据可能因没有计量监测数据而缺失，无法进行拟合估算，故应主要采用单产分布模型法进行费率厘定研究，即通过森林碳汇储量单位面积损失的概率分布函数来确定期望损失，从而计算保险纯费率，具体测算过程见林业碳汇储量定额保险中的厘定方法。

(四)保险期限划分

鉴于常见的火灾、病虫害等自然灾害具有明显的周期性，保险期间一般设定为一年。

(五)定损理赔方式

事故发生后对损失林木面积进行查勘定损；赔付金额需覆盖受灾救助支出与灾后重建

费用支出。

$$赔偿金额 = 林木损毁累计面积对应的赔偿金额 \times (1-免赔率) \tag{9-18}$$

三、林业碳汇项目价值保险

(一)保险责任划分

林业碳汇价值保险是对林业碳汇项目(预期减排量)预期价值的有效保障,当因约定事件(自然风险、政策风险、技术风险等)造成预期减排量的实际价值低于预期收益时,视为保险事故发生,保险公司按照约定标准进行赔偿。

(二)保险金额设定

在林业碳汇价值保险保险金额的设定中应将影响项目减排量与交易价格的风险因素全部纳入考虑范围,应包括约定价格、实际价格、预期减排量和实际减排量4个重要因素。其中,约定价格应参考 CCER 历史交易价,保险双方协商确定;实际价格即当期的碳交易市场中 CCER 交易价格;预期减排量参考第三方机构出具的预估减排量报告确定;实际减排量是作为理赔依据,由第三方机构进行监测核证确定的。

(三)保险费率厘定

林业碳汇价值保险为投保者提供预期收入损失的补偿,因此保险定价方案可以借鉴农产品收入保险,常见的费率厘定方法是 Copula 函数法,基于期望损失法确定保险纯费率。由于林业碳汇项目开发量是不对外公开的数据,没有合适的渠道获取相关数据,故本节中仅从理论上对 Copula 函数法在林业碳汇(预期收益权)价值保险中的应用进行介绍。

Copula 函数法一般可归纳为4个步骤,遵循"序列去趋势—分布拟合—序列相关性—数值模拟"的范式:一是对林业碳汇项目的预期减排量与交易价格数据进行去势处理,得到预期减排量的随机单产序列与随机价格序列;二是拟合林业碳汇预期减排量的随机单产与随机价格的边缘分布,常用方法包括非参数法和参数法;三是选取合适的 Copula 函数构建联合分布;四是通过蒙特卡洛抽样法等对预计损失进行测算,对保险纯费率进行厘定。

将林业碳汇项目的预期减排量与交易价格分别记作 q 和 p,它们的边缘分布分别记作 F_1 和 F_2,联合分布记作 $F(q, p)$,Copula 函数记作 $C(u_1, u_2)$,则有:

$$F(q, p) = C[F_1(q), F_2(p)] \tag{9-19}$$

$$C(u_1, u_2) = F[F_1^{-1}(u_1), F_2^{-1}(u_2)] \tag{9-20}$$

式中,u_1 和 u_2 是边缘分布的概率;$f_2(q, p)$ 是联合密度函数,c 是 Copula 密度函数,f_1 和 f_2 是随机变量的边缘密度函数,则有:

$$f_2(q, p) = c[F_1(q), F_2(p)] \cdot f_1(q) \cdot f_2(p) \tag{9-21}$$

由此可得收益 μ 的数学期望表达式为:

$$\mu = \iint\limits_{(q, p \in D)} qpc[F_1(q), F_2(p)] \cdot f_1(q) \cdot f_2(p) \mathrm{d}q\mathrm{d}p \tag{9-22}$$

将风险保障水平记作 λ_2,则林业碳汇(预期收益权)价值保险的预期损失 EL_2 为:

$$EL_2 = E[(\lambda\mu - qp) \cdot I(qp \leqslant \lambda\mu)] \tag{9-23}$$

式中,I 是示性函数,当林业碳汇实际开发价值小于保险金额 $\lambda\mu$ 时,I 等于1,并触发理赔，否则等于 0。因此，林业碳汇（预期收益权）价值保险纯费率 R_3 可表示为：

$$R_3 = \frac{EL_2}{\lambda_2 \mu} = \frac{E[(\lambda \mu - qp) \cdot I(qp \leqslant \lambda \mu)]}{\lambda_2 \mu} \tag{9-24}$$

（四）保险期限划分

考虑到碳汇减排量监测期长达 3~5 年，保险期间应与监测期保持一致。

（五）定损理赔方式

赔付金额需覆盖林业碳汇项目开发的实际收益损失，林业碳汇项目预期减排量实际价值低于预期收益时触发理赔。

$$赔偿金额 = 林业碳汇项目约定产量 \times 项目约定价格 \times (1-免赔率) \tag{9-25}$$

四、林业碳汇价格指数保险

（一）保险责任划分

林业碳汇价格指数保险是对林业碳汇资产（核证减排量）交易价格的有效保障，当市场中保险标的因约定事件（碳价格波动、交付延期）造成实际价格低于目标价格时，视为保险事故发生，保险公司按照约定标准进行赔偿。

（二）保险金额设定

在保险金额和费率厘定方面，林业碳汇价格指数保险应以林业碳汇资产的经济价值为基础，由保险人和被保险人协商确定。为保证交易收入水平，价格指数保险可通过设定目标价格来锚定可能的损失区间，考虑到市场中交易数量对价格的影响，目标价格应以指定碳交易市场的交易额作为权重，最终以加权平均价格为基础进行预测。

（三）保险费率厘定

林业碳汇资产价格指数保险为投保者提供价格预期损失的补偿，因此保险定价方案可以借鉴农产品价格指数保险，常见的费率厘定方法包括历史赔付率定价、期权定价以及随机模拟定价方法。但首先对于林业碳汇资产而言，其价格波动幅度一般较大，使用历史赔付率定价方法往往带来保障程度不足的问题；其次期权定价对于欧式看跌期权更为合适，林业碳汇资产价格指数保险更多是保障一段时间内的平均价格与预期价格的差值，相当于亚式看跌期权，且期权定价模型假设较为严格，如假设波动率为常数，与国内碳汇市场交易的价格波动率也并不相符。因此，本节中主要介绍随机模拟定价方法，基于期望损失法确定保险纯费率的流程。

随机模拟定价方法的核心步骤包括：首先，对林业碳汇交易数据进行去趋势处理；其次，拟合其价格分布以确定目标价格；最后，计算预期损失与厘定纯费率。

将林业碳汇交易价格与成交额分别记作 p 和 q，则经加权得到第 i 月的加权平均实际价格 P_i 可表示为：

$$P_i = \frac{\sum\limits_{a=1}^{n}(p_a \cdot q_a)}{\sum\limits_{a=1}^{n} q_a} \tag{9-26}$$

式中，p_a和q_a分别是第i月中第a次交易时的交易价格和成交额；n是第i月内的总交易次数，则可得加权实际价格P的分布函数F，可表示为：

$$F = f(P_i) \tag{9-27}$$

将基于分布函数F预测的目标价格记作TP，TP_i是第i月的目标价格。

在第i月，若$P_i \leqslant TP_i$，则记作发生损失，将总月数记作N，故林业碳汇资产价格指数保险的预期损失EL可表示为：

$$EL = \sum_{i=1}^{N} \max \left[(TP_i - P_i), \ 0 \right] \tag{9-28}$$

因此，将风险保障水平记作λ，则林业碳汇资产价格指数保险的纯费率R可表示为：

$$R = \frac{EL}{\lambda TP} \tag{9-29}$$

林业碳汇资产价格指数保险中目标价格的设定极为重要。目前试点地区的目标价格采用该地区碳交易平台前3年的平均数，由于林业碳汇交易价格波动较大，这种方法确定目标价格不尽合理。更精确地确定目标价格需要借助对碳价波动趋势的预测方法，目前定量预测方法主要包括3类：一是计量经济和统计预测模型；二是机器学习；三是组合模型。

(四)保险期限划分

由于碳交易市场中存在履约机制，林业碳汇交易价格波动具有明显的年度周期性趋势，故保险期间一般设定为一年。

(五)定损理赔方式

赔付金额应覆盖林业碳汇核证减排量的价格损失，碳汇的实际价格低于目标价格时触发理赔。

$$
\begin{aligned}
赔偿金额 = &(实际价格-目标价格) \times 对应赔偿比例 \times \\
&保险产量(吨/亩) \times 保险面积(亩)
\end{aligned} \tag{9-30}
$$

第十章　城市园林公众责任保险

第一节　内涵界定与功能作用

一、内涵界定

城市园林公众责任保险是由政府部门出资统一向保险公司投保，当城市园林发生因自然灾害或非人为因素而造成第三者的人身伤亡或财产损失时，由保险公司根据保险合同对受灾者赔付保险金的一种风险保障机制。保险责任为本地区发生的暴雨、洪水、台风、海啸、飓风、龙卷风、泥石流、滑坡、崖崩、冰雹、雷击、森林火灾等具有不可抗力的自然灾害所造成的财产损失或人身伤亡损失。

城市园林公众责任保险和森林保险、公众责任保险有很多的相同点，但也有本质上的区别。森林保险一般是以火灾等自然灾害为主要承保风险的财产保险，其承保范围主要是不动产或动产，即森林或者林产品，是典型的财产保险，也就是说森林保险的保险标的就是有形的财产及其相关利益；而城市园林公众责任保险是责任保险，其保险标的是被保险人在法律上对他人承担的无形民事责任，通常包括财产损失和人身损害两部分。此外，森林保险是为了赔偿因灾而造成的财产损失，保障被保险人的财产安全；而城市园林公众责任保险不仅保障被保险人的财产安全，也可赔偿第三人的损失，避免被保险人因承担对第三人损害赔偿责任从而遭受巨大的经济损失，可以同时维护被保险人和第三人的利益。公众责任保险是当机关、企事业单位、团体和个人因为自身过失对社会公众等第三者造成的人身和财产损失负赔偿责任的险种，其与城市园林公众责任保险相比，两者保险合同的当事人是完全相同的：投保人和被保险人都是政府，受益第三者都包含社会公众，保险人都是商业保险公司；两者最大的区别在于造成保险事故的主体不同，造成公共责任保险事故的主体是公民、企事业单位、机关、团体等具有社会性质的主体；而造成城市园林公众责任事故的主体是自然灾害或者非人为因素。

城市园林面临的风险种类多，风险事故发生概率高。城市园林不仅面临气象灾害、病虫害等自然风险，同时还面临城市特殊性引起的风险，如城市空气质量相对较差，会对园林植物的正常生长产生一定的影响；如为满足居民生活与休闲而规划设计的城市及城市园林，以及居民活动，可能会提升一些风险发生的可能性；又如城市土壤 pH 值、光污染、地下管道设施等，均可能对城市园林植物的生长具有很大的影响。此外，当前城市园林自身发展水平有限，维修养护技术相对较弱，导致城市园林面临的风险也更高。城市园林设计中存在的风险如植物配置与植物生长习性不符，城市园林施工过程中存在的风险如为打造景观效果而忽略绿化配置可行性，城市园林植物维护过程中存在的风险如栽植技术的不过关、养护技术与方法不当等。因此，为避免风险事故的发生可能对城市园林施工方、维修养护部门以及地区政府的经济造成较大影响，城市园林公众责任保险的建立与推广十分必要。

作为一种新型的保险产品，城市园林公众责任保险除了与森林保险和一般的公众责任保险具有一些共同特征外，还呈现出一些独有特点。其一，保费一般由政府财政负担。保险费基本上由政府全额提供，一般是由市县两级财政承担，但也有少数实行政府、居民分担的模式。大多数情况下由林业部门统一进行投保。其二，责任范围分布广。在城市园林公众责任保险之前，一般的公共责任险无法准确覆盖到城市园林因自然灾害或非人为因素而造成的财产损失或人身损害。同时，森林保险作为财产保险，也不会关注第三方的损失。城市园林公众责任保险的出现，可作为对一般公共责任险保险标的与保险责任的有效补充，不仅可保障被保险人因灾造成的财产损失，还可维护第三人的利益。其三，保障范围广。城市园林公众责任保险保障自然灾害或非人为因素造成的财产损失和人身伤亡损失，包括死亡、伤残和医疗费用等项目，保障范围不仅涵盖财产保险，还扩展到了人身保险，保障水平更高。

二、功能作用

（一）有利于减缓政府部门财政压力，保障城市园林稳步健康发展

城市园林在城市中主要起着调节生态环境的作用，虽然近年来国家注重提高城市园林的水平以及保障质量，但与其遭受的实际风险相比保障力度是远远不够的。城市园林的规模普遍较大，建造成本较高，而抗风险能力较弱。在城市园林的建设以及维修养护过程中，城市园林会面临许多风险，这些风险会为建造者和管理者带来巨大的经济损失。如在施工过程中，以及施工单位保证园林植物成活率的年限内，若城市园林植物遭遇风险事故导致死亡，施工单位只能够将死亡的植物替换处理，目前还没有其他的处理方法；即使是遭遇自然风险，也没有其他降低或转移经济损失的处理方式。而超过施工单位保证公共绿地植物成活率的年限后，若城市园林植物遭遇风险事故，相应负责的养护管理部门只能自己承担经济损失。因此，倘若发生了严重的风险事故，施工方与维修养护方以及园林等相关政府部门所要承担的费用通常十分巨大。而当相应的责任人没有足够的经济支付能力时，建造的城市园林水平就达不到要求，维护的城市园林景观质量就得不到保障，甚至影响到整个城市生态系统的调节。

城市园林公众责任保险可有效实现对城市园林风险的分散与管理，通过风险防控降低城市园林风险发生的可能性，通过灾后赔付缩短受灾城市园林的恢复期，并将自然灾害或者非人为因素对施工方与维修养护方以及园林等相关政府部门的经济损失降到最低，进而减缓政府部门财政支出压力，并建立和完善城市园林管护长效机制，保障城市园林健康持续发展。

（二）有利于生态与社会稳定发展，促进城市生态系统可持续循环

工业化与城市化的快速发展使我国经济飞速发展，然而工业生产废弃物、生活垃圾等废品、废水、废气给城市生存环境造成了极大的负面影响，如温室效应、噪声污染、水源污染、病毒病菌的入侵等。为了更加和谐地实现城市生态平衡，实现可持续发展，城市园

林成为至关重要的一环。城市园林具有净化空气、调节气候、过滤尘埃、保护水土的生态功能，对城市生态系统的稳定起到决定性作用。然而，城市园林的建造与维修养护成本高，且由于天气、城市环境的特殊性、城市园林自身特点等一系列因素，城市园林在建造及维修养护过程中不可能完全避免风险事故的发生，这严重影响了城市园林的发展，导致了城市经济的损失、城市面貌的损害，甚至影响了城市生态系统的可持续发展。

城市园林经营管理者投保城市园林公众责任保险后，可将不可预料的城市园林风险损失进行转移，形成一种现实的互助性风险保障，一方面可增加园林建设方与维修养护方的防灾防损措施，降低城市园林风险水平，并在遭遇风险事故后对园林建设方与维修养护方以及园林等相关政府部门进行经济补偿，增强城市园林建造与维修养护的资金保障，进而促进城市园林内部生态系统的恢复与稳定，对持续有效地建设城市园林与维护园林良性发展以及整个城市生态系统的可持续循环具有重要意义；另一方面，促进城市园林健康持续发展，为城市居民的休憩空间与生活环境提供了保障。同时，城市园林公众责任保险也可为以经营城市园林为主要收入来源的施工者、经营者及管理者的收入稳定性提供保障，让其在城市园林遭遇灾损后及时得到经济补偿，维持其正常生活秩序，稳定其生活生计。

第二节　发展情况与存在问题

一、发展情况

就责任范围而言，我国保险业经历了由狭义的财产保险和人寿保险过渡到责任保险的渐进式发展过程。保险公司最初主要承保物质利益方面的各种风险，后来逐步扩展到承保人身风险，并最终扩展到承保各种法律责任风险。责任保险逐步发展到公众责任保险，并最终延伸至城市园林公众责任保险，这既是保险业逐步完善和发展的过程，也是法律制度体系逐步趋于完善的过程。目前，城市园林公众责任保险在国内尚处于初始发展阶段，仅有南京、北京、武汉等部分地区开始进行试点工作。随着相关法律法规和政策性指导文件的出台，以及区域性试点工作的展开，政府公众责任保险在国内将会得到进一步的发展。

在政策环境方面，我国针对责任保险出台了一些鼓励性政策。2006 年 6 月发布的《国务院关于保险业改革发展的若干意见》(简称保险业"国十条")指出，我国将采取市场运作、政策引导、政府推动、立法强制等方式，发展安全生产责任、建筑工程责任、产品责任、公众责任、执业责任、董事责任、环境污染责任等保险业务。2014 年 4 月发布的《保险业服务新型城镇化发展的指导意见》与 8 月出台的《关于加快发展现代保险服务业的若干意见》(简称保险业"新国十条")明确，我国今后将逐步在与社会公众利益紧密关系的领域推行责任保险，发挥保险风险管理功能，完善社会治理体系。以上文件均为城市园林公众责任保险在国内的发展提供了制度基础和政策支持，从而有助于充分发挥公众责任保险在社会公共管理中的重要作用。此外，2018 年 10 月 31 日，国家税务总局发布的第 52 号公告准予企业缴纳的公众责任保险保费在企业所得税前扣除，这进一步促进了公众责任保险的投保热情，也助力了我国城市园林公众责任保险市场的发展。

　　2005 年南京市玄武区首创了行道树公共责任保险，花费 4.5 万元，为全区 100 多条街巷的行道树投了 200 万元保险，在取得良好成效后在南京全市推广，之后其他城市如湖北武汉市、吉林长春市、福建三明市等纷纷跟进，国内城市园林公众责任保险逐步开展，保险责任覆盖逐渐丰富。目前国内已有许多城市开展了不同类型的城市园林公众责任险，主要有行道树公众责任险、公共绿地树木公众责任险以及古树名木公众责任险，具体内容见表 10-1 所列。

表 10-1　国内部分地区城市园林公众责任险主要内容

地区	保险名称	保险责任	保费	保额
南京市玄武区	行道树公共责任保险	行道树树枝折断、倒伏造成的财物损失和意外伤害	4.5 万元/年	限额 20 万元/(人·次)（其中 15 万元针对人身意外，5 万元针对财产损失）
武汉市	行道树公共责任保险	因自然灾害和非人为因素导致树木倒伏、断枝，以及设施掉落造成第三者人身伤亡或财产损失	1 元/(株·年)	限额 50 万元/(人·次) 医疗赔偿限额 10 万元/(人·次)；财产损失赔偿限额 30 万元/(人·次) 每次事故赔偿限额 1000 万元
长春市	公共绿地树木公众责任险	由于自然因素导致的树木对第三者造成的人身伤亡或财产损失	—	—
淄博市张店区	公共绿地树木公众责任险	在大风、暴雨、降雪、冰雹等极端天气时，树木倒伏、断枝砸伤路人及车辆等财物	4.5 万元/年	—
三明市	古树名木责任险	因自然灾害、意外事故或人为因素直接造成建档挂牌的古树名木无法正常生长，需要保护救治的，政府部门救治、修复投入必要合理的施救费用	—	1137 万元
金华市武义县	古树名木责任险	因极端天气或意外事故导致投保的古树名木倒塌或树枝折断，造成第三者人身伤亡或财产损失	—	每次事故责任限额 200 万元 人身伤亡责任 20 万元/(人·次) 财产损失责任 20 万元/(人·次) 全年累计最高可赔偿 500 万元
芜湖市繁昌区	古树名木责任险	因极端天气或意外事故产生的古树名木的施救费用，以及倒塌或树枝折断，造成第三者人身伤亡或财产损失	每株 100 元，共计 1.15 万元	施救费用部分：古树损失每株限额 3 万元，单次事故限额 30 万元，累计赔偿限额 1000 万元 第三者损失赔偿部分：累计赔偿限额 1000 万元，人身伤亡责任 20 万元/(人·次) 财产损失责任 2 万元/(人·次)

(一)行道树公共责任险

行道树公共责任险是以城市内的行道树为保险标的，对其因自然灾害和非人为因素导致这些树木倒伏、断枝，以及设施掉落造成第三者人身伤亡或财产损失，保险人按照保险合同规定向被保险人提供经济补偿的一项保险业务。

1. 江苏省南京市

2005 年，南京市玄武区作为国内首创，开展了行道树公共责任保险，花费 4.5 万元，为全区 100 多条街巷的行道树投了 200 万元保险，单笔事故的最高额度为 20 万元，其中 15 万元针对人身意外，5 万元针对财产损失。当一般行道树倒伏或树枝折断导致车辆受损，可由车辆本身的车损险来理赔，如果是因为树倒伏或树枝折断造成财物损失或人身伤害，可由第三方认定责任，如果是城管部门负有一定责任，可以向保险公司索赔。除此之外，南京的白下区①和雨花台区民政部门给辖区内的市民保了自然灾害公共责任险，按照合同，如果这两区的市民在路上遇到因树木倒伏或树枝折断造成的身体伤残或死亡，最高可以获得 10 万元赔偿。

2. 湖北省武汉市

2015 年 7 月，武汉市园林和林业局通过政府采购，花费 81.55 万元，引进中国人保湖北分公司为全市行道树承担公众责任险。园林部门按照 1 元/(株·年)的基价定位标准购买保险。由行道树造成的伤亡，每次每人赔偿限额为 50 万元；医疗赔偿，每次每人限额 10 万元；财产损失，每人每次赔偿限额 30 万元。每次事故，赔偿限额为 1000 万元。累计事故，赔偿限额 2 亿元。虽然名为"行道树公众责任险"，但该险种的保险范围并不局限于城区范围内园林部门所属的行道树，同时还包括城市道路、广场、游园的所有树木，以及高架桥、人行过街天桥两边钢架放置的花盆及附属设施。因自然灾害和非人为因素导致这些树木倒伏、断枝，以及设施掉落造成第三者人身伤亡或财产损失，均属该保险赔偿范围。

至 2016 年"行道树公众责任险"运行一年时，受大风暴雨等自然灾害影响武汉全市累计倒伏行道树 3000 余株，处理各类大小断枝 2 万余处。保险公司累计共接收报案 47 笔，结案 47 笔，赔款累计 151 682.98 元，除伤人和需三方评估的案件外，60%的案件均能现场调解成功，并在当天处理完毕，3 天之内赔款到账。

(二)公共绿地树木公共责任险

公共绿地树木公共责任险是以城市中公共绿地范围内的树木作为保险标的，对其因自然灾害、意外事故或管护原因等，导致意外事故发生，造成第三者人身伤害或者财产损失的，保险人按照保险合同规定向被保险人提供经济补偿的一项保险业务。

1. 吉林省长春市

2020 年 11 月，长春市园林管理部门为树木购买了长春市城区公共绿地树木公共责任险。近年来，长春连续产生几起洪涝灾害，且遭受了少见的强雨雪天气，导致一部分市政工程园林绿化树木遭受了不同程度的损伤，许多停靠树底下的车子被断裂、折弯的树技损

---

①现秦淮区。2013 年 2 月 17 日，国务院批复同意撤消南京市秦淮区、白下区，设立新的秦淮区。

害，这给市园林管理部门造成了较大的经济负担。投保公共绿地树木公共责任保险后，该保险险种既对于施工队伍在工程施工全过程中产生意外事件造成的树木对第三者导致的人身安全死伤或经济损失进行赔付，也对于因自然因素造成的树木对第三者导致的人身安全死伤或经济损失给予补偿。有了公共绿地树木公共责任保险兜底，一方面权利受损者有了明确的理赔渠道，以及可期的前景和出路；另一方面，通过保险公司的赔偿也减轻了公共管理部门的责任压力，为预防风险和隐患加了一道防护阀。

2. 山东省淄博市张店区

2018 年 8 月，淄博市张店区园林局给管护范围内的城市绿化乔木购买了公共责任保险，每年保费 4.5 万元，承保的范围包括张店区园林局管辖范围内所有路段的行道树、分车带绿地、街旁绿地、广场绿地、小游园、交通岛绿地、道路节点绿地、山体绿地、公园绿地和管辖范围内散居绿地内的乔木。当因自然灾害或管护原因，导致意外事故发生，造成第三者人身伤害或者财产损失的，按照法律、法规规定，由园林局承担民事赔偿责任的，可以获得保险赔偿。遭遇大风、暴雨、降雪、冰雹等极端天气时，容易出现树木倒伏、树枝掉落等情况，严重时可能伤及行人和财物，而为管护范围内的城市绿化乔木购买公共责任保险后，可有效避免树木倒伏、断枝砸伤路人及车辆等财物引发的纠纷问题。

（三）古树名木公共责任险

古树名木保险是以古树、名木为保险标的、对其在生长过程中因特定原因造成倾倒、倾斜、蛀干（蛀枝）、枯萎以及主干分枝折损事故造成的施救费用，或导致第三者人身伤亡和财产损失，保险人按照保险合同规定向被保险人提供经济补偿的一项保险业务。特定原因具体包括：①火灾、爆炸、雷击、暴风、台风、龙卷风、暴雨、雪灾；②空中飞行物体坠落；③病虫害，包括标的叶片遭致食叶性昆虫大范围（单棵标的受损 20% 以上）吞噬破坏。

古树名木保险内涵界定中提及的标的有明确的定义。古树，指年龄在 100 岁以上的树，具体分为 3 个级别：一级古树的界定是树龄超过 500 年，二级古树的界定是树龄在 300~500 年，三级古树的界定是树龄在 100~300 年。名木，是指具有重要历史、文化、景观、科学价值和重要纪念意义的树木，不受年龄影响，也不分级。具有以下特征的树木属于名木：国家领导人所植树木；外国元首、著名政治家所植树木；国内外著名历史文化名人和科学家种植或咏题的树木；分布于名胜古迹、历史园林、宗教场所等地的树木，与历史文化名人或重大历史事件有关、有历史记载的树木；景区内分布的标志性树木，包括列入世界自然遗产或世界文化遗产保护内涵的树木；分布于名人故居、具有重要纪念意义的树木；树木分类中作为模型样本来源的具有重要科学价值的树木；其他具有重要历史、文化、景观、科学价值和重要学科意义的树木。

自 2012 年上海开展古树名木公益保险以来，古树名木保险不断完善，特别是近两年的高速发展，已形成了古树名木救治保险、古树名木责任保险以及古树名木综合保险 3 种类型，吸引了浙江、福建、安徽、广西、广东、山西、湖南等地区的深度参与。本节按照古树名木保险的具体产品分类，并在每种类别中选取 2~3 个兼具典型性和代表性的案例进行阐述和介绍。

1. 古树名木救治保险

古树名木救治保险即由于特定原因(同上)造成古树名木倾倒、倾斜、蛀干(蛀枝)、枯萎以及主干分枝折损事故,保险人按照保险合同的约定,对发生必要而合理的施救(包括查勘鉴定)费用负责赔偿。

(1)云南省商业性野生古茶树保险

云南是茶树的起源地,也是我国乃至世界古茶林保存面积最广、古茶树和野生茶树保存数量最多的省份,品类繁多的茶树种质资源具有重大的科学价值、景观价值、文化价值和产业提升价值。为有效增强古茶树的防灾抗风险能力,避免因自然灾害、环境变化等因素给茶农和茶树认养人造成经济损失,人保财险云南省分公司充分结合古茶树特点和风险保障需求,研究开发了商业性野生古茶树保险产品(表10-2)。

表10-2 云南商业性野生古茶树保险

保险要素	主要内容
承保机构	中国人民财产保险股份有限公司云南省分公司
保险标的	云南古茶树
保险期限	一年
保险责任	主险(自然灾害)和附加险(病虫害);对于主险,在保险期间内,因火灾、暴雨、洪水(政府行蓄洪除外)、风灾、雹灾、冻灾、暴雪、雨(雪)凇、地震、泥石流和山体滑坡直接造成保险古茶树的死亡,保险人按合同约定赔偿;对于附加险,在保险期间内,由于病虫害造成保险古茶树的死亡,保险人按照附加险约定负责赔偿
保险费率	1‰
保险金额	保险金额包含租赁费用、专属产品、体验折扣等营销费用,超过茶树实际价值问题,设置递进式免赔率。即保险金额在5000元(含)/(棵·年)以下,每次事故免赔15%;保险金额在5000元/(棵·年)以上,每次事故免赔20%

资料来源于《2018中国森林保险发展报告》。

云南省拥有古茶园逾20万亩,主要分布在西双版纳、临沧、普洱、保山、德宏和文山等沿边州市,树龄分为100~300年、300~500年、500年以上3个档次,认领价格分别为4500元、10 000~30 000万元、30 000元以上。这就意味着一棵古茶树认养项目的各保险标的在经济价值、风险水平、灾害类型等方面具有一定差异。人保财险云南省分公司通过实地调研,对古茶树的生长环境、认养方式、日常管理等流程进行了全方位的了解,制订了相应的保障方案,即承担每棵已认领古茶树因自然灾害、生物灾害、意外事故等造成的死亡损失,保险金额和保险费率根据茶树生长年限和风险水平灵活确定,实现了"一树一码一档案一保险"。

(2)福建省三明市乐县古树名木保护救治保险

2021年6月1日,《福建省古树名木保护管理办法》正式施行。为落实"绿水青山就是金山银山"的生态发展理念,进一步加强生态保护体系建设,建立古树名木保险保障机制,中国人寿财险三明市中心支公司与将乐县林业和草原局结合当地古树名木风险保障需求，量身打造了古树名木保护救治保险（表10-3），为当地566株古树及1株名木提供1137万元风险保障。

表 10-3 福建省三明市将乐县古树名木救治保险

保险要素	主要内容
投保主体	将乐县林业和草原局
承保机构	中国人寿财险三明市中心支公司
保险标的	将乐县566株古树及1株名木
保险期限	一年
保险责任	火灾、空中运行物体坠落等意外事故，台风、雪灾等气象灾害，山体滑坡、泥石流等地质灾害，病虫害以及自然老化、生境自然变化，或者因项目建设等人为因素，直接造成建档挂牌的古树名木无法正常生长，需要保护救治的，政府部门救治、修复投入必要合理的施救费用，由保险公司按合同约定负责赔偿
保险金额	1137万元

2022年9月，福建省省级"树王"无患子古树被大风吹断树枝，三元区林业局迅速向中国人寿财险三明市中心支公司报案，并与保险公司共同组织人员到现场进行查勘，核实其因病虫害影响造成蛀枝、分枝枯萎断裂，进而根据双方保险合同约定，按照无患子树受损冠幅占全树的比例进行定损理赔，总计赔付2500元。这是中国人寿财险福建省三明市中心支公司开出的首单古树名木"综合保险"理赔单，是三明市首单古树名木"综合保险"成功理赔案例，也是福建省首次对省级"树王"进行保险理赔。

（3）山西省晋城市高平市古树名木保险

2022年3月，中国太平洋财产保险股份有限公司山西分公司高平支公司与高平市林业和草原局签约《山西省晋城市地方财政古树名木保险》（表10-4），为高平市造册挂牌的70棵一级古树名木提供累计350万元的风险保障，实现山西省古树名木保险零突破，为山西省林草保险创新发展做出有益探索，将进一步拓宽林草保险保障范围、提高林草保险服务能力和保障水平。

表 10-4 山西晋城市高平市古树名木保险

保险要素	主要内容
投保主体	高平市林业和草原局
承保机构	中国太平洋财产保险股份有限公司山西分公司高平支公司
保险标的	高平市造册挂牌的70棵一级古树名木
保险期限	一年
保险责任	自然灾害或意外事故直接造成保险古树名木的流失、掩埋、死亡、主干折断、倒伏、倾斜、断梢等无法正常生长情况，按照保险合同的约定进行赔偿
保险金额	350万元
费率及保费	费率是3‰，每棵古树保费为150元

2. 古树名木责任保险

古树名木责任保险：因古树名木发生倾倒、倾斜、折断以及主干分枝折损掉落等情况，导致第三者人身伤亡和财产损失的，依照中华人民共和国法律(不包括港澳台地区法律)应由被保险人承担的经济赔偿责任，保险人按照保险合同约定负责赔偿。

(1)浙江省绍兴市新昌县古树名木公众责任保险

2014年8月，绍兴市新昌县林业和草原局出资3万多元，启动了浙江省第一个古树名木公众责任保险项目，为2140株古树名木上保险(表10-5)，主要用于因意外事故导致古树名木倒塌或树枝折断造成第三者人身伤亡或财产损失的赔偿。新昌县内的古树名木包括红豆杉、香樟、银杏等，共计2098株，按照树龄，古树分为一级保护、二级保护等不同保护级别，其中树龄在300年以上的一级保护古树有57株，另外还有拟作为后备资源的古树42株。保险规定，每次事故最高赔偿35万元，其中财产损失险10万元，人身伤亡险25万元；全年累计最高赔偿60万元。

表 10-5　浙江省绍兴市新昌县古树名木公众责任保险

保险要素	主要内容
投保主体	新昌县林业和草原局
承保机构	中国人民财产保险股份有限公司新昌县支公司
保险标的	新昌县2140株古树
保险期限	一年
保险责任	因意外事故导致古树名木倒塌或树枝折断造成第三者人身伤亡或财产损失的赔偿
保险费用	3万多元
赔偿标准	每次事故最高赔偿35万元，其中财产损失险10万元，人身伤亡险25万元；全年累计最高赔偿60万元

(2)浙江省金华市武义县古树名木公众责任保险

浙江省金华市武义县复杂的地形和温暖湿润的气候，孕育了丰茂的森林资源，遍布众多古树名木；有木本植物820种，其中国家一级重点保护野生植物有南方红豆杉和钟萼木2种；共有古树名木8813株(表10-6)，其中，一级保护古树207株，二级保护古

表 10-6　浙江省金华市武义县古树名木公众责任保险

保险要素	主要内容
投保主体	武义县自然资源和规划局
保险标的	武义县8813株古树名木
保险期限	一年
保险责任	因极端天气或意外事故导致投保的古树名木倒塌或树枝折断，造成第三者人身伤亡或财产损失的，可得到保险公司赔偿
赔偿标准	每次事故责任限额200万元，每次事故每人人身伤亡责任限额20万元，每次事故财产损失责任限额20万元，全年累计最高可赔偿500万元

树 551 株，三级保护古树 8055 株。2020 年 12 月，武义县出资为全县 8813 株古树名木投保了公众责任险，投保期为一年。

3. 古树名木综合保险

古树名木综合保险：综合保险项目分为主险和附加险。主险是指古树损失及救治费用保险，附加险是指第三者人身伤亡及财产损失责任保险。污染和人为盗伐造成的古树损害不在赔偿之列。

（1）安徽省宁国市古树名木综合保险

2021 年 2 月，宁国市自然资源和规划局与中国平安财产保险宣城支中心分公司签约，为宁国市 989 株古树名木购买古树名木综合保险；其中，一级保护古树名木 23 株，二级保护古树名木 121 株，三级保护古树名木 845 株。近年来，宁国市多次遭遇台风、山洪等自然灾害，古树名木受到不同程度的损害，保护工程加大，资金需求增多。为此，宁国市创新探索古树名木综合保险来扩展保护资金来源渠道，既可补充古树受外力造成损毁产生的施救保护资金问题，也可有效减少和避免可能造成的第三者财产与人员意外风险，从而以市场化理念加强古树保护。

宁国市古树名木综合保险分为主险和附加险（表 10-7）。主险是指古树损失及施救费用保险，若古树名木因为自然灾害、意外事故、病虫害的原因，造成流失、掩埋、倾倒、倾斜、蛀干（蛀枝）、枯萎以及主干分枝折损事故的，保险人按照合同约定，对发生必要而合理的施救包括查勘鉴定费用负责赔偿。附加险是指第三者人身伤亡及财产损失责任保险，若古树名木因主险中所列原因发生倾倒、倾斜、折断以及主干分枝折损掉落等情况，导致第三者人身伤亡和财产损失的，依照法律规定应由被保险人承担的经济赔偿责任，保险人按照本保险合同约定负责赔偿。就保费看，每一株古树的保费是 45 元。就保险金额看，主险每次事故赔偿限额为 3 万元/株，单次事故最高赔偿限额 30 万元/次，累计赔偿限额 700 万；附加险中医疗费限额 2 万元/人，每次事故人身伤亡限额 20 万/次，累计赔偿限额 700 万。

表 10-7　安徽宣城市宁国市古树名木综合保险

保险要素	主要内容
投保主体	宁国市自然资源和规划局
承保机构	中国平安财产保险宣城支中心分公司
保险标的	宁国市 989 株古树
保费	45 元/株
保险期限	一年
保险责任	主险：因自然灾害、意外事故、病虫害原因，造成流失、掩埋、倾倒、倾斜、蛀干（蛀枝）、枯萎以及主干分枝折损事故的，保险人按照合同约定，对发生必要而合理的施救包括查勘鉴定费用负责赔偿；附加险：因主险中所列原因发生倾倒、倾斜、折断以及主干分枝折损掉落等情况，导致第三者人身伤亡和财产损失的，依照法律规定应由被保险人承担的经济赔偿责任，保险人按照本保险合同约定负责赔偿
赔偿标准	主险的每次事故赔偿限额为 3 万元/株，单次事故最高赔偿限额 30 万元/次，累计赔偿限额 700 万；附加险中医疗费限额 2 万元/人，每次事故人身伤亡限额 20 万/次，累计赔偿限额 700 万

(2)浙江省嘉兴市南湖区古树名木综合保险

2021 年 7 月,嘉兴市自然资源和规划(林业)局南湖分局与中国太平洋财产保险股份有限公司浙江分公司结合南湖区古树名木风险保障需求,为南湖区登记在册的 18 棵古树上了保险(表 10-8),被投保的古树名木树龄最大的有 1200 多年。据悉,为加强对古树名木保护,2021 年以来,南湖分局在借鉴各地经验基础上,积极探索建立古树名木保险机制,通过政企联手,借助保险杠杆作用,扩大政府专项资金使用效率,强化古树名木风险管理,充分发挥保险在保护森林资源安全方面的作用。

表 10-8 浙江嘉兴市南湖区古树名木综合保险

保险要素	主要内容
投保主体	嘉兴市自然资源和规划(林业)局南湖分局
承保机构	中国太平洋财产保险股份有限公司浙江分公司
保险标的	南湖区登记在册的 18 棵古树
保险期限	一年
保险责任	由于火灾、爆炸、雷击、台风、龙卷风、暴雨、雪灾,空中飞行物体坠落,病虫害等原因造成投保的政府建档挂牌的古树名木倾倒、倾斜、蛀干(蛀枝)、枯萎以及主干分枝折损事故,保险人按照合同约定,对发生必要而合理的施救包括查勘鉴定费用负责赔偿;被保险的古树名木因受自然灾害或事故影响,发生倾斜、倒伏、折断、折枝掉落等情况,导致第三者伤残或死亡的,产生医药费及经济赔偿责任,导致第三者的财产损失,由保险公司按合同约定负责赔偿
赔偿标准	施救费用保险每棵古树名木最高赔偿限额 9 万元;第三者责任保险累计赔偿限额 100 万元,人身伤亡单次事故最高赔偿限额为 20 万元(含医疗费用 2 万元),造成第三者财产损失的,每棵最高赔偿限额 2 万元

(3)安徽省芜湖市繁昌区古树名木综合保险

2022 年 3 月,为深入践行"绿水青山就是金山银山"理念,加强对古树名木的保护,进一步深化林长制改革工作,促进生态文明建设,共筑绿色舒适家园,根据安徽省林业局、安徽国元金融控股集团有限责任公司《关于印发〈安徽省"林长制国元护林保"实施方案〉的通知》的文件精神和《芜湖市繁昌区陆生野生动物造成人身伤害和财产损失补偿实施细则》的文件精神,繁昌区自然资源规划分局会同国元农业保险股份有限公司繁昌支公司推动开展古树名木综合保险(具体实施方案见表 10-9 所列)。

表 10-9 安徽省芜湖市繁昌区古树名木综合保险

保险要素	主要内容
投保主体	芜湖市自然资源和规划(林业)局繁昌分局
承保机构	国元农业保险股份有限公司繁昌支公司
保险标的	繁昌区在册古树名木 115 株
保险期限	一年

（续）

保险要素	主要内容
保险责任	由于火灾、爆炸，雷击、暴风、台风、龙卷风、暴雨、雪灾、空中飞行物体坠落、病虫害[包括标的叶片遭致食叶性昆虫大范围(单棵标的受损20%或以上)吞噬破坏]造成保险标的倾倒、倾斜、蛀干(蛀枝)、枯萎以及主干分枝折损事故，被保险人开展必要而合理的施救工作，对于被保险人依法应承担的施救费用，保险人按照保险合同的约定负责赔偿；被保险的古树名木因受自然灾害或事故影响，发生倾斜、倒伏、折断、折枝掉落等情况，导致第三者伤残或死亡的，产生医药费及经济赔偿责任，导致第三者的财产损失，由保险公司按合同约定负责赔偿
保险费用	每株100元，共计1.15万元
赔偿标准	财产部分：古树损失每株限额3万，单次事故限额30万，累计赔偿限额1000万；第三者部分：累计赔偿限额1000万元，每次事故人身伤亡20万，每人每次医疗费2万，每次事故财产损失2万，人身伤亡单次事故最高赔偿限额为20万元(含医疗费用2万元)，造成第三者财产损失的，每棵最高赔偿限额2万元

二、存在问题

随着各地对城市园林公众责任保险的试点与推广，在运营模式方面都是在从局部到整体，渐进式地拓展责任覆盖范围，市场运营模式逐步完善。但基于当前实际情况，城市园林公众责任保险在发展过程中仍存在一些问题。

（一）保险未能有效实现损失补偿

从保险责任角度分析可知，现有的城市园林公共责任保险的责任覆盖范围为因自然灾害或非人为因素而造成第三者的人身伤亡或财产损失，依法应当由被保险人承担的经济赔偿责任。但在实际运行过程中发现，城市园林公共责任保险一般具有固定的累计赔偿限额，而由于树木倒伏容易对人身安全和财产造成严重损失，赔偿金额巨大，当遇到严重的树木倒伏致人伤亡事件后，城市园林公共责任保险容易因达到赔偿限额而无法进行损失赔偿，导致保险因意外而失效，未能充分发挥保险风险保障功能。

（二）保费财政补贴机制不够完善

城市园林和公共绿地建设和管护是纯粹的公益性项目，正外部性突出，养护单位不会产生自发的投保意愿，也没有相应的资金作支撑。同时，城市园林归属于城市园林部门，只是不同城市所设立的园林市政部门不同，因此，城市园林公众责任保险的主要购买群体为地方林业部门及城市园林经营管理方与施工方，也即城市园林公众责任保险的购买主体一般为地方政府部门。然而，由于缺少中央财政的补贴，保费资金大多来源于本级主管部门财政预算，但部分地区政府财政薄弱，导致其参与城市园林公众责任保险的保费负担较重，影响了其投保积极性。

（三）基层单位宣传力度有待加强

目前，城市园林公众责任保险尚处于局部试点工作中，地区政府部门及社会公众对该险种的认知度还不够，还缺乏整体的了解。在当前城市园林相关的一些大规模风险事件中，由于对城市园林公众责任保险的认知度较低，致使未能通过该保险补偿其所受到的人身伤害或财产损失，一般仍是由政府部门统一组织理赔工作，以补偿社会公众所受到的损失。因此，各级政府和政府有关部门以及保险行业应在提高认识的同时，借助电视、网络及各类媒体，加大对城市园林公众责任保险相关知识的宣传，进一步加深社会公众对城市园林公众责任保险的了解，提高城市园林相关经营方的投保积极性，为城市园林公众责任保险的广泛开展营造良好的氛围。在日常工作中发现，部分基层单位(例如社区居委会等)的保险意识较弱，利用保险的意识需要进一步提升。当发生城市园林公共责任保险的责任范围内的事故时，部分单位仍存在报案不及时或索赔材料不全等问题，一定程度上降低了城市园林公共责任保险的使用效率。

第三节　保险产品与要素设计

对于城市园林公众责任保险方案的选择，需要政府发挥引导作用，通过市场运作，实现政府公共管理效能最大化。要保障生态，促进林改，实现林业健康可持续经营。防御为先，防赔结合，逐步形成"灾前预防+灾后赔偿"的运行机制。

一、保险责任划分

城市园林公众责任保险应以城市园林风险为保险责任，关于城市园林风险主要包括病虫鼠害、各种气象灾害、人为风险、由于城市特殊性引起的风险等。但并非所有风险都能够被列为保险责任，可以列为城市园林公众责任保险责任的风险应是约定的灾害导致保险林木死亡、被掩埋、流失、倾倒或枝干折断造成的人身和财产损失，依照法律规定应由保险林木经营管理者承担的责任，保险公司负责赔偿。

建立城市园林公众责任保险在保护投保人利益的同时也应充分考虑保险人以及保险机构的经济承受能力，保险责任范围不宜过宽。保险责任主要包括：①城市园林植物因雷击、自燃、城市地下管道爆炸以及投保人以外的他人的故意纵火而引起的园林植物和园林小品起火；②由植物保护检验检疫部门认定的园林植物病虫害以及鼠害造成的损失；③暴雨、暴风、龙卷风、地陷、雪灾、冻雨、冰冻等气象灾害(此类灾害责任以气象部门或相关权威部门的监测为准)造成的损失。附加责任主要包括：①施工养护人员在施工养护过程中由于意外事故造成的损失；②施工养护过程中由于意外事故造成园林经营管理者第三方责任带来的损失。除外责任主要包括：①投保人的故意行为；②地震；③核污染以及城市空气污染超过国家标准所造成的损失；④战争或军事行为所造成的损失。

二、投保主体选择

城市园林、公共绿地以及行道树等的建设和管护是纯粹的公益性项目，正外部性突出，养护单位不会产生自发的投保意愿，也没有相应的资金作支撑。因此，林业主管部门应该作为投保主体，采用责任主体统保模式，这样有助于降低交易成本，避免保险运营的道德风险和逆向选择问题，并且有财政资金作支付保障，也符合政府的公共服务职能。

三、投保资金来源

林业主管部门作为投保主体，保费也自然由财政资金支付。财政全额补贴仅是"事后"的财政兜底，财政支出随成本的增加而增加，这不利于激励服务方控制成本和提高效率，并且补贴额度和比例通常适用于一段特定时期而缺少稳定性。而"事前"的政府购买服务，政府采取招投标和特许经营等形式确定具有资质和符合要求的服务方，有助于培育适度竞争的市场环境，相对固定地购买金额也能够激励服务方降低成本和提高效率，并且政府购买作为固定项目纳入年度财政预算能够提高政策稳定性和连续性。

四、定损理赔方式

保险赔偿限额包括每次事故累计赔偿限额和事故累计总赔偿限额。

每次事故累计赔偿限额：通常选取每人责任限额的整数 N 倍，但 $N \geqslant 5$，每次事故累计赔偿限额的选取可以参考城市园林以往事故的损失记录。

事故累计总赔偿限额：根据公共绿地保险出险情况，选取最为常见的风险因素，按照每年累积赔偿 3 次进行计算，对事故累计总赔偿限额进行确定。

第四节 典型案例

一、海南城市园林绿化保险

近年来，随着我国经济社会的快速发展和城市化进程的不断加快，人们对城市环境要求越来越高，城市绿化美化及城市周边景观林建设投入非常可观。城市景观林木单位价值高、管理成本大、抗风险能力差，具有较高的保险保障需求。海南省植物资源丰富，物种繁多，且城市建成区绿化覆盖率处于全国较高水平，但因处于沿海地区，极端自然灾害时常发生，不仅会对城市生态环境造成重大影响，且给园林施工养护单位造成较大经济损失。为守住城市园林绿化经营的风险底线，促进产业健康发展，人保财险海南分公司积极开展商业性景观绿化林木保险试点工作[①]，为移栽定植存活且生长管理正常的景观绿化树木提供风险保障。保险责任分为主险（自然灾害）和附加险（病虫害）。景观绿化林木保险试点以来，受到省内诸多景观林木经营者欢迎，其参保意愿强烈。

---

①资料来源于《2018 中国森林保险发展报告》。

> **专　栏**
>
> ### 海南城市园林绿化保险
>
> 一、保险标的
>
> 移栽定植存活且生长管理正常的景观绿化树木。
>
> 二、保险人
>
> 中国人民财产保险股份有限公司海南分公司。
>
> 三、保险期限
>
> 一年。
>
> 四、保险责任
>
> 主险：在保险期间内，因火灾、雷击、暴雨、洪水、内涝、风灾、雹灾、冻灾、雨（雪）凇、地陷、崩塌、地震、泥石流、山体滑坡等直接造成保险景观绿化林木的损失，保险人按合同约定赔偿；
>
> 附加险：在保险期间内，由于病虫害造成保险景观绿化林木的死亡，保险人按照附加险约定负责赔偿。
>
> 五、保险金额
>
> 参照保险景观绿化林木的市场价值或评估价值的一定比例确定，且最高不超过70%，其中乔木的单株保额一般不超过 2000 元/株，灌木单株保额一般不超过 200 元/株，由投保人与保险人协商确定。
>
> 六、保险费率
>
> 费率定为 0.8‰～2‰。

二、福建福州永泰县古树名木保险

2019 年 10 月 16 日，永泰县人民法院、永泰县林业局与中国人民财产保险股份有限公司永泰支公司签订"生态环境司法+保险"之"古树名木保护+保险"合作协议，为 409 棵古树投保"财产损失险"和"公共责任险"，保险金额达 180 万元。永泰县森林覆盖率高达75.48%，古树名木资源丰富，全县拥有 53 个古树群（共 2055 棵）、1091 棵古树名木。但因古树自身衰老，以及自然灾害、病虫危害、人为损害等，加大了古树名木的保护难度，提高了古树名木风险水平。为此，永泰县林业局和永泰县法院、中国人民财产保险股份有限公司永泰支公司签约共建"生态环境司法+保险"战略合作关系，推行全省首个"古树名木保护+保险"工作机制，由县林业局联合保险公司对古树名木进行价值评估后投保，一旦受损或发生意外，法院将提前介入，对赔偿责任及数额认定提供法律服务。"古树名木保护+保险"工作机制，增强了对古树名木的保护，保障其受损后及时修复，减轻了当事人的经济损失。

2020 年 3 月，永泰县洑口乡一棵 500 多年树龄的香樟主干主梢折断。接到古树受损的信息后，永泰法院第一时间启动古树名木财产损失险理赔程序，保险公司向永泰县林业局理赔 6244 元，用于香樟受损后的修复。这是福建省首例理赔成功的涉古树名木财产损失险案例。2020 年 5 月，永泰县法院与县林业局、人保财险永泰支公司再次为古树名木投保，签署《古树名木损失保险协议》，为 1014 棵古树名木投保"财产损失险"，涉及银杏、罗汉松、红豆树等 15 类，平均树龄达 200 岁，树龄最大的 805 岁，保险金额达 260.2 万元。至此，永泰县投保的古树名木已达 1423 棵，保险金额共计 440.2 万元。

专　栏

福州永泰县古树名木保险

一、保险标的

福州永寿县 1423 棵古树，树种涉及南紫薇、桂花、油杉、银杏、罗汉松、红豆树等 15 类。

二、保险人

中国人民财产保险股份有限公司永泰支公司。

三、保险期限

一年。

四、保险责任

古树名木公众责任险和财产损失险。古树名木公众责任险：在保险期间，由于自然灾害或意外事故，古树名木造成第三人伤亡和财产损失，依法应由被保险人承担的经济赔偿责任，保险人按保单约定赔付；财产损失险，即在保险期间，由于自然灾害或意外事故造成保险标的直接物质损坏或灭失，保险人按照保险合同的约定负责赔偿。

五、保险金额

180 万元。

六、保险费率

费率定为 0.8‰~2‰。

第十一章 野生动物肇事公众责任保险

第一节 内涵界定与功能作用

一、内涵界定

野生动物肇事公众责任保险是以野生动物对区域内群众造成的人身伤亡以及农作物或经济作物(林木)、圈养禽畜、房屋等家庭合法财产的经济损失为保险责任,保险人按照保险合同规定向被保险人提供经济补偿的一项保险业务。根据具体实施情况,该保险产品在不同地区有着不同的名称,如云南、浙江等地区将其命名为野生动物肇事公众责任保险,西藏称其为陆生野生动物肇事补偿保险,四川、湖南等地则是将名称确定为野生动物致害政府救助责任保险,本教材综合考虑各因素(保险性质、实施目的、相关文献介绍以及国家林业和草原局对其的深度解读),统一其名称为"野生动物肇事公众责任保险"。

在野生动物肇事公众责任保险的执行过程中,政府负责引导和监督并承担全部保费,保险公司按照合同要求进行查勘定损和理赔(图11-1)。具体运行流程和运作原理为:政府招标确定承保公司并签订与当地自然状况、经济发展程度、物价水平等因素相适应的保险合同,受害群众遭遇野生动物肇事事件后及时申报,保险人员现场核实确认、填写报告、反馈意见,并向受害人发放赔偿款。

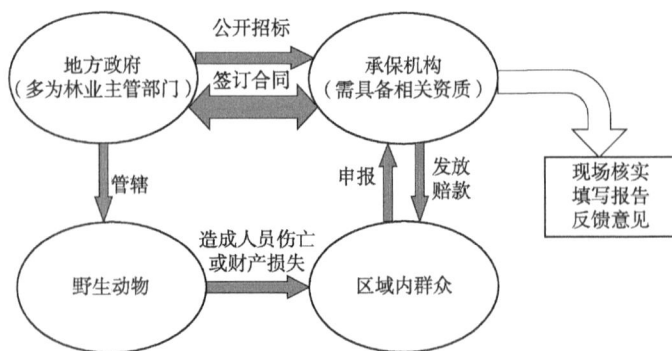

图 11-1 野生动物肇事公众责任保险运行流程和运作原理

二、功能作用

野生动物肇事公众责任保险充分发挥保险公司与地方财政、林业等政府部门的互动合作优势和专业优势,补偿公民因受到野生动物侵害所造成的相关损失,具有很好的社会价值和现实意义，可减轻各级财政对野生动物肇事损失补偿的资金和服务压力，保障受损主体及时得到应有赔偿，有利于维护社会稳定，更好地平衡好野生动物保护与农林业生产、农林经营主体生活的关系。经过多年实践证明，野生动物肇事公众责任保险是当前解决野生动物损害补偿问题的最有效途径，实现了政府、企业和群众"多赢"。

(一)引入保险机制，发挥财政引导效应

政府借助市场机制成为被保险人后，政府将部分救助的财政支出转换为保费补贴，通过保险公司解决政府补偿在地域管辖、资金短缺等方面的问题，实现野生动物肇事风险在空间、时间范围内的分散。在发生严重灾害损失的情况下，受灾群众还可能获得数倍于财政补贴的保险赔款，满足快速恢复生产生活的资金需求，发挥财政资金的杠杆效应，减少因野生动物肇事而对民众生产生活造成的影响。此外，依托商业保险的服务体系管理野生动物肇事补偿，不仅可以精简相关部门和人员，降低管理成本，还有助于社会公共安全体系的完善。

(二)节约管理成本，提高政府服务效率

对政府而言，以往野生动物肇事由其直接对群众进行补偿，这部分财政支出波动幅度较大，财政预算难以控制，且政府财政支付在野生动物肇事补偿中存在资金使用效率低下、目的性不强等问题。政府通过购买服务，加深了林业系统与保险公司的密切配合与协作，整合行政和保险行业资源优势，充分利用保险公司在当地已有的人力资源、服务网络、技术力量和管理经验，减少政府在机构设置、人员编制等方面的行政经费投入。同时，借助保险机构的快速赔付和预赔付制度，有效减少社会摩擦，实现在生物多样性保护中行政资源和保险资源的优势整合、多方共赢。

(三)定损专业高效，确保补偿及时到位

作为一个专业的企业组织，保险公司具有完善的规章制度、较为专业的评估团队等优势，相较于政府补偿，保险公司更专业、评估更准确，流程上更具效率。保险公司对报案、查勘、定损、赔款支付等各个环节都明确了具体时间节点，借助快速赔付和预赔付制度，解决调查不及时，虚报、瞒报损失，补偿款滞留、截留等情况，在10个工作日以内就直接将受灾款完整支付，有效维护生物多样性保护中受害群众的合法权益，化解可能产生的社会矛盾。此外，借助保险公司专业的承保理赔服务，如专用查勘相机、GPS定位测亩仪、无人机和越野车辆等，在保证查勘定损工作有序进行的同时，通过数据积累和大数据分析获取野生动物肇事类型及事发位置的统计数据，协助当地政府有针对性地建立动物保护区，从根源上减少人兽冲突的发生，实现生物多样性保护政策的落实与执行。

(四)赔偿标准较高，满足居民灾后需求

野生动物肇事事故通常发生于野生动物资源较为丰富的偏远地区，而这些地区政府财政往往较为薄弱，单纯依靠地方政府财政补偿来处理野生动物肇事面临较大困境。投保野生动物肇事公众责任保险后，拓宽了赔偿资金渠道，保障了受害方的利益。同时，政府财政对野生动物肇事损失的补偿额度偏低，无法真正实现损失补偿；而野生动物肇事公众责任保险对财产损失和人身伤害均具有明确的赔偿标准，且相较于政府补偿

标准，保险赔付标准更高。野生动物肇事公众责任保险的实施使得补偿资金得到保障，能更好覆盖群众损失，对促进人与野生动物和谐相处、维护地区社会稳定意义重大。

第二节 发展情况与存在问题

野生动物肇事公众责任保险隶属于野生动物肇事处理机制，是对事后补偿或事前补偿制度的一种补充，引入市场机制以发挥财政资金的引导放大效应。目前，国际上对于野生动物肇事的处理机制主要分为4种类型：第一种是事后补偿，即损失发生后，牲畜所有者将获得来自政府或者其他组织的有关损失或受伤牲畜价值的补偿，美国、芬兰、法国、意大利、西班牙、瑞士、挪威、波兰、葡萄牙、印度等国家主要采用这种方式。第二种是提前补偿，主要是政府部分或全部财政支持，向牲畜所有者提供预防措施(即援助计划)或与预先协商的生态系统服务水平挂钩的奖励付款，如意大利、波兰、瑞典等国家主要采用这种方式。第三种是基于保险的计划，牲畜所有者向承保公司支付保险费而获得赔偿补偿的资格，如加拿大、奥地利、希腊等国家。第四种是履约付款，即预先签订履约合同，如果当地群众遵守合同条款保护野生动物，即可获得一定的补偿，如蒙古、瑞典、俄罗斯等国家。我国面对野生动物肇事主要通过政府直接补偿或者商业保险赔偿的方式，弥补受灾群众的经济损失，帮助其快速恢复生产生活并缓解人兽矛盾。

一、国外发展情况与经验启示

在国际上，野生动物的所有权可以是国家以外的主体，但是这种所有权行使必须以国家对土地享有所有权为基础，主要表现为国家所有权与集体和个人所有权同时存在的制度。德国、瑞士及日本都实行野生动物多重所有权制度结构，即动物园中的野兽，私人池塘或者其他封闭的私人水域中的水生动物，均属于有主物，是所有权的客体，依据领域和水域所有权的不同，可以分别成立国家所有权和私人所有权，所有权人可以依照法律规定对其所有的野生动物进行交易。与此相对地，处于天然自由状态之下的野兽则被视为无主物，法律设置了先占制度，即由先占人依法取得其所有权。法国关于野生动物产权归属的规定与德、瑞、日三国有相似之处，也实行多重所有权制度，但其不同之处在于，法国民法典规定处于野生状态下的野兽为国家所有。而美国野生动物资源产权则是根据土地所有权的归属来确定，对于那些没有处在私人所有土地上的野生动物则按照先占原则来确定其所有权归属。由此可知，当发生野生动物肇事造成人身和财产损失时，受害群众往往不能根据所有权制度向国家索要赔偿，而是出于风险规避的角度自发购买保险责任涵盖野生动物肇事的农作物保险或者是牲畜保险。开展野生动物肇事保险的国家主要有加拿大、博茨瓦纳、希腊、美国以及巴基斯坦等(表11-1)。这些国家大都自然资源较为丰富，特别是野生动物资源，肇事事件常有发生，因此对通过保险保障牲畜、农作物所有者权利的这种制度进行了探索。

表 11-1　国外野生动物肇事保险开展情况

国家	地区	肇事主体	保险责任	保费来源
加拿大	纽芬兰与拉布拉多省	流浪狗、郊狼、猞猁和熊	绵羊、山羊、奶牛和肉牛因肇事主体(如郊狼、猞猁和熊)而造成伤亡	省级资金和牲畜所有者
	新斯科舍省	黑熊、狐狸、郊狼、乌鸦和猛禽	为自然灾害和野生动物造成的作物损失提供保护	省政府 28%,农作物管理计划 36%,牲畜所有者 36%
	阿尔伯塔省	无明确规定	符合要求的未收割农作物受到野生动物损害的损失,包括一年生和多年生作物	
	安大略省	无明确规定	符合条件的野生动物捕食造成牲畜或家禽死亡;蜂群、蜂箱或与蜂箱相关的设备被符合条件的野生动物损坏	
	曼尼托巴省	无明确规定	因野生动物捕食而造成的家畜损失;迁徙水禽和大猎物对作物、蜂蜜产品和切叶蜂产品造成的损害	
希腊		熊、狼、野猪、豺、狐狸和野狗	野生动物造成农作物、牲畜损失	希腊农业保险组织
美国		无明确规定	野生动物肇事造成农作物、牲畜损失	联邦作物保险公司和风险管理局
博茨瓦纳		大型野生动物		捕食者保护信托基金
纳米比亚		无明确规定	大型食肉动物和食草动物对农作物或牲畜造成的经核实的损失	财政补贴 51% ~ 59%,牲畜所有者自缴 41% ~ 49%
巴基斯坦		雪豹	保障羊因雪豹捕猎而产生的损失	村庄保险委员会
奥地利	—	熊、猞猁		世界野生动物基金会和狩猎协会

资料来源:根据国内外文献、政府部门官方网站、保险公司官方网站发布的保险条款等资料整理。

(一)加拿大牲畜保险或农作物保险

加拿大肇事主体主要为狼、黑熊、郊狼、美洲狮及狐狸等,牲畜所有者向承保公司支付保险费而获得赔偿补偿资格。本部分以加拿大纽芬兰与拉布拉多省、阿尔伯塔省的牲畜保险为例进行重点介绍。

1. 纽芬兰与拉布拉多省牲畜保险

纽芬兰与拉布拉多省牲畜保险计划的保险标的主要是羊和牛等牲畜(表 11-2),其中羊占比较大,这主要是因为它们相比于牛等牲畜更容易受到流浪狗和其他食肉动物(如郊狼、猞猁和熊)攻击。只要受伤或死亡动物的尸体和相应的耳标可供检查,所有类型的捕食者攻击都会得到补偿。实际运行过程中,该保险由牲畜所有者投保并支付保费,渔业、林业和农业部长在新财政年度开始前公布牲畜保险的费率。渔业、林业和农业部下设纽芬兰与拉布拉多牲畜所有者补偿委员会,由其负责保险的运行,牲畜所有人必须及时向该委员会提交识别标签号,并将完整的申请转发给农业发展官员,农业发展官员核实牲畜标签号。在理赔环节,任何牲畜损失的索赔都要报告给农业发展官员,由他们负责核实被保险牲畜的数量和标签号。此外,该保险针对赔款发生频率制定了不同的保费政策:如果在前一保险年度内有 3 次索赔或 8 只动物肇事,保费则按照基本保费+额外 1 美元进行收取,当连续 5 年保持一级索赔少于 3 次和少于 8 只动物,保费则降低一级;如果在前一个保险年度中,有 4 只索赔或 10 只动物,保费则按照基本保费+额外 2 美元进行收取,当连续 5 年保持一级索赔少于 3 次和少于 8 只动物,保费则降低一级。

表 11-2　纽芬兰和拉布拉多省牲畜保险要素

保险要素	主要内容
发起组织	纽芬兰与拉布拉多省渔业、林业和农业部
投保主体	纽芬兰与拉布拉多省地区牲畜所有者
保险标的	绵羊、肉牛、奶牛、山羊
保险责任	为牲畜所有者提供财务保护,补偿因遭受任意食肉动物袭击而造成的损失
保险金额	由渔业、林业和农业部长在新财政年度开始前宣布,未规定赔偿上限
保险费率	设置定额保费,由渔业、林业和农业部长在新财政年度开始前宣布
财政补贴	0%
保费自缴	100%
激励措施	前一年索赔过多会导致保费增加,不同的索赔数量对应不同的增加额度,连续 5 年保持低赔付率保费自动恢复至初始水平
定损理赔	业主已在发现事件后 48h 内,以亲身、电话、传真、电报或信件方式通知纽芬兰与拉布拉多牲畜所有者补偿委员会或委员会的代表有关死亡或受伤的情况;在每年的 3 月 31 日之前,部长应规定在 4 月 1 日至次年 3 月 31 日期间,支付因野生动物造成的损失

资料来源:根据纽芬兰与拉布拉多省渔业、林业和农业部官网公告整理。

2. 阿尔伯塔农作物保险

阿尔伯塔省野生动物肇事农作物保险的保险责任仅包括野生动物肇事造成的农作物及青贮饲料损失(表 11-3),由加拿大农业金融服务公司(AFSC)承保,保险资金由联邦政府和省政府共同承担,农业生产者无需投保即可获得索赔资格,但要求每次申请赔偿必须至少有 100 美元的损失或 10%的损失率。加拿大农业金融服务公司会在每次支付赔款之前考察保户现有的防护措施,并提出改进要求,如果生产者在第二次索赔时被发现没有接受相关专家在第一次索赔给出的建议,生产者只能获得理赔标准的 50%,若第三次及以后的索赔仍没有遵循建议,ASFC 将拒绝任何索赔。针对野猪肇事索赔申请更加严格,只要有一次没有遵守就将失去索赔资格，并且不得猎杀或诱捕野猪。阿尔伯塔的农作物保险考虑到了季节因素导致的价格变动，理赔环节参考农业保险理赔额，一定程度上弥补了政府部门在费率厘定方面能力的欠缺，使费率更加科学。同时，该保险对投保主体预防损失的措施进行了严格要求，通过提供科学的防范建议，半强制性地推行，并将其与理赔额直接挂钩，一方面可以激发农业生产者的投保积极性，降低野生动物肇事损失；另一方面有助于事前防范的普及，提高地区整体自我预防与管理能力。由于标的和保险责任范围有限，该保险性质更倾向于财产损失险，以补偿农作物损失为出发点。

表 11-3　阿尔伯塔农作物保险要素

保险要素	主要内容
承保公司	农业金融服务公司
投保主体	加拿大联邦政府与阿尔伯塔省政府
保险标的	农作物及青贮饲料
保险责任	补偿农业生产者因有蹄动物、山地野禽、水禽和野猪对符合条件的农作物、干草和青贮饲料造成的损害
保险金额	青贮饲料和干草的最高赔偿是每次 5000 美元，未收获作物依据其他相关农业保险条例进行赔偿
财政补贴	100%
保费自缴	0%
理赔标准	损坏的百分比×损坏前的产量×价值系数×该公司其他干草保险产品赔偿标准最高者
激励条款	第一次因未遵守防范措施改进建议而遭受损失赔偿金减少 50%，第二次未遵守拒绝赔偿
定损理赔	保户通过网络提出申请，调查员确认后可在当时或者等到 10 月 31 日进行理赔。未收割损失需在收割前 72 小时提出申请。每次索赔需支付 25 美元评鉴费

资料来源：根据农业金融服务公司官网公告整理。

（二）希腊农业保险

希腊农业保险由公益性组织——希腊农业保险组织运作，该组织运营独立于政府，只有在财政赤字的情况下才由政府资金补助。该保险由农业生产者缴纳全额保费，政府不给予保费补贴，保险责任中包括了野生动物肇事带来的损失（表 11-4），由农业生产者缴纳全额保费，不给予保费补贴，只有在农业生产者财政赤字的情况下才由政府资金补助，并以政府公告文件作为政策依据，施行起来便捷、高效。该保险在希腊全国范围内强制实施，有力地补偿了野生动物肇事损失、缓解了人兽冲突的矛盾。对于野生动物肇事造成的损失，希腊农业保险设计出清晰、可依据的赔偿标准，包括赔偿计算公式、赔偿系数、牲畜幼崽单位价值换算标准等，农作物与牲畜分别以不同的公式进行计算，其中各类畜禽的补偿标准按照对应的换算比例乘以成年牛的价值来确定。该保险设定了免赔额，每次赔付金额为超过免赔额的部分乘以赔偿系数，不同物种的免赔额不相同，但对于熊和狼造成的损失会增加对应的赔偿系数并减少免赔比例。申请该保险赔偿必须经过严格的程序，包括栽种或养殖后提交栽培或养殖声明、损失后 15 天内支付评估审核费用，否则将被拒绝赔偿。

表 11-4　希腊农业保险产品要素

保险要素	主要内容
承保公司	希腊农业保险组织
投保主体	所有农户及农业生产组织
保险标的	农作物、牲畜
保险责任	自然灾害、野生动物造成的农作物、牲畜损失，牲畜保险还包括部分疾病造成的损失
保险金额	每年累计 7 万欧元，每次不超过损坏价值的 80%
保险费率	农作物为保险价值的百分之四(4‰)，部分作物单独设定费率；牲畜为其保险价值的 0.75‰
财政补贴	0%
保费自缴	100%
理赔标准	农作物：补偿=面积×平均产量×(损伤百分比−15%)×一定的赔付比例 牲畜：补偿=[(损失百分比−免赔比例)×总数×补偿系数×每单位价值]−剩余价值 部分动物单位价值=对应比例×单位成年牛的价值
定损理赔	损失发生后 48 小时内提出申请，由专业人员核定，核定 15 天内可以申请重新核定，但要缴纳评估费

资料来源：根据希腊农业保险组织官网(www.elga.gr)整理。

(三)美国联邦农作物保险

美国并无独立的野生动物肇事保险，而是将野生动物肇事赔偿责任纳入农业保险——联邦农作物保险(FCIP)中(表 11-5)。在该保险中，被授权销售的私营企业负责(Approved Insurance Provider，AIP)销售并提供保险服务，联邦作物保险公司(FCIC)和风险管理局(RMA)负责资助及监管，并为私营企业提供再保险服务。联邦农作物保险为农民提供了多种可供选择的服务选项和优惠政策，以适应农户不同的风险保障需要。例如农户需自

表 11-5　美国联邦农作物保险产品要素

保险要素	主要内容
保险名称	联邦农作物保险
承保公司	被授权的私营企业
投保主体	所有农业生产个体及农业生产组织
保险标的	农作物、牲畜
保险责任	野生动物肇事、自然灾害、植物病虫害、自然火灾、灌溉供水系统失灵
保险金额	投保人可自行选择标的价值的 50%~85%
保险费率	根据市场平均价格、投保人历史生产数据、标的所在区域风险特性确定
财政补贴	100%~38%，随保险金额水平升高而降低

资料来源：根据美国国会研究局 2021 年年度报告公告整理。

行选择保额水平，即保险金额占标的市场价值的百分比，但不可选择 100% 的投保水平，以确保赔款不会超过市场交易所得，从而规避道德风险。农户必须遵守改进建议，如未能遵守美国农业部公布的农场管理措施将被拒绝索赔。联邦农作物保险可有效为农户减缓信贷还款压力分散融资风险，因此部分信贷机构也将购买该保险作为贷款审核标准之一。与典型的私营保险产品不同，私营企业必须采用美国农业部规定的费率标准，因此无法通过费率差异进行竞争。联邦农作物保险授权私营企业承保的模式带来另一个问题，私营企业可能采取利用回扣刺激投保、补贴申请报告造假以及克扣政府补贴来获得额外收益。

(四)巴基斯坦雪豹保险计划

1999 年，巴基斯坦民营组织巴尔蒂斯坦野生动物保护与发展组织(Baltistan Wildlife Conservation and Development Organization，BWCDO)前身在 Skoyo 村设立了一个试点保险计划，以补偿雪豹肇事对牲畜产生的损失(表 11-6)。通过这项工作，农民和社区逐渐认识到，保护雪豹比杀死雪豹更能让他们受益，由此，2007 年，BWCDO 正式注册。BWCDO 联合村庄，在村庄设立村庄保险委员会(VIC)管理日常事务，委员会成员由村民选举。VIC 负责核查损失、安装监控设备以及对预防捕食者设备监督。理赔资金来源于村民缴纳的保费以及其他组织捐赠，其中村民缴纳的保费存入账户 1，由村庄单独管理，社会捐赠的资金存入账户 2，由 BWCDO 以及村庄共同管理。赔偿资金优先从账户 1 扣除，如若账户 1 资金不足由账户 2 支付剩余赔款。最初试点时，账户 2 的资金由当地公司经营的生态旅游活动收益提供，其中活动之一便是雪豹徒步旅行。该模式的优势在于：一方面，资金的共同管理可以使该计划的资金被双方视作共同财产，激发村民对资金的保护欲望，减少不必要的支出，保证资金足以支付赔款，还可以增强村民对野生动物的防范意识；另一方面，该保险的部分资金账户由村民自行管理，在一定程度上防止了腐败的发生。但这种模

表 11-6 巴基斯坦雪豹捕食者保险产品要素

产品要素	主要内容
发起组织	巴尔蒂斯坦野生动物保护与发展组织
投保主体	村民
保险标的	参保村庄内所有的家养牲畜
保险责任	雪豹造成的牲畜伤亡
保险金额	根据市场价值确定，以牲畜的平均价值为基础
保险费率	1‰
财政补贴	0%
保费自缴	100%
定损理赔	发生捕食事件 5 日以内时，由乡村保险委员会核实损失。如果索赔核定确认无误，BWCDO 所属的村庄保险委员会联合签署、支付赔偿金，村庄无需承担任何成本

资料来源：根据赤道倡议组织官网(www.equatorinitiative.org)公告整理。

式也有一定争议，主要争议是此类计划效率低下但成本高昂，对外部资金依赖性强。此外，该保险仅针对雪豹这单一野生动物，而狼、豹、熊等其他大型食肉动物肇事损失尚未纳入保险责任中。

综上，国外现行野生动物肇事保险从实施规模和开展层级上可以分为国家层面统一保险模式、地方自主特色保险模式、社区层次独立保险模式。国家层面统一保险模式可以调动更多的机构组织参加，因此保险体系更加完备，覆盖面积广。希腊保险产品周密严谨的风格值得学习，但因其赔偿标准缺乏弹性而不适用于野生动物肇事情况复杂多样的国家。美国授权私营企业提供服务并保持中央统一调控的模式与我国情况相似，其指导文件齐全、社会资本调动充分的特点值得我们借鉴。地方自主特色保险模式资金充足，在保险要素、理赔程序方面各有差异。加拿大和意大利的三个省均开展了相同规模的保险项目，但因其费率厘定标准的差异和投保人对野生动物保护的不同态度导致了项目不同的结局。社区层面独立保险模式的补偿措施最具有针对性，但也面临资金较少的主要问题。社区保险模式针对的是资金有限的保险产品，且该模式的保险标的或保险责任往往不常见。

在道德风险规避方面，美国控制赔偿金使其低于市场价值以减少骗保事件，同时将保险与信贷形成有机联系，增加骗保潜在成本从而规避道德风险。加拿大和意大利均将索赔率或预防措施实施情况与费率或赔款相挂钩，以责任转移的方式降低道德风险。巴基斯坦资金共享的措施与我国执行制度不符，因此难以借鉴。在资金筹集渠道方面，美国通过补贴费用和再保险保障吸引社会资本的参与，形成资金的杠杆效应，同时保持中央调控，削减了政府机构的运行管理成本。巴基斯坦自给自足的资金方式虽更适用于小型保险项目，但其初期利用发展野生动物衍生品经济、旅游经济以及社会捐赠不失为一种可行的方法。

二、国内发展情况与存在问题

我国实行野生动物资源国家所有权制度，野生动物资源为国家所有，所以当野生动物肇事导致居民人身或财产安全遭受损失时，相关部门（通常为地方林业主管部门）应当承担相应的责任。因此，为有效解决野生动物给人民群众造成的人身伤害和财产损失，1998年云南省人民政府在全国率先建立野生动物肇事补偿制度，利用财政资金对野生动物肇事受害群众给予适当经济补偿，但存在补偿资金少，定损不规范，补偿不及时等问题，导致了群众满意度不高。2010年云南省林业厅再次率先在全国启动野生动物肇事公众责任保险试点工作，尝试运用市场机制，解决野生动物肇事补偿困境，建立降低野生动物肇事风险的商业保险制度，逐步实现由政府直接补偿向商业保险补偿方式的转变。该项工作在亚洲象肇事严重的西双版纳傣族自治州和临沧市沧源县开展试点，因赔付及时，赔偿比例高，保险试点工作得到广泛认可，试点范围逐步扩大。

2014年，云南实现野生动物肇事公众责任保险全省覆盖；2015年，西藏陆生野生动物肇事公众责任保险在日喀则市先行试点，2018—2019年，保范围扩大至自治区全区；2016年，四川省部分地区开始实施野生动物肇事公众责任保险，此后野生动物肇事赔偿商业保险模式不断推广。截至 2023 年 10 月 1 日，我国北京、重庆、青海、西藏、云南全域覆盖野生动物肇事公共责任险，安徽、福建、广东、甘肃、河南、湖北、湖南、吉林、江苏、江西、山东、山西、陕西、四川、浙江 15 个省（自治区、直辖市）部分地区开展野生动物肇事公共责任险（按名称排序），其余地区仍采用财政补偿的方式赔偿野生动物肇事损失。我国野生动物肇事公众责任保险遵循"政府投保，百姓受益"的原则，由政府部门承担所有保险费用，通过保险公司商业运作赔偿人民群众的人身伤亡以及财产损失。

目前我国野生动物肇事保险主要有 3 种模式：第一种是以云南、西藏、青海等为代表的全域覆盖模式，这些地区所有下辖州、市均已投保野生动物肇事保险，采用省级财政补贴或省市县三级财政补贴方式；第二种是以浙江、四川、安徽、陕西等地为代表的县级试点模式，这些省份虽然尚未形成全覆盖，但统筹考虑当地自然条件、野生动物区域分布特点并总结保险工作经验，选择野生动物资源相对丰富、肇事相对多发的县，以县级财政资金作为补贴来源；第三种是以湖南南山国家公园、湖北神农架林区等为代表的园区试点模式，这两个地区野生动物资源较为丰富，肇事事件时有发生，但行政区划又具有特色，难以归结于上述模式中，因此单独设立园区试点模式，由当地管理局进行管理，采用省级或林区财政补贴方式。具体运行模式、对应的保险产品及代表性地区见表 11-7 所列。

表 11-7　野生动物肇事公众责任保险主要模式

模式	补贴方式	投保主体	保险产品	典型地区
全域覆盖	省级财政补贴	州（市）林草局	野生动物肇事公众责任保险	云南、青海
	省市县三级补贴	市（区）林草局	陆生野生动物肇事补偿保险	西藏
县级试点	县级财政补贴	县林业主管部门	野生动物肇事公众责任保险/野生动物致害政府救助责任保险	浙江、四川、安徽、陕西、山西、河南、江苏等省各试点县
园区试点	省级财政补贴	国家公园管理局	野生动物致害公众责任保险	湖南南山国家公园
	林区财政补贴	林区管理局	陆生野生动物致害责任保险	湖北神农架林区

资料来源：根据我国各地方出台保险方案整理。

（一）省级层面保险模式

省级层面统一保险模式指省级政府牵头并在全省覆盖、有助于弥补野生动物肇事造成的损失、缓解人兽冲突的保险产品模式，是现如今我国开展层级最高的野生动物肇事公众责任保险模式。以青海省、西藏自治区为例，二者均在省级财政补贴下开展野生动物肇事公众责任保险，但补贴资金来源存在差异：青海省开展野生动物肇事公众责任保险的保费由省政府财政全部负担，而西藏自治区则是由省市县按一定的比例共同筹集缴纳。这两个地区保险要素完备，实施方案周密，参考借鉴价值较大。

1. 青海：省级补贴模式

青海省林业和草原局联合省财政厅制定印发《青海省陆生野生动物造成人身财产损失

保险赔偿试点方案》，从 2022 年 5 月 15 日起正式开始为期 3 年的野生动物肇事公众责任保险试点，保险覆盖青海全域，实施统一的保险产品对野生动物造成的人身伤亡及财产损失的直接经济损失进行赔偿。该方案保费设定为 300 万元/年，由省政府财政负担全部费用。青海省试点计划总结了其他地区野生动物肇事公众责任保险的开展经验，部分标的的赔偿标准参考农业保险，具体产品要素见表 11-8 所列。

表 11-8　青海省野生动物肇事公众责任保险产品要素

保险要素	主要内容
保险人	中国人民财产保险股份有限公司青海省分公司
保险责任	野生动物肇事对人员造成身体伤害或者死亡；对农作物和经济林木造成较大损毁；对牲畜造成较重伤害或者死亡
保险金额	伤残死亡每人每次累计赔偿限额 60 万，医疗费 40 万；财产损失每户每次限额 30 万
保费及来源	300 万元/年（2022—2025 年），全部来源于省级财政补贴
赔偿标准	人身伤残赔偿限额 60 万；生活设施按受损情况、市场价格协商赔偿；农林作物参考农业保险赔偿价格赔偿；畜禽优先农业保险赔偿，未投保农业保险畜禽按市场平均价值协商[①]
理赔服务	受害人提交索赔材料后将在 20 个工作日内完成理赔的核对和清算，清算完成后 10 个工作日内支付赔款

资料来源：根据《青海省野生动物肇事公众责任保险方案》整理。

青海省野生动物肇事公众责任保险由省级财政缴纳保费，并按照《青海省重点保护陆生野生动物造成人身财产损害补偿办法》进行赔付，试点工作有序有力推进，有效缓解人与野生动物矛盾冲突，形成了政府投保、第三方保险理赔、群众获益的险种模式。但是，该保险在责任划分时重点强调了仅对野生动物肇事造成农作物和经济林木较大损毁和对牲畜造成较重伤害或者死亡时才进行赔付。这种较为严苛的规定一方面会容易在"较大损失"和"较重伤害"等程度界定上引起纠纷，激发承保公司与被保险人的矛盾；另一方面也会导致因野生动物肇事造成轻微农作物和经济林木损毁的居民得不到补偿，从而引发道德风险，不利于维护社会稳定以及林业生产。

2. 西藏：省市县三级补贴模式

西藏自治区野生动物肇事公众责任保险已覆盖全域，各地（市）依据自身情况参考《西藏自治区陆生野生动物造成公民人身伤害或财产损失办法》制定保险方案。西藏自治区内所有购买野生动物肇事公众责任保险的地区由自治区、地（市）、县（区）财政按 6∶3∶1 补贴保费，缓解了地方财政压力。山南市陆生野生动物肇事公众责任保险开展较早、经验丰富，具体产品要素见表 11-9 所列。

---

①属于农业保险名录且未被其他农业保险赔付的农林作物按农业保险价格赔付，不属于农业保险名录且未被其他农业保险赔付的农林作物按市场平均价值的 80%赔付；牛、羊优先由农业保险赔偿，未赔偿部分按农业保险价格赔偿，其余牲畜按市场平均价格协商。

表 11-9　西藏山南市陆生野生动物肇事补偿保险产品要素

保险要素	主要内容
保险人	中国人民财产保险股份有限公司山南分公司
保险责任	野生动物肇事对公民造成身体伤害或死亡；对牲畜造成死亡的；对农作物、经济作物、经济林木造成损毁；对房屋、家具、畜圈等家庭合法财产造成损毁
保险金额	保额根据《西藏自治区陆生野生动物造成公民人身伤害或者财产损失补偿办法》、农牧民人均纯收入及牲畜、农作物种养成本、市场均价等因素测算
保险费率	身体伤害或者死亡的为定额保费 1 元/人；造成牲畜死亡的，牛羊为 0.32%，猪马骡驴为 0.08%；造成家禽死亡的，费率为 3‰；造成农作物、经济作物、经济林木损毁的，费率为 0.9‰；造成房屋、家具、畜圈等家庭合法财产损毁的，费率为 0.05‰
保费及来源	320 万元/年，由自治区、地（市）、县（区）按比例筹集
赔偿标准	参照《西藏自治区陆生野生动物造成公民人身伤害或者财产损失补偿办法》
理赔服务	承保机构收到报案后 3 个工作日内完成查勘定损，10 个工作日内完成赔款发放

资料来源：根据《山南市陆生野生动物肇事补偿责任保险方案》整理。

西藏山南市陆生野生动物肇事补偿保险通过简化补偿程序、扩大补偿范围以及提高补偿标准等措施不断提升保险实施效果。但是，该保险在责任设定上，规定仅有对死亡牲畜造成的损失才能赔付，限制了该保险风险补偿作用的发挥；而在补贴机制设置方面，该保险也仅是简单地对自治区、地（市）、县（区）的比例进行划分，并未考虑各个市县的财政承受能力，很可能导致县级部门面临较大的保费筹集压力，不利于野生动物肇事补偿保险的开展与执行。

（二）县级层面保险模式

县级层面特色发展模式指通过在县级行政区试点实施，有助于弥补野生动物肇事造成的损失、缓解人兽冲突的保险产品模式。相较于省级层面统一保险模式，县级层面特色发展模式保险方案设计更加灵活，各具特色，更加符合当地发展情况与野生动物肇事情况。

1. 四川汶川：县级财政补贴模式

面对野生动物毁坏农民庄稼、经济林、畜禽事件，四川省各市县纷纷推行野生动物肇事公众责任保险，设置了免赔及赔偿比例——每次事故免赔限额为实际损失金额的 10%，并在赔偿限额内按照农作物不同生长期的对应比例赔付，补贴来源为县级政府财政资金。免赔的设定，在一定程度上有利于被保险人重视预防措施的实施、节省保险公司因理赔投入的时间和精力；而赔偿比例的设定，则有助于赔偿资金的精准化，提高其使用效率。汶川县在总结其他市县工作经验的基础上开展野生动物肇事公众责任保险，具体产品要素见表 11-10 所列。

表 11-10 四川汶川县野生动物肇事公众责任保险产品要素

保险要素	主要内容
保险人	中华联合财产保险股份有限公司阿坝中心支公司
保险责任	野生动物袭击导致人员死亡、伤残及医疗救助；农作物、经济作物、农房、农业生产设施、家禽家畜遭受野生动物伤害导致损失
保险金额	全年累计 400 万元，赔偿限额：人身伤亡、残疾 100 万元/每次，畜禽 6 万元/每次，农作物 6 万元/每次，特色水果 6 万元/每次，农房 3 万元/每次
保费及来源	预算金额 50 万元/年，全部来源于县级财政资金
赔偿标准	常见家畜死亡赔偿：牛限额 2000 元/头，羊限额 800 元/只，猪限额 800 元/只 以马铃薯为例，苗齐期、幼苗期、发棵期、结薯期、成熟期对应的赔付比例分别为 60%、70%、80%、90%、100%
定损理赔	承保机构接到报案后，24 小时内进行现场查勘工作，10 个工作日内完成赔付

资料来源：根据《汶川县野生动物肇事公众责任保险方案》整理。

四川省汶川县野生动物肇事公众责任保险采用县级政府与保险机构签订合同开展的模式，保险责任、保险金额、赔偿标准以及定损理赔方式等内容由双方协商确定，给予了县（市、区）政府较大的自主权，保费由县级财政资金缴纳。该保险的开展有效缓解了汶川县在野生动物保护和野生动物对人身伤害、财产损害方面的矛盾，切实促进人与自然和谐共生。但因缺少省级层面出台的保险方案和补偿办法，县级层面保险模式容易出现地区保险待遇差异化的问题，导致已开展地区人兽冲突加剧和激化。此外，由于缺乏省、市层级的财政支持，县级财政补贴模式的野生动物肇事公众责任保险存在开展规模较小或者是难以推动实施的问题，无法有效解决人兽冲突矛盾。

2. 浙江遂昌：县级财政补贴模式

为科学处理保护生物多样性与维护人民群众切身利益的关系，浙江省各市县陆续开展野生动物肇事保险，将体现当地经济结构的中药材和蔬菜瓜果（而非禽畜）作为保险标的写入保险合同中，统一规定农作物生长周期对应的赔付比例，以县级政府财政资金作为保费来源。赔付比例的设定，有助于赔偿资金的精准化，提高其使用效率。浙江省遂昌县总结其他市县经验，开展陆生野生动物肇事公众责任保险，产品要素见表 11-11 所列。

浙江省遂昌县野生动物肇事公众责任保险同样采用县级政府与保险机构签订合同开展的模式，理赔物种、理赔范围、理赔程序、理赔情形、理赔标准、理赔时限等内容由双方协商确定。该保险的实施可有效减轻受害群众的经济损失，化解社会矛盾，增强社会的稳定性，且相较于政府直接补偿具有理赔金额大、理赔速度快等优势，有利于进一步推动野生动物保护事业的发展。但也是因为缺少省级层面出台的保险方案和补偿办法资金支持，县级层面保险模式容易出现地区保险待遇差异化的问题，导致已开展地区人兽冲突加剧和激化。而缺乏省、市层级的财政支持，又使得县级层面的野生动物肇事公众责任保险开展规模较小或者是难以推动实施，无法有效解决人兽冲突矛盾。

表 11-11 浙江遂昌县陆生野生动物肇事公众责任保险产品要素

保险要素	主要内容
保险人	中国人民财产保险股份有限公司丽水市分公司
保险责任	居民遭受野生动物侵害造成人身伤亡或财产损失，对被保险人依据国家或地方法律规定给付的一次性伤亡救助金、支付的医疗费用以及财产损失补偿金
保险金额	累计赔偿限额 3000 万元，每次事故责任限额 300 万元(每人人身伤亡责任限额 30 万元/次，财产损失责任限额 10 万元/户，蛇类咬伤事件定额 1000 元/人)
保费及来源	19.8 万元，全部来源于县级财政资金
赔偿标准	对人身伤亡和农作物损失的赔偿标准作了规定，其中农作物、经济作物、蔬菜瓜果等对应的赔付比例为生长初期 30%，成长期 50%，成熟期 80%，收获期 100%
理赔服务	接到报案后，承保机构理赔人员赶赴现场勘察，在赔付协议达成后 7 日内完成赔付

资料来源：根据《遂昌县陆生野生动物肇事公众责任保险方案》整理。

(三)国家公园保险模式

国家公园独立发展模式指在国家公园内施行，有助于弥补野生动物肇事造成的损失、缓解人兽冲突的保险产品模式。相较于普通行政区，国家公园内野生动物数量更多，相较普通生活区密度更大，因此野生动物肇事事件的发生也就更集中。

1. 湖南南山国家公园：省级财政补贴模式

为更好地解决山猫、野猪、黄鼠狼等野生动物猎食家畜家禽、破坏农作物的事件，保障当地居民权益，湖南南山国家公园正式实施野生动物致害公众责任保险，对野生动物伤害导致人身伤亡或者财产损失进行赔偿，参照《南山国家公园重点保护陆生野生动物致害补偿办法》执行，保费来源于省级财政补贴，由公园管理局支付，具体产品要素见表 11-12 所列。

表 11-12 湖南南山国家公园野生动物致害公众责任保险产品要素

保险要素	主要内容
保险人	中国人民财产保险股份有限公司城步支公司
保险责任	野生动物伤害导致人身伤亡或者财产较大损失
保险金额	总赔偿限额为 3000 万元，每次事故赔偿限额 100 万元(人身伤亡赔偿限额 30 万元，医疗费用限额 5 万元；农作物、林木和经济作物合计赔偿限额 10 万元/次；家养牲畜、家禽、水产品赔偿限额 10 万元/次)
保费及来源	30 万元/年，全部来源于省级财政
赔偿标准	参照《南山国家公园重点保护陆生野生动物致害补偿办法》执行赔偿

资料来源：根据《南山国家公园野生动物致害公众责任保险方案》整理。

湖南南山国家公园野生动物致害公众责任保险遵照"公园出资、企业运作、群众受益"原则设计并开展，公园管理局利用省级财政资金缴纳保费。同时该保险在具体操作过程中，公园管理局指派人员积极协助保险公司服务团队，快速做好查勘、定损、理赔工作。但是该保险对野生动物侵害造成试点区群众伤害或者农作物、林木苗木、家禽家畜、水产品等财产损失较大的情形才给予补偿，却没有明确何为损失较大的情形，在一定程度上容易引发双方理赔纠纷，并限制该保险风险补偿作用的发挥。

2. 东北虎豹国家公园：公园管理局补贴模式

为更好地保护东北虎豹国家公园内大型捕食者野生动物种群数量，保障当地居民人身、财产权益，2020 年起东北虎豹国家公园实施野生动物肇事公众责任保险，对野生动物伤害导致人身伤亡或者财产损失进行赔偿，与财政补偿形式同时运行，实现补偿"双保险"，并计划于 2022 年全面建立健全商业保险机制，开通三日、七日、十日快速理赔通道。保险参照《吉林省重点保护陆生野生动物造成人身财产损害补偿办法》执行，由东北虎豹国家公园管理局招标，并承担保费，具体产品要素见表 11-13 所列。

表 11-13　东北虎豹国家公园野生动物肇事公众责任保险产品要素一览表

保险要素	主要内容
保险人	安华农业保险股份有限公司延边朝鲜族自治州珲春支公司
保险责任	东北虎豹园区内因承保区域内动物（包括野生动物）造成的第三者人身伤亡或财产直接损失
保险金额	总赔偿限额为 800 万元
保费及来源	159 万元/年（2023 年），公园管理局财政补贴
赔偿标准	参照《吉林省重点保护陆生野生动物造成人身财产损害补偿办法》执行赔偿

资料来源：根据《东北虎豹国家公园野生动物肇事公众责任保险方案》整理。

东北虎豹国家公园野生动物肇事公众责任保险涵盖人身损害、家畜家禽损失、农作物损害、经济作物损害，有助于充分保障虎豹公园区域内群众的合法权益，有效缓解野生动物保护和林区群众生产生活之间的矛盾。

第三节　保险产品与要素设计

野生动物肇事公众责任保险产品的设计遵循"政府主导、商业运行、试点先行"的原则。为规范野生动物肇事公众责任保险的开展，林业主管部门应尽快出台《野生动物肇事保险操作指南》或者指导性文件，对野生动物肇事保险的责任主体、赔偿范围、赔偿标准、损害程度界定、理赔程序等进行统一规定，各试点地区可以结合相关政策和市场行情对具体赔付金额进行调整，并对报案时间、现场查勘时间以及赔付时间做出明确且切实可行的说明。

一、投保主体选择

野生动物肇事公众责任保险投保主体应遵照相关法律和公共财政支出范围进行选择和确定，多为地方林业草原主管部门，如林业和草原局、自然资源与规划局、农业农村局野生动物保护站、水利局等。从法律法规角度来讲，按照《中华人民共和国野生动物保护法》第七条规定，"县级以上地方人民政府对本行政区域内野生动物保护工作负责，其林业草原、渔业主管部门分别主管本行政区域内陆生、水生野生动物保护工作"，野生动物肇事管理工作属于地方事权，支出责任也主要由当地政府承担。目前开展的野生动物肇事公众责任保险项目中，肇事种群主要集中为野猪、亚洲象等陆生野生动物，故多由林业草原部门主管。

二、保险责任划分

野生动物肇事公众责任保险的责任划分应在法律法规的指引下，结合肇事物种以及实施保险的目的予以确定，可涵盖人身、农作物、经济作物（林木）、家养禽畜以及房屋等其他财产，并对"其他财产"做出相关规定。《中华人民共和国野生动物保护法》第十九条指出："因保护本法规定保护的野生动物，造成人员伤亡、农作物或者其他财产损失的，由当地人民政府给予补偿。"在该条规定的指引下，多数试点地区均将人身和相关财产作为保险标的。进一步地，从肇事物种类型维度分析，大型野生动物（如亚洲象、豹、虎、雪豹、黑熊等）肇事往往会对农作物及居民的人身带来较重程度的破坏与伤害，甚至对于房屋、家具、畜圈等家庭合法财产造成毁损，因此大型野生动物肇事频繁的地区，保险标的可将人身、农作物以及家庭合法财产囊括其中。而中小型野生动物（如野猪、黄喉貂、野兔、蛇类、鸟类等）肇事多数集中在对农作物的破坏，偶尔会伤及人类，故此类地区可以将保障范围重点放在农作物、经济作物、蔬菜瓜果、中药材及人身上。从保险实施目的维度分析，对于旨在保护区域内居民人员安全的这类地区，可以将居民或者居民人身作为保险标的；对于旨在保护区域内居民合法财产的，可以结合当地收入结构和经济来源对合法财产的概念进行具体分类，如农作物、经济作物、蔬菜水果、中药材、蜂蜜、家具、畜圈、房屋等。

基于此，野生动物肇事公众责任保险产品的保险责任根据保险标的可能发生的风险进行设定，通常涵盖野生动物肇事对当地居民造成身体伤害或死亡，对规定区域内牲畜造成伤害或死亡，对农作物、经济作物、蔬菜瓜果、房屋家具、畜圈等家庭合法财产等造成损毁的情形，重点强调肇事产生的直接经济损失。同时，为了减少查勘定损以及理赔程序中可能引发的冲突和矛盾，责任的设定应当尽可能清晰，对伤害、破坏、毁损程度做出明确的界定和区分，增强保险合同的可参照性与可依据性。

三、保险金额设定

野生动物肇事公众责任保险保额的确定，应根据《重点保护陆生野生动物造成人身财产损害补偿办法》或《陆生野生动物致人伤害和财产损失救助暂行办法》等当地文件、当地农牧民人均纯收入以及牲畜、农作物种养成本和市场均价等因素测算并确定。目前野生动物肇事公众责任保险尚处于试点推进阶段，部分地区缺少地方文件，可与承保机构进行协商以更为科学合理地确定保险金额。

专　栏

西藏那曲市陆生野生动物肇事公众责任保险金额的确定

公益林保险理赔流程包括接报案及调度、查勘定损、理算核赔、提交索赔材料、理赔公示、赔款支付与回访等主要环节。

1. 保险牲畜、家禽保险金额按以下方式确定，并在保险单中载明：

(1)牦牛(犏牛)、黄牛、耕牛(驮牛)、马、骡、驴：2600元/头；

(2)绵羊、山羊、紫绒山羊：350元/只；

(3)猪：600元/头；

(4)家禽(鸡、鸭、鹅)：12元/只。

Σ 保险金额=每头(匹、只)保险金额×保险数量

2. 保险农作物、经济类作物、经济林木保险金额按照以下方式确定，并在保险单中载明：

每亩保险金额=自治区统计部门公布的受害人所在区域内同类农作物、经济作物、经济林木前3年平均亩产×受害人所在地上一年度同类产品市场均价的70%；

按照上述原则，参照自治区农牧厅等有关部门数据测算，农作物物化成本每亩一般不低于300元，正常年景农作物(以青稞、小麦为例)每亩产值约1500元。据此，野生动物肇事公众责任保险参保农作物、经济类作物、经济林的保额为：青稞1000元/亩，小麦800元/亩、油菜1000元/亩、水稻1200元/亩、玉米800元/亩。除上述外，其他农作物或经济类作物遭受野生动物破坏的标的保额统一为600元/亩，赔偿时以实际价值计算赔款，最高不超过保额。

Σ 保险金额=每亩保险金额×保险面积

3. 保险房屋、家具、家电、畜圈等家庭合法财产保险金额按照以下方式确定，并在保险单中载明：

(1)砖混结构住房(安居工程住房)：12 000元/户；

(2)土木结构住房(其他类型住房)：10 000元/户；

(3)家具、家电、畜圈等家庭合法财产：5000元/户。其中，电视1000元/台；冰箱1000元/台；家具2000元/户；其他财产1000元/户。

4. 造成公民身体伤害或者死亡的保额：

(1)造成身体伤害的，保额赔偿受害人医疗费以实际发票为准；因误工减少收入的，按照自治区统计部门公布的当地上一年度农牧民人均收入折算。实际误工天数依照村(居)民委员会和乡(镇)级以上医疗机构出局的有效证明确定。

(2)造成部分或者全部丧失劳动能力的，一次性补偿受害人医疗费以及残疾赔偿金。部分丧失劳动能力的，残疾赔偿金为自治区统计部门公布的当地上一年度农牧民人均纯收入的15倍；全部丧失劳动能力的，残疾赔偿金以自治区统计部门公布的当地上一年度农牧民人均纯收入的25倍为标准。

(3)造成死亡的，一次性赔偿受害人医疗费、丧葬费和死亡赔偿金。其中：丧葬费1000元，死亡赔偿金额为自治区统计部门公布的当地上一年度农牧民人均纯收入的30倍。

四、保险费率厘定

野生动物肇事公众责任保险费率的确定，应根据当地野生动物肇事风险水平、致损与赔付情况，当地文件、当地农牧民人均纯收入，以及牲畜、农作物种养成本和市场均价等因素，运用科学合理的模型和方法测算并确定。

专 栏

西藏那曲市陆生野生动物肇事公众责任保险费率的确定

(1)造成公民身体伤害或者死亡的，保费：1元/人(实行定额保费)；

(2)造成牲畜死亡的，结合相关地(市)野生动物种群规模、农牧民生产特点以及2016年野生动物肇事公众责任保险理赔情况，日喀则市、山南市、那曲市、阿里地区牛羊保险指导费率分别为0.08‰、0.32‰、0.60‰、0.65‰，猪、马、骡、驴保险指导费率统一为0.08‰；

(3)造成家禽死亡的，保险指导费率为3‰；

(4)造成保险农作物、经济类作物、经济林木毁损的，保险指导费率0.9‰；

(5)造成房屋、家具、畜圈等家庭合法财产毁损的，指导费率为0.05‰。

五、定损理赔方式

野生动物肇事公众责任保险赔偿标准则要遵循地方政府出台的《重点保护陆生野生动物造成人身财产损害补偿办法》等文件执行，并根据当地农牧民人均纯收入以及牲畜、农作物种养成本和市场均价等因素调整。对于赔付比例，应该结合农作物、经济作物(林木)的各生长阶段设置，如幼苗阶段、生长发育初期阶段、生长发育至收获阶段、作为商品销售阶段可分别对应30%、50%、80%以及100%的比例；对农作物、经济作物、牲畜等财产的毁损程度设置赔偿比例，对于不影响出售以获取经济价值的，可适当设置低赔付比例，对于需折价出售的，可适当调高赔付比例，对于毁损严重而无法出售的，则应当按约定价格全部赔偿；同步设置免赔条款，通常为10%的免赔率或者300~500元的免赔额，可以在一定程度上督促农牧民对野生动物肇事采取一定的防范措施，提高赔付资金的使用效率。

第十二章　林业保险与信贷合作模式

在集体林权制度改革等政策因素以及林产品价格上涨等市场因素的作用下，林业经营主体的投资激励被进一步放大，这使得林业经营主体长期存在的"融资难"问题更加突出。理论上，林业经营主体面临融资约束的重要原因即在于林业生产的高风险性，使得银行等信贷机构愿意进入林业信贷市场，而林业保险可以通过降低林业经营风险以及解决林业经营主体因缺乏合格担保品而贷款困难的现实困境，同时将林业系统风险所导致的信贷风险从金融市场转移到保险市场，从而确保了银行等信贷机构的可持续性和林业经营主体的再生产能力。加之信贷保险耦合机制可以进一步减少交易成本和经营费用，提高双方的总体收益从而形成"双赢"结果。因此，对于完善而高效的林业金融服务体系，林业信贷与林业保险的互动发展不可或缺。

从政策层面来看，2003年中共中央、国务院《关于加快林业发展的决定》赋予林权抵押权能。2013年中国银监会、国家林业局《关于林权抵押贷款的实施意见》进一步规范林权抵押贷款制度，林权抵押贷款得到了初步发展。在上述两项政策的基础上，2018年，国家林业局联合中国银监会、国土资源部联合印发《关于推进林权抵押贷款有关工作的通知》，明确指出推广"林权抵押+林权收储+林业保险"贷款等林权抵押贷款模式。但从实践层面来看，目前我国林业信贷与林业保险合作仍处于浅层起步阶段。尽管福建、江西、浙江、辽宁、云南、海南等省份相继开展了小额林权抵押贷款和林业保险试点工作，但总体上林业信贷和林业保险仍表现为割裂式的独立发展状态。其他地区多偏重于林业信贷和林业保险各自功能作用发挥方面的实践探索，如关注林业保险的产出效应和生态补偿效应，以及关注林业信贷的增收效应。值得一提的是，由于"保险+信贷"模式相较于单独的保险产品和信贷产品所表现出的优越性，针对"农业保险+信贷"的研究成为了近期学界关注的焦点之一，这也从侧面说明了林业保险和信贷互动研究在理论上的必要性。

为此，基于建立与完善我国林业金融支持体系的需要，本章在分析林业保险与林业信贷耦合机制的基础上，进一步对其助农增收方面进行理论推导，论证"林业信贷+林业保险"的理论依据和现实基础，并参考现有典型案例为促进林业信贷和林业保险的互动发展和完善我国林业金融服务体系提供参考。

第一节　合作机理与功能作用

一、合作机理

林业是一种弱质性产业，其面临的风险复杂多样，银行等信贷机构的农业贷款风险也相对较大。由于正规信贷市场中林业经营主体与银行等信贷机构之间存在着严重的信息不对称，其导致的逆向选择和道德风险问题也会加大银行等信贷机构的贷款风险。对此，Stiglitz 和 Weiss(1981)提出的经典 S–W 模型表明：要求林业经营主体提供足额的抵押担保物，是银行等信贷机构克服市场中的信息不对称、甄别和监督贷款人行为、降低自身经营风险的最为有效、常见和简单的手段。为了确保林业经营主体在发生农业风险时能够顺利还贷，银行等信贷机构往往要求林业经营主体提供抵押或担保用以分散自身经营风险。但大部分林业经营主体因无法提供足额的抵押担保物，从而受到信贷配给。由此可见，如果银保互动能够充分发挥抵押担保替代的作用，就可以真正有效地缓解林业经营主体受到的信贷配给。

为了解决金融市场中的信息不对称问题，激励正确行为动机，避免逆向选择或道德风险行为，交易双方需要在合约中加入适当的激励措施。如果把银保互动看成是在借贷合约中加入保险合约的行为，那么就可以通过改变合约的激励结构来达到一个最优解，从而促进贷款人与借款人之间交易的成功率，即提高借款人的贷款可获性，减轻信贷配给程度。进一步地，如何使得信贷和保险的激励结构达到或是趋向最优解呢？从银保互动产生的基础来看，可以从资产专用性、交易成本、范围经济 3 个方面入手。

(1)资产专用性

根据奥利弗·E·威廉姆森在《资本主义经济制度》提出的资产专用性观点，不同行业在生产时所需要素的属性、品质、结构等各个方面的要求不同，即不同行业的生产表现出资产的专用性，因此资产专用性是区分不同行业不同交易的重要标志。由于配置生产要素是需要付出成本的，所以一个行业的资产专用性强弱取决于这一成本的高低，成本越高，资产专用性越强，行业的进入壁垒和垄断程度越高，该行业与其他行业的融合越难；反之，资产配置成本越低，该行业与其他行业相互进出的可能性越大。因此一个经济结构中资产的专用性越弱，同质性越强，不同行业合作的可能性越强。

林业信贷和林业保险两个行业，其本质都属于金融行业，在生产要素方面具有较高的同质性，都需要通过运作资金和管理风险实现经营目标。在同一空间内，面对的交易对象也十分接近，因此两个行业之间的资产专用性较弱，奠定了银保互动的合作基础。

(2)交易成本

根据资产专用性基础，林业信贷和林业保险行业面对的客户群体相近，均为林业或相关领域的生产经营者，为了控制由于林业本身的高风险性以及市场的信息不对称带来的风险，这两个行业都需要付出昂贵的交易成本，建立甄别和监督机制以避免风险带来的损失。

交易成本可分为事前交易成本和事后交易成本两种。事前的交易成本是指为了签订契约、规定交易双方的权利和责任所付出的成本；事后的交易成本是指在契约成立之后，为了解决契约带来的问题，从改变条款到退出契约所付出的成本，包括了不适应成本、讨价还价成本、启动及运转成本和保证成本 4 个方面。通过区分不同的交易成本，可以识别银行等信贷机构采取的不同风控手段。如果银保可以有效地融合互动，就可以实现相同风险防控手段的共享和不同风险防控手段的互补，从而达到降低交易成本的目标。

（3）范围经济

范围经济是指经济单位在单一经营主体内扩大经营范围和生产规模从而带来风险分散和效率提高的作用，是规模经济在跨行业生产中的体现。林业信贷和林业保险机构可以通过基础设施、网点分布、信息技术等方面的优势互补，同时提高双方的生产和交易效率，增加和创新金融产品供给，从而降低因产品单一而导致的风险集中程度，实现范围经济。

二、合作路径

（一）跨市场的机构合作路径

"合作—代理"模式基于我国林业保险市场的发展现状，许多保险公司在林业保险市场的覆盖面有限，林业保险市场的发展还不成熟。因此，通过跨市场的机构合作，借助产业代理的方式是一种适宜的选择。一般而言，"合作—代理"的模式包括一家专业的保险公司（如商业保险机构）和一家信贷机构。从国内现有的林业信贷、林业保险支持林业发展模式看，保险公司与其他银行等信贷机构的合作机制尚未形成。首先，信贷机构可能缺乏对林业保险产品的认识，从而影响到保险公司产品的形象。其次，委托代理关系下容易产生道德风险行为，不利于保险公司在林业保险市场的长期发展。目前针对林业信贷项目自然风险的林业保险产品有待创新。考虑到林业保险处于初期发展阶段，银行等信贷机构可能会缺乏对林业保险产品的认知。再次，"合作—代理"这种产业联合方式下容易产生道德风险行为，不利于保险公司在林业碳汇保险市场的长期发展；与此同时，现有的林业保险产品的保险责任不够全面，无法全面保障银行等信贷机构的还款来源。基于此，银行等信贷机构与保险公司可以考虑构建"政府+银行等信贷机构+保险公司+龙头企业+林业经营主体"的新型银保联合体。在合作对象上，应将农村商业银行等信贷机构、农村信用社、农村资金互助社、当地龙头企业等纳入保险公司的合作范围。通过农村商业银行等信贷机构、农村信用社及农村资金互助社的加入，一方面可以有效缓解银行等信贷机构的放贷压力，降低风险冲击下面临的资金损失程度；另一方面还能够提高对保险公司的监管力度，采取联合监管方式有效防范保险公司可能出现的道德风险行为，从而获取集约化经营效益。当地龙头企业的参与可在林产品收购合同中适当提高产品收购价格、延长资金偿付期限等，以更有利的条件为林业经营主体提供商业优惠，从而吸引更多林业经营主体的参与，还能保证林业开发经营原料或货源的充足与稳定。

（二）跨市场的产品合作路径

除了从机构合作的视角分析林业信贷和林业保险市场的对接形式外，还可以从产品对接角度来分析，通过开发不同的融资保险品种，拓展林业信贷与林业保险互动的空间。在实际操作中，可以考虑将林业信贷与林业保险统一起来，信贷机构把贷款分成两部分，一部分作为林业保险的保费，另一部分资金交付林业经营主体用于林业生产，即林业经营主体在申请林业信贷的时候，农村信用社根据其申请的项目，扣减相应的保费，凡申请贷款者必须购买林业保险。在正常情况下，林业经营主体完成林业生产所获收入偿还贷款；发生自然灾害等保险事故时，则由保险公司审查之后，用赔款直接代为偿还银行等信贷机构贷款，剩余部分付给林业经营主体，用于林业生产的灾后恢复。这样做可以利用信贷与保险各自的特点，相互弥补其劣势。一方面，保险公司利用银行等信贷机构作为营销渠道，节省双方的成本支出；另一方面，可以降低农村信用社的信贷风险。此外，保险公司还可以考虑选择邮政以及其他的分销渠道，或者在之前合作关系的基础上建立战略伙伴关系，利用信贷市场已经搭建起来的平台来拓展保险销售业务。

在产品开发上，对信贷机构来说，要加强与保险公司的合作，逐步拓展合作领域，开发新的适合林业经营主体需要的信贷品种。信贷机构可以将林业经营主体或林业经济合作组织的保单、林权证或仓单作为质押物，或将大型林业机械设备作为抵押物向信贷机构申请贷款。对保险公司来说，也要加强对林业信贷保险市场的研究，开发符合林业生产特点、能够满足林业经营主体需求的保险产品。保险机构可以设计保单质押贷款保险、抵押贷款保险等产品。林业生产经营者和信贷机构在签订贷款合同的同时由一方购买融资保险，将部分风险转移；保险机构承诺在借款方无力偿还贷款时，赔偿信贷机构的部分损失，并取得代位追偿权；当借款方有偿还能力之后，保险机构追回贷款，扣除支付的保险赔偿，并将余下款项归还给信贷机构。这样既增加了信贷机构的业务收益，又能更有效地防范风险。

三、功能作用

林业信贷与林业保险耦合机制的建立，有利于林业经营主体规避风险，通过对贷款项目进行相应的保险，不但能提升林业经营主体的还款能力，而且能解决林业经营主体贷款抵押物不足的问题，为银行等信贷机构提供信贷资金的安全保障。同时保险公司可以按有关政策获得一定利润，实现林业经营主体、保险公司和银行等信贷机构的共赢局面。林业信贷与林业保险耦合机制相对于独立机制有以下几方面的优势：

（一）降低林业信贷难度，有利于满足融资需求

"林业保险+林业信贷"合作模式中，林业保险可以通过发挥金融增信功能，充分满足林业经营主体的融资需求。从信贷需求角度看，拥有授信资格但授信额度较低的林业经营主体和因贷款资质未达标准等原因而无法获得林业碳汇信贷的经营主体都可以通过保险提升贷款质押资质，进而向银行等信贷机构申请林业信贷，有效缓解林业经营主体的融资约束问题。对于没有授信资格的经营主体而言，则实现"从无到有"的授信额度变化；对于拥有授信资格但授信额度较低的经营主体而言，实现"从有到更多"的授信额度变化。从信贷供给角度看，林业保险除为银行等信贷机构提供稳定还款保障外，还能提高银保机构间的信息共享效率，降低二者的信息搜索成本，进而缓解银行等信贷机构贷款成本高的问题，进一步激发银行等信贷机构的信贷参与意愿，并从侧面降低了林业经营主体获取林业碳汇信贷的难度。

（二）优化金融资源配置，有利于降低信贷风险

林业信贷与林业保险协同机制相对原来存在的旧的信贷和保险机制而言，存在帕累托改进。帕累托改进最大的表现是在不影响信贷机构和保险公司利润水平的情况下，规避了风险，提高了林业经营主体的抗风险能力与盈利能力。另外，通过发展林业保险，可以发挥保险的抵押品替代功能，既提高林业生产者的禀赋，又能增强信贷机构对林业信贷的偏

好，实现在一方或双方主体效用不受损害的前提下提高效用水平，从而实现林业信贷资源配置的帕累托改进。在协同机制下，即使出现风险，信贷机构可从保险公司的赔偿中优先获得林业经营主体的还款，降低了回收贷款的风险。

（三）提高信息利用效率，有利于降低交易成本

在信贷、保险互为独立的机制下，由于业务发展各自为政，要分别对林业经营主体信息进行采集和调查，建立各自的信息档案，银行等信贷机构和保险公司的经营费用为二者费用的综合。而建立协同机制后，对林业经营主体的风险状况信息、信用信息及经营信息的共享，使信息利用效率提高了。信息利用效率提高的直接经济效果是节省了交易费用。由于业务的类似性，银行等信贷机构的经营费用约等于保险公司的经营费用，理论上经营费用可以降低一半左右。对林业经营主体而言，只需要与一个联办机构办理手续，节省了人工和费用。总之，由于机制改进，在不降低银行等信贷机构利润水平基础上，降低了经营费用，增加了剩余。对增加值的分配，主要是由信贷机构、保险公司与林业经营主体三家的博弈决定，在支持林权改革的大背景下，当信贷机构和保险公司在享受国家有关优惠政策后，有可能将增加值让渡给林业经营主体，以促进林业生产力的发展。

（四）符合激励相容原则，有利于防范道德风险

建立信贷与保险协同机制，增加了对林业经营主体的激励和约束能力，较高的稳定收益是对林业经营主体的激励；而违约后的信贷和保险的双重惩罚，特别是今后信贷的惩罚，是对林业经营主体道德风险的强有力的约束。在传统独立的机制情况下，保险公司对林业经营主体的道德风险没有足够的约束力；在协同机制下，保险公司可以通过对今后的信贷业务的影响来约束林业经营主体的道德风险，从而降低风险。同时，协同机制也增加了对信贷机构和保险公司的激励，一是为信贷机构破解"担保难带来的贷款难"、化解林业贷款风险提供了可行之道，二是保险公司也有望借助农业银行等信贷机构、农村信用社等基层银行迅速拓展相关林业保险业务规模。

第二节　典型案例与发展模式

一、典型案例

（一）福建省三明市"林权抵押贷款+林业保险"模式

福建省作为我国集体林权改革试点省份之一，森林覆盖率居全国首位，也是我国新一轮林权制度改革的发源地与首笔林权抵押贷款的诞生地，同时是第一批森林综合保险试点区。随着林权制度改革的不断深化，福建省农村信用社于 2004 年 4 月率先在三明市永安县开创了首笔以林权证为核心的林权抵押贷款金融创新业务，以林权抵押贷款为核心的林业金融随后在全国范围内由点到面逐步推开。截至 2019 年年底，福建省已累计发放林权抵押贷款 63.4 亿元、受益林业经营主体近 5.7 万户。此外，为进一步增强林业自然风险抵御能力、改善林业投融资环境、稳定金融机构还款来源、保障林业经营主体增收，福建省三明市结合福建省林业厅、福建省财政厅、中国人民财产保险股份有限公司福建省分公

司《关于印发 2017 年森林综合保险方案的通知》要求，针对林权抵押贷款银保合作业务推出林业保险产品，充分发挥林业保险融资增信作用，形成"保险+信贷"的有效合作模式，从而促进林权抵押贷款业务的快速发展。

1. 具体做法

"林权抵押贷款+林业保险"模式是指凡需将林木作为抵押物向银行等金融机构办理抵押贷款项目，并由林权收储公司为该贷款项目提供林权收储保证的市辖区内的林业经营主体，必须向经市政府批准的林权所在地区有经营林业保险资质的保险公司或保险代理机构投保森林综合保险（表 12-1）。其中商品林遵循自愿投保的原则，由林木所有权者自愿选择是否投保；对经营面积较大的省属和县属国有林场、林业企业、林农专业合作组织和种植大户，可单独投保，实行一户一保单，保费由投保人缴纳；对经营面积较小的一般种植户，可单独投保，也可以村为单位统一参保，实行一村一保单，保费可由村统一收取或扣缴；生态公益林则由林业局统一投保。保险费由县级财政补贴 50%，林业企业、林业生产经营组织、林业经营主体自行承担 50%，被保险人在签订保险合同的同时必须缴清当年的保险费，其后保单年度的保费在上一年度保险期限到期之前由被保险人缴清保费后保险公司出具保单，各县（市、区）财政补贴保费由保险公司、林业局、林权收储公司、林业经营主体共同按月向当地财政部门申请，由财政部门将保费补贴直接划拨给林业经营主体或代办保险手续的林权收储公司。

表 12-1　福建省三明市林权抵押贷款的森林综合险保险要素

保险要素	内容
保险标的	全市范围内林权所有者所有且用于充当抵押物向银行等金融机构办理贷款的正常生长的森林
保险责任	在保险期间内，由于发生森林火灾，病虫害、暴雨、暴风、洪水、滑坡、泥石流、冰雹、霜冻、台风、暴雪、雨淞、干旱，造成的保险森林受害损失，保险公司按照本方案的赔偿标准负责赔偿
保险金额	每亩 1800 元（含已投保的政策性森林综合保险每亩 600 元）
保险期限	一年
赔偿标准与处理	①受害面积≤100 亩，免赔 10%。赔款＝每亩保险金额×受害面积×90% ②受害面积>100 亩，免赔 10 亩。赔款＝每亩保险金额×（受害面积−10 亩） ③受灾户超过一户的，各户赔款按各户受害面积占总受害面积的比例计算 ④桉树风灾损失，每亩赔款限额 600 元；桉树因其他灾害造成的损失最高赔偿金额仍按每亩 1800 元赔偿
财政补贴政策	保险费由县级财政补贴 50%，林业企业、林业生产经营组织、林业经营主体自行承担 50%

为破解银行等信贷机构所担心的评估、监管、处置等难题，三明市还针对"林权抵押贷款+林业保险"合作模式建立了"四位一体"的林权按揭贷款风险防控机制：一是资产评估。为保证评估的公允性，林权收储公司对林权评估全程跟踪，最大程度减少出险。二是林权监管。林权收储公司委托第三方监管抵押林权，防止盗砍滥伐等人为破坏带来的风险。三是收购处置。贷款如果出现风险，抵押林权由资产管理公司直接从林权收储机构全

额收购，再公开拍卖变现。四是收储兜底。林权拍卖若出现流拍，则由林权收储公司收储，将林权资产变现用以偿还贷款本息，并将剩余资金返还林权所有者。通过风险防控机制创新解除了金融机构的担忧，提高了放贷积极性。三明市"林权抵押贷款+林业保险"模式具体如图12-1所示。

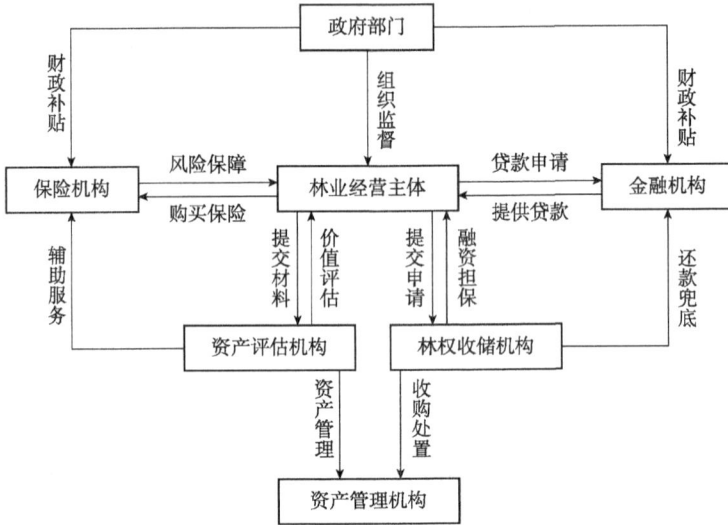

图 12-1　三明市"林权抵押贷款+林业保险"模式

2. 实践成效

三明市通过"林权抵押贷款+林业保险"合作模式的建立，满足了林业大户、林业经营组织和林业企业的资金需求。有效实现促进林地经营权流转、促进林地经营规模化、促进林权资产资本化及促进林业服务社会化的现实目标。

(1)促进林地经营权流转

2015年，三明推出林权抵押贷款新产品"支贷宝"，林业经营主体能够以所要购买的林地作抵押，向银行等信贷机构申请贷款，解决了林权流转中买方资金不足和变更登记过程可能出现纠纷等问题。

(2)促进林地经营规模化

全市初步形成大户经营、合伙经营、合作经营、股份经营、企业经营、委托经营等六种模式，建立各类新型林业经营组织2494家，经营面积958万亩，占全市集体商品林地的56%，平均经营规模达3800亩。2017年3月，沙县林业采育总场与沙县高桥镇林场建立了股权共有、经营共管、资本共享、收益共盈"四共一体"的共享经济新形式，实现了互利共赢，将合作造林提升了新内容。

(3)促进林权资产资本化

林权抵押贷款使"沉睡"的林业资源变成可抵押变现的资产，使林业资产成为流动资本，2015年全市新增林权抵押贷款16.5亿元，其中林权按揭贷款7.9亿元，创新性林业金融产品运行至今未发生不良情形。2016年，全市累计发放林权抵押贷款总额达105.6亿元，其中近三年新增 37.7 亿元，约占全国林权抵押贷款总额的 1/10、全省的 1/2。

（4）促进林业服务社会化

福建省三明市林业大宗商品交易中心、林品汇网上商城、三明林业金融服务中心先后运营，整合开通了三明市林权流转交易、林业电子商务、林业金融服务、林业信息服务等网站，全市培育有规模林业企业 452 家，中国名牌产品和驰名商标 10 个、省级品牌 86 个，上市公司 4 家。

（二）湖南省怀化市"林权抵押贷款+林业保险"模式

2007 年以来，会同县积极推进集体林权制度改革，经过几年来的发展，会同县林改工作取得了一定成绩，被省人民政府评为"湖南省集体林权制度主体改革工作先进集体"，但受制于各方面因素的影响，林业融资体制改革在实施过程中仍然面临诸多挑战，无法充分满足林业经营主体的融资需求，如林木林地流转机制不健全、没有专业机构提供林权担保、公益林无法流转等。对此，会同县积极开展绿色金融政策创新，通过林权抵押贷款和林业保险两大金融工具的结合，通过科学设定适合林业经营主体的绿色金融产品，实现了银行等信贷机构愿放，林业经营主体愿贷，林投愿收的三赢效果，建立了林木得保护、林权能流动、能交易、能变现的体制。

1. 具体做法

县林业融资参与主体主要包括政府、林业经营主体、金融机构、会同县林业产权交易服务中心、林投平台（裕森林业投资有限责任公司）、保险机构（中华联合财产保险公司）、资产评估公司等相关部门。首先由会同县政府牵头成立林业投融资平台（裕森林业投资有限责任公司），并给予政策支持，县财政局出资提供风险补偿基金，县林业局对产权明晰无争议的林地和林业资产向林业经营主体发放林权证。已经获得林权证，且有资金需求的林业经营主体应向当地保险机构（中华联合财产保险公司等）进行投保，且在林业保险合同中明确指出将商业银行等信贷机构列为第一受益人，避免火灾、盗伐等因素导致的抵押物损失，对发生森林火灾的抵押林木按规定及时进行核实和赔付，按抵押林木资源评估价的 3‰~5‰ 收取保险费。此后，林业经营主体还向林投平台提出担保申请和资产评估申请，出具贷款用途、主营业务、收入来源、预期收益、历史财务信息与经营状况等相关材料并确定林木抵押价值，将林权证质押于林投平台提供反担保，防止抵押物的无权处置。商业银行等信贷机构根据林权交易中心提供的相关资料和银保合作程序，直接向林业经营主体发放贷款，林业经营主体按期还本付息后，林投平台将反担保的林权证退还给借款林业经营主体。如果出现违约，商业银行等信贷机构可以根据违约程序向林投平台和保险公司要求担保赔偿，当担保机构代替林业经营主体还本付息之后，将违约资产收储，并在合适的期限内将抵押资产交由会同林业产权交易服务中心，进一步通过拍卖、出售等方式将资产变现，在提取一定比例的费用后将资产交由林投平台处置，林投平台将抵押物处置后利润的 50% 作为收储基金专款专用。

在推进"林权抵押贷款+林业保险"的合作业务中，会同县强化组织资金保障、细化职能部门职责、构建便民利用机制、规范抵押贷款流程、维护各方合法权益、建立完善内控机制。为满足广大林业经营主体日益增长的金融服务需求，会同县在贷款产品的设计上重点突出利率低、期限长、额度大和用途广的特点。抵押贷款产品的最低利率可达 4.2%，单笔贷款期限最长 8 年，且单户贷款额度可达 1000 万元，同时规定在贷款用途上，可以不仅限于林业生产，也可用于其他生产经营及消费等活动。此外，会同县林权抵押贷款本着便民利民的原则，对 30 万元以内的小额贷款最大程度简化工作流程，申请人提交贷款申请后，5 天内由贷款银行等信贷机构、保险公司、县林投公司组织相关人员进行初步调查核实；初核通过后，5 天内由县林业局组织林调队对林权进行现场调查，并出具调查报告；3 天内由贷款银行等信贷机构牵头与县林投公司和保险公司等相关部门办理贷款审批手续。贷款额度在 30 万元以下且贷款期 1 年以内的，可以走线上流程，全程线上办理，线上放款，从而有效提升"林权抵押贷款＋林业保险"合作模式的运行效率。会同县"林权抵押贷款＋林业保险"合作模式如图 12-2 所示。

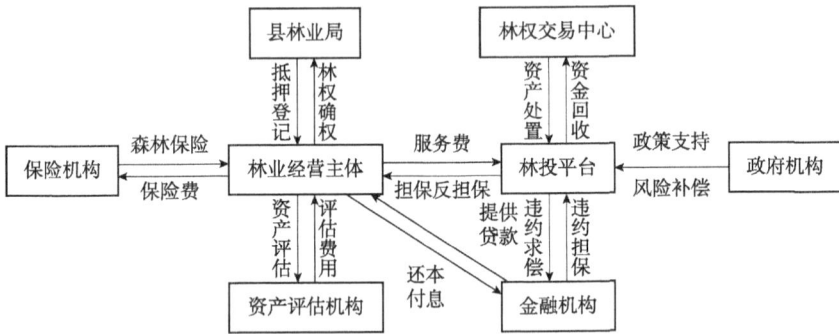

图 12-2　会同县"林权抵押贷款＋林业保险"模式

2. 实践成效

会同县积极探索林权评估、林权流转、林权交易、林权贷款、林权拍卖、林权收储的全封闭模式，在打造绿色金融创新改革可行样本方面已经取得了实质进展。全县林权抵押贷款自 2011 年由中国人民银行等信贷机构会同县支行牵头大力开办以来，从早期的仅有个别银行等信贷机构提供林权抵押贷款，到如今各大银行等信贷机构都已积极开展林业贷款业务，业务种类也从单一的林权抵押贷款扩展到了更多贷款品种，林业经营主体融资有了更多选择。截至 2016 年 4 月末，全县累计发放林权抵押贷款 251 笔，金额达 2.64 亿元，林权抵押贷款余额 1.48 亿元，相比 2011 年 1580 万元的林权抵押贷款总额，5 年间实现了接近 16 倍的迅速增长。

会同县林业融资机制近年来也在不断完善，优惠补贴政策进一步加强。一是制定了《会同县林业投融资体制改革试点方案》，拓宽了林业投融资渠道，盘活了全县森林资源。二是建立小额林业贷款财政贴息政策。对林业生产经营者用于营林造林的小额贷款（累计额小于 30 万元），由财政局给予 3% 的贴息，同时也为当地保险机构、担保机构提供专项资金扶持。三是实行责任目标管理，凡完成林权抵押贷款任务的银行等信贷机构按林权抵押新增贷款余额的 2‰给予奖励。四是颁布了《会同县林权（抵押贷款）收储暂行管理办法》，收储中心可依法对林权抵押不良贷款资产处置变现。五是开通了"银保合作"绿色通道，加强金融机构与保险公司的合作，发展"信贷＋保险"产品，稀释分摊风险。

截至 2015 年年末，全县森林投保面积 243 万亩，投保金额达到 9.8 亿元，受益林业经营主体 9 万余户。

（三）河南省"农业保险保单质押贷款"模式

2016 年，中共中央、国务院《关于落实发展新理念加快农业现代化实现全面小康目标的若干意见》提出，鼓励探索对农业保险保单的质押贷款，支持保险资金开展涉农融资业务试点。农业保险与信贷业务的结合逐步成为分散农业风险、解决农业贷款困难、促进农村金融发展的重要途径之一。2020 年，河南省农业保险保费收入 55.87 亿元，保费规模居全国第二，小麦保险和育肥猪保险规模位于全国前列。与此同时，由于农民可质押的资产较少，相对银行等信贷机构要求的"合规"资产更是缺乏，农户融资困难成为农业发展的瓶颈。在这种情形下，2020 年 11 月，针对农业种养大户、村民合作社和农业龙头企业等新型农业经营主体在农业生产中面临的融资难问题，中原农险联合微众银行等信贷机构启动了农业保单质押增信贷款项目，尝试研究保险保单质押贷款在农业融资中的应用，取得良好的效果，在一定程度上缓解了农户融资难的问题。农业保险保单除具备传统意义上的防范风险、增强偿付能力的效果外，其自身潜在价值是在农业融资中起到抵押物的替代作用，是完善农业农村金融体系的一个非常重要的融资产品。农业保险保单的合理利用，将会为"三农"发展增添新的契机。同时，相比较"农业保证保险+信贷""担保+信贷"等模式，农业保险保单质押贷款仅通过农业保险前置、农业保险风险、信用增信等功能，在不将贷款风险引入保险机构的情况下，可直接将信贷资金引入农业生产环节。

1. 具体做法

中原农业保险股份有限公司（简称中原农险）与微众银行等信贷机构合作创新的农业保险保单质押贷款模式已开始在农险客户中全面推广。针对不同使用场景，保单质押贷款又包含保费贷和经营贷两款子产品（表 12-2）。保费贷用于客户缴付农险保费，经营贷旨在满足客户农业生产经营的资金需求，两者的贷款对象均为投保中原农险的农户。对于达到以下规模：投保小麦 3.33 hm²、能繁母猪 30 头、育肥猪 100~200 头，无需实物抵质押，额度根据农业保险保单额度计算。保费贷最高额度为 20 万，贷款期限最高为 1 年，按月还息，到期一次性还本，贷款年利率为 6.5%；经营贷最高额度为 30 万，贷款期限最高 2 年，按月还息，按季还本，贷款年利率为 7.5%。保费贷和经营贷的申请均采用线上操作，最快 30 分钟可放款，申请保费贷的客户在保单保险期限生效后可同时申请经营贷。后期中原农险还与微众银行等信贷机构将上线法人类产品，拟联合河南省农信担保公司开展"保单质押+担保"双重增信贷款模式，贷款额度将提升至百万级别。对省农业信贷担保机构在县域内开展担保业务实际发生的风险损失，由县级农业信贷担保风险补偿金、金融机构和省农业信贷担保机构按照 4∶2∶4 的比例分担。省农业信贷担保机构要根据县级农业信贷担保风险补偿金的设立和使用情况，按照不高于县级农业信贷担保风险补偿金余额 20 倍的比例扩大信贷担保规模，对产业基础好、风险控制好的县（市、区）可适当放大倍数。同时将实现特色种植业和养殖业险种全覆盖，以满足更广大农户的资金需求，真正实现为农户生产生活提供足不出户的便捷小额信用贷款及保险一体化服务。

表 12-2　保费贷与经营贷产品要素对比

要素	保费贷	经营贷
保单期限	12 期以内	保单大于 1 个月
客户要求	个人客户	个人客户
年龄要求	18~60 岁	18~60 岁
打开金额上限	20 万元	30 万元
还款方式	按月付息,到期一次性还本	2 年 24 期按月付息,按季度还本
申请资料	身份证、银行等信贷机构卡	身份证、银行等信贷机构卡、婚姻证明
申请方式	线上	线上
准入险种	所有中原农险险种	所有中原农险险种
贷款金额	农户自缴保费金额	授信额度内金额
贷款年利率	6.50%	7.50%

河南省"农业保险保单质押贷款"模式主要具备以下特点:一是农业保单前置。开展农业保单质押贷款的前提是农户购买了农业保险,在农业保险有效期内,农户可向金融机构申请一定金额、贷款期限不超过保单有效期的资金。二是金额小期限短。农户的小规模生产和农业周期性,决定了农户贷款需求具有金额小、期限短的特点,实践中一般单笔贷款在 5 万元以下、1 年期以内,周转速度较快,主要满足当季农资采购需要。三是政策属性突出。农业保单质押业务不以盈利为主要目的,主要为农户提供便捷的融资渠道、助力农业发展,因此在平衡金融机构和农户积极性上,一般在政府及银保监管机构的指引下开展,各级政府为金融机构或农户提供一定贴息。河南"农业保险保单质押贷款"模式具体如图 12-3 所示。

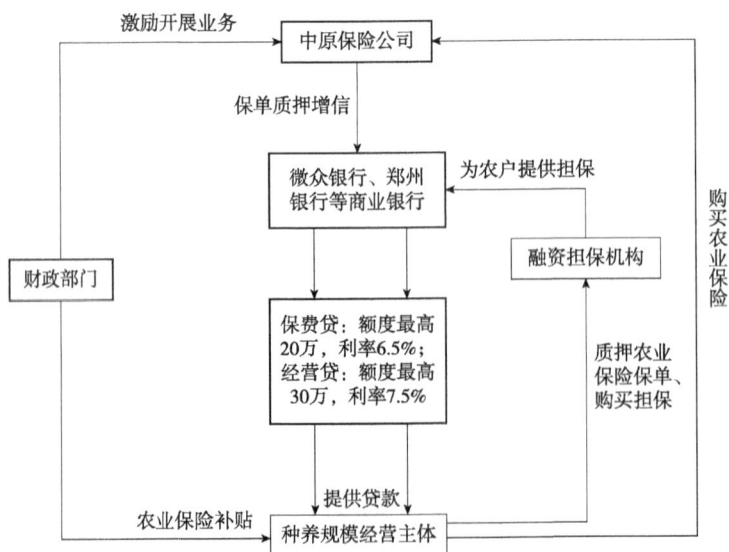

图 12-3　河南"农业保险保单质押贷款"模式

2. 实践成效

通过"农业保险+信贷"合作机制的有效建立,农业小微企业和农户能够以保单为审批基础申请贷款，从而实现"全线上、无抵押、无担保、快审批、即到账"的金融创新目标，为融资主体获得贷款提供便捷服务。截至 2021 年 2 月 1 日，仅 2 个多月时间，河南省就已有 154 户通过农险保单增信模式获得贷款，金额共计 2537 万元。此外，公司个人客户依据农险保单，最高还可申请 50 万元纯线上信用贷款，30 分钟内可实现放款，有效解决河南省"融资难、融资贵"的发展难题。

(四)湖南省衡阳市"油茶贷+担保"模式

近年来，在湖南省委、省政府高度重视下，油茶产业高速发展，中国油茶产量近一半来自湖南，湖南油茶种植面积、茶油产量和产值均居全国第一，并打造了"湖南茶油"区域公用品牌，着力推进油茶特色千亿产业。2019 年，省林业局编制《湖南省油茶千亿产业发展规划(2018—2025 年)》和《湖南油茶共用品牌建设规划(2020—2023)》，并推出油茶低产林改造、茶油生产加工小作坊升级改造两个"三年行动计划"。2021 年，省政府印发《湖南省财政支持油茶产业高质量发展若干政策措施》和《湖南省"十四五"农业农村现代化规划》。2022 年中央一号文件要求深入实施重要农产品保障战略，将"确保粮、棉、油、糖、肉等供应安全"划上重点，不断增强我国粮油安全保障能力。

针对油茶产业经营主体面临的融资难、融资贵困局，在湖南省财政厅支持下，湖南省林业局、湖南省农业信贷融资担保有限公司(简称湖南农担)、农业银行湖南省分行、邮储银行湖南省分行、建设银行湖南省分行、中国银行湖南省分行、华融湘江银行、长沙银行等 6 家合作银行(简称合作银行)自 2017 年 9 月以来紧密合作，为油茶产业经营主体发展融资进行了积极有效的探索，逐步开发出更具针对性、更贴合行业性质、更适合油茶种植及产业特性的农业信贷担保产品"惠农担—油茶贷"，扶持我省油茶种植等油茶经营主体向产业化、规模化、专业化方向发展。与普通银行等信贷机构贷款相比，"惠农担—油茶贷"贷款门槛低，且信贷成本相对较小，能够在保障风险情况下有效满足油茶经营主体的融资需求。

1. 具体做法

"惠农担—油茶贷"是湖南农担和合作银行等信贷机构联合推出的旨在为油茶产业经营主体提供更具针对性、更贴合行业性质、更适合油茶种植及产业特性的农业类信贷担保产品。该产品将油茶产业划分为油茶种植类和非油茶种植类两部分。一是油茶种植类。对新造优质品种油茶林项目(建设期、初果期、近盛果期)、油茶林提质增效项目、低产油茶林改造项目、种苗培育类项目，按进入丰产期前累计投入的一定比例授信，审批时直接选用不同授信标准乘以种植面积来确定授信总额。二是非油茶种植类。对协议订单收购县域及周边油茶果实、烘干剥壳仓储和流通服务及初加工等按上年度产值的一定比例授信。

"惠农担—油茶贷"是由政府、银行等信贷机构和农业担保公司联合开展的一种油茶信贷担保业务模式。模式运行初期，有融资需求的油茶经营主体应首先在贷款初期向融资担保机构提出担保申请并提交审核材料，融资担保检查各类资料是否完整，以相关资料初步判断项目是否可行，通过后交由风险管理部进行查验，在通过融资担保机构信用测评的情况下方可获得贷款资格，其中金融机构遵循"以投定贷、以产定贷"原则进行放贷。即对投入多年才有产出的项目主要以累计投入作为测算基础，对每年都有产出的项目主要以上年度产值作为测算基础，从而测算授信金额及期限；产品合作银行等信贷机构利率上浮最高不超过同期基准利率的 20%，省财政对 10 万～1000 万元（含）的项目按同期基准利率的 30% 给予贴息。此外，对于油茶林种植时间长，造林前几年只有投入无任何产出，客户前期无法还款的现实情况，将信贷周期与油茶生长周期高度匹配，针对不同苗龄设置担保期限和还本宽限期，匹配实际生产需要（表 12-3）。如 1～3 年新造油茶林贷款期最长可达 10年，还本宽限期最长可达 5 年，宽限期内仅按期还息，宽限期后可采取分期还本或到期一次性还本等多种方式，满足不同客户融资需求。湖南农担机构按照 2% 收取担保费，省财政对 300 万元（含）以下的业务给予不超过 1%（贫困县 1.5%）的保费补助，对 300 万～1000万元的业务给予 0.6% 的担保费补贴。对于 10 万～1000 万元的油茶项目，财政贴息贴保费后，实际总融资成本在 3.55%～5.81%。衡阳市"油茶贷＋担保"模式具体如图 12-4 所示。

表 12-3　油茶林贷款还款担保设置

油茶林成长期实际情况	担保期限（年）	还本宽限期（年）	额度标准（元/亩）
建设期新造油茶林（苗龄第 1～3 年）	≤10	≤5	≤2200
初果期新造油茶林（苗龄第 4～6 年）	≤7	≤3	≤1500
近盛果期新造油茶林（苗龄第 7～8 年）	≤4	≤2	≤1000
建设期低改油茶林（1～3 年，疏伐抚育更新）	≤5	≤3	≤1000
油茶种苗培育类：单户最高额度 300 万元；贷款期限最长 3 年（设置一年还本金宽限期）			

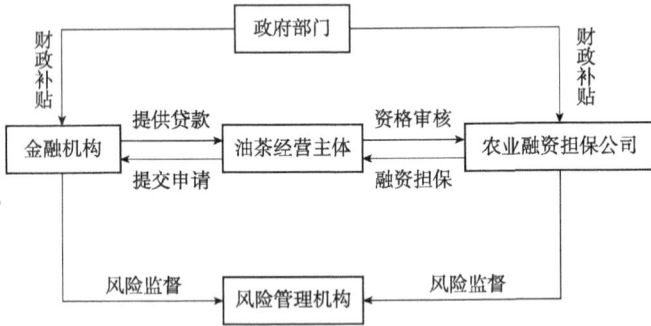

图 12-4　衡阳市"油茶贷＋担保"模式

2. 实践成效

"惠农担—油茶贷"标准化产品业务已覆盖湖南省所有油茶大县。截至 2022 年 3 月末，已累计为全省 866 户油茶经营主体投放担保贷款 10.40 亿元，在保户数 683 户、在保余额7.34 亿元。据初步统计，累计促进约 60 万亩农村土地流转，受保油茶经营主体增加收入约 23.11 多亿元。在推动湖南省农业产业发展，助推乡村振兴战略实施中发挥了重要作用。此外，"惠农担—油茶贷"将为金融机构与油茶种植等油茶产业经营主体架起一座桥梁，畅通油茶产业融资通道，共同推动湖南油茶产业高质量发展，加快实现特色千亿油茶产业目标。"惠农担—油茶贷"在前期的探索实施中，已为全省 455 户油茶种植等油茶产业经营主体提供 6.5 亿元贷款支持。

（五）河北省隆化县"政银企户保"模式

河北省承德市隆化县曾是国务院确定的新十年扶贫开发工作重点县，全县曾有贫困人口8.35万人，贫困村152个，全县贫困发生率达21.8%。太保财险河北分公司积极配合隆化县大力实施脱贫攻坚战略，主动探索政府、银行等信贷机构、企业、农户、保险（以下简称"政银企户保"）"五位一体"的金融扶贫新模式，通过开办"政银企户保"小额贷款履约保证保险，充分发挥保险行业体制机制优势，履行扶贫开发社会责任，在帮助低收入农户获得金融信贷支持、提高生产经营能力、实现精准脱贫等方面取得了明显成效。

1. 具体做法

河北省承德市隆化县"政银企户保"模式，就是以政府产业政策为导向，以政府投入财政资金做担保，以银行等信贷机构为符合贷款条件的担保对象提供贷款为基础，以优势产业企业带动为条件，以贫困户参与农业产业化建设为目标，以保险公司对贷款提供保证保险为保障，实现多方联动、协调合作，有效降低贫困户贷款申请难度。

一是开办小额贷款保证保险业务，建立"农业保险+农业信贷"机制。2016年，隆化县农业政策性担保服务中心通过设立风险补偿金的方式，出资7000万元，为隆化县农村信用合作联社发放的"政银企户保"贷款提供全额担保，农信社发放贷款总额度不低于担保服务中心出资金额的10倍，达7亿元，太保财险河北分公司通过独家开办农村小额贷款保证保险业务，为担保贷款同时提供保证保险和政策性农业保险，以财政资金（担保资金）撬动银行等信贷机构授信、以银行等信贷机构放贷作为保证险前提、以保险服务为风险保障，实施三方联动、利害共担的运营方式，充分运用"农业保险+农业信贷"的精准扶贫机制，全面落实中央扶贫工作会议中对保险扶贫政策要求，积极发挥保险在扶贫工作中的保障作用。二是以农业生产经营为借款内容，确保金融扶贫贷款专款专用。针对当地贫困农户发放的小额贷款资金用途限定用于农牧业生产经营，不得挪作用于个人消费及其他用途，定向支持贫困农户将贷款直接用于农业生产经营、增加贫困农民收入、实现脱贫出列，同时将贫困户贷款期限设定为3年，贷款额度单户不超过5万元，保证了贫困户贷款的使用周期和效率。三是建立相对完善的损失分担机制，解除贫困户后顾之忧。如发放给贫困户的小额贷款出现坏账风险，担保服务中心、农信联社、保险公司三方共同确认在发生贷款损失时，三方将按照10%、10%、80%的比例进行风险共担，避免造成贷款农户未能脱贫又返贫，严重影响农户基本生活水平。隆化县"政银企户保"具体如图12-5所示。

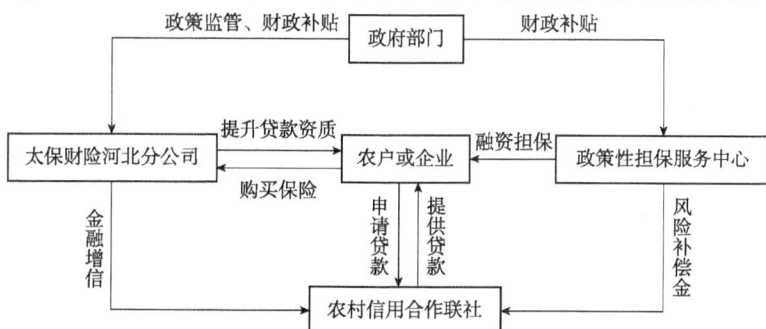

图12-5　隆化县"政银企户保"模式

2. 实践成效

"政银企户保"金融扶贫新模式取得了明显成效：一是有效破解了农民融资瓶颈、缓解了农民贷款难、担保难、贷款贵等问题。河北隆化"政银企户保"模式，有效发挥了保险在精准扶贫工作中的保障作用，国务院扶贫办和河北省委、省政府主要领导专文批示要求列为金融扶贫、创新扶贫的典型事例，总结经验进行推广。平泉县宋营子林场通过"政银企户保"模式向银行等信贷机构借款 250 万元，直接带动 32 个贫困户脱贫，每户每年无偿获得技术指导，每户年终收入因此提高 10 000 元以上。截至 2016 年 6 月 30 日，已发放贷款 2754 笔，贷款总额 3.22 亿元，保险公司共为 1462 家涉农企业及农户提供贷款保障达 3.1 亿元，预计 2017 年承德地区农村小额贷款规模将突破 35 亿元。二是通过保险撬动社会资本，共同推动各方参与支持扶贫攻坚。以"政府风险金担保、保险公司贷款承保、银行等信贷机构免抵押放贷，风险 1：8：1 承担"为原则，每年整合各类资金 1 亿元以上，作为担保基金，撬动金融资本 10 亿元以上，拉动社会投资 30 亿元以上，连续投入 3 年，支持扶贫产业发展。三是贴息鼓励脱贫，风控保证实效。通过对建档立卡贫困户以及 60% 以上贫困户参与的农民专业合作组织、种养殖大户给予 100% 贴息，充分调动贫困群众贷款积极性。同时，建立"乡镇摸底签字、政府初选提名、银行等信贷机构甄别放贷"机制，乡镇、驻村扶贫工作组、村"两委"班子全程监管资金使用情况，做到群众不脱贫、工作不脱钩，确保贷款"放得出、用得好、收得回"，目前，年内已发放的 2754 笔贷款中无一坏账。四是保障支持农业，保险助推脱贫。保险公司通过与隆化县农业政策性担保服务中心、隆化县农村信用合作联社开展三方合作，以政府风险补偿金与信用社贷款投入为基础，以保险为机制保障，充分发挥三方职能，通过参与扶贫开发项目，隆化当地保险业不仅增进了与地方政府的良好合作关系，而且找到了全新的业务增长点，提升了经营管理能力。"政银企户保"模式满足了农户的保险需求，既解决了群众的燃眉之急，又培养了农户风险防范意识，提升了其运用保险发展经济的意识和能力。

二、发展模式

通过梳理总结上述典型案例，目前可以将银保互动发展模式概括为"保险+信贷"和"保险+信贷+担保"这两种模式，而是否需要担保公司的加入主要由开发成本、风险保障水平、保险公司赔偿能力等因素决定。

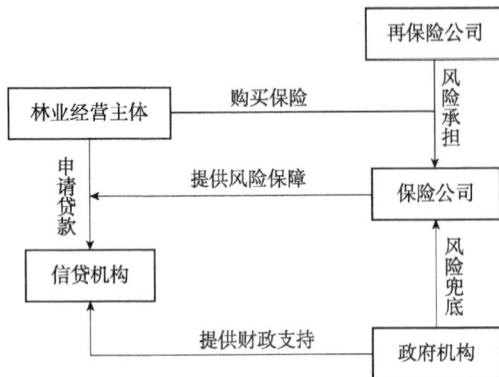

图 12-6　"保险+信贷"合作模式

(一)"保险+信贷"合作模式

"保险+信贷"合作模式主要针对已经购买林业保险的融资主体，当林业经营主体想要申请林业贷款时，由保险公司跟进该项业务，与林业经营主体确定林业保险合同的签订（图 12-6）。在确定投保后，银行等信贷机构还应与保险公司签订一份保险补充合同，该合同由保险公司、当地政府部门及信贷机构三方共同签署，规定出现还款违约状况时信贷机构为林业保险的第一受益人，该合同承担了偿付经营主体贷款和维持生产的责任。此外，信贷机构对于参与投保且无不良记录的经营主体提供优先信贷支持，对过去已有贷款的经营主体追加授信、无贷款主体按保额一定比例给予授信，参保主体享受授信优惠和利率优惠。同时，当地政府总体协调各部门工作，建立分保机制，如再保险机构、巨大灾害风险准备金等，通过再保险机制为保险公司分担风险赔偿压力，同时也进一步激发信贷机构放贷意愿。利用林业保险激励政策鼓励各保险公司因地制宜地开发保险新险种，为经营主体提供保费补贴，为信贷机构提供贷款损失补偿和涉农贷款增量奖励。

(二)"保险+信贷+担保"合作模式

"保险+信贷+担保"模式是林业经营主体购买保险，通过保单到银行等信贷机构进行质押贷款，专业融资担保机构为林业经营主体提供贷款担保的合作模式(图12-7)。该模式中，主要由政府、融资担保机构、保险公司、信贷机构等部门共同参与。当地政府向保险公司出台开展"保险+信贷"合作模式的相关政策，按照每笔贷款额度的一定比例给予放贷银行等信贷机构奖励。保险公司宣传林业保险，与种养大户、家庭农场、龙头企业和村集体合作经济组织等规模经营主体签订林业保险合同，有贷款需求的经营主体可以利用林业保险向信贷机构申请贷款。贷款方式可以分为两种：一是将林业保险保单直接质押给银行等信贷机构申办专项贷款；二是将林业保险保单质押给担保机构，支付一定的担保费用，经融资担保机构担保后，再向银行等信贷机构申请贷款。银行等信贷机构收到经营主体的贷款申请后，保险公司需出具符合政策规定、真实准确的保单资证。信贷机构在确认申请资料完备情况下，贷款办理时限(从申请至发放)原则上控制在 30 个工作日内，以便林业经营主体快速得到信贷支持。

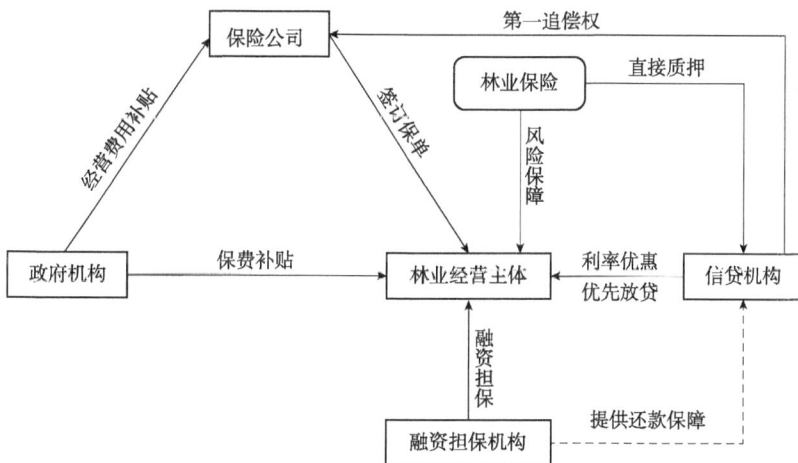

图 12-7　"保险+信贷+担保"合作模式

第十三章 林业保险与期货合作模式

2016 年以来，中央一号文件连续 6 年对"保险+期货"模式予以支持肯定，特别是 2021 年中央一号文件对其在服务乡村产业发展中所发挥的作用提出了客观要求和迫切任务。现阶段"三农"工作重心正处于从脱贫攻坚向全面推进乡村振兴转移的历史交汇期，稳农保供是首要任务。2021 年 3 月 22 日，中共中央、国务院发布的《关于实现巩固拓展脱贫攻坚成果同乡村振兴有效衔接的意见》强调加大对脱贫地区优势特色产业保险支持力度。2015 年 8 月，我国首个"保险+期货"试点项目落地实施，经过七年发展，"保险+期货"项目运行机制、业务模式日渐成熟，此外另有"保险+期货+订单农业"等支农路径不断完善，已发展成为种植类与养殖类并存、大宗作物与特色农产品共惠、价格与收入风险双重覆盖的典型模式。

然而"保险+期货"在实践探索和发展过程中仍存有短板：其一，虽然我国已有多种"保险+期货"合作模式的成熟建立，但针对"林业保险+期货"合作模式的建立却少之又少，目前仅有广东、广西、河南等地相继探索有关模式的建立与发展。其二，从我国林业保险与林产品期货的产品整体发展情况而言，目前林产品期货与林业保险之间发展差距较大，林产品期货发展远没有达到林业保险的成熟程度，导致林业保险与期货之间无法通过合作关系实现理想的预期目标。其三，随着集体林权制度改革等政策因素以及林产品价格上涨等市场因素的作用发挥，林业经营主体的种植积极性被进一步放大，但由于目前还是由林业保险作为防范风险的主要金融工具，从风险管控程度上并不能满足林业经营主体和银行等金融机构的需求，这使得林业经营主体长期存在"融资难"或"因灾陷贫"等问题。因此，大力促进林业保险和林产品期货的互动与发展，对于推动我国林业产业蓬勃发展、完善林业金融服务体系具有重要的意义。

第一节 合作机理、业务流程与功能作用

一、合作机理

"林业保险+期货"是指林业经营主体为规避林产品市场价格波动风险向保险公司购买期货价格保险产品，保险公司通过向期货经营机构购买场外期权将风险转移，期货经营机构利用期货市场进行风险对冲的业务模式。它是基于为林业经营主体提供价格避险工具发展起来的一种风险管理工具。随着农村经济结构的巨大变化，土地流转产生了越来越多的种植大户、合作社和家庭林场等新型林业经营主体，使得林业生产经营者担忧的风险损失不仅仅来自产量，林业生产的周期性以及林产品价格波动风险对现代林业的影响越来越大。林产品价格变动是影响林业经营主体收益的重要因素之一。总体来看，"林业保险+期

货"为林业经营主体提供了一种操作性较强的避险工具，将林业经营主体所面临的价格风险转移至期货市场，有效地完善了林业经营主体与期货市场之间的连接机制，合理地利用并更好地发挥期货市场的风险对冲功能。

期货市场的"风险分散对冲"和"价格发现"功能为保险公司提供了一种资本市场转移风险的创新方式，解决了以下两大难题：

（1）高风险，无法转嫁

价格保险的理赔率远高于其他险种，存在由于价格波动较大导致保费无法完全覆盖理赔金额的风险。由于林产品价格风险的系统性特征，不符合传统保险理论中可保风险是独立性风险的要求，保险公司无法通过再保险市场分散风险，因此业务难以推进，而期货市场的引入正好可以充当再保险市场，转移价格波动带来的巨大风险。

（2）定价困难

由于现货价格太多，不同地区、不同渠道、不同质量的林产品价格存在较大差异，很难合理确定双方接受的目标价格作为定损依据，因此需要一个公允价格。期货市场价格具有价格发现功能，期货市场的远期合约已经充分包容了长期趋势性、周期性、季节性等可预期因素对林产品价格的影响，因此期货价格更加接近于远期价格，保险公司和被保险人普遍可以接受。因此，有效期货市场中的远期合约价格是最理想的预测价格，是林业价格保险的目标价格确定依据。

二、业务流程

林业保险和林产品期货是林业风险管理的常用方式。林业保险的逻辑在于风险分担，期货的逻辑在于风险对冲。"保险+期货"结合了保险和期货各自的优势，先将林产品价格波动风险转移给保险公司，再由期货公司帮助保险公司将其巨额赔付风险在期货市场上予以对冲。该模式的参与主体一般包括林农、农业合作社、农林企业等林业经营主体，以及保险公司和期货公司，有时地方政府和商业银行也会参与其中。我国"林业保险+期货"运行模式如图 13-1 所示。具体环节包括：保险公司利用期货市场价格开发设计保险产品、林业经营主体向保险公司购买保险产品、保险公司买入场外期权进行再保险、期货公司在期货市场上进行复制期权操作。

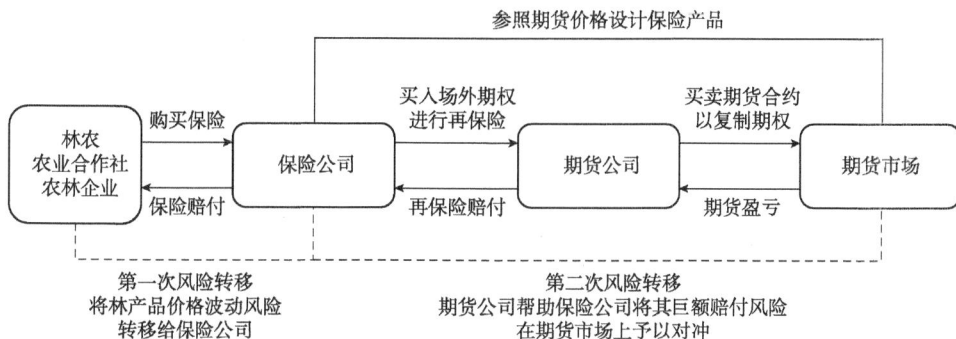

图 13-1 "林业保险+期货"运行机制

（一）保险公司开发保险产品

保险公司根据期货交易所的规定选择承保的品种和险种，然后根据该品种的产品特点、生产周期、主产区、历史价格走势、投保时间、国家相关政策、期货市场行情等因素，开发设计相应的保险产品。保险产品的具体条款一般涵盖保险标的、投保数量、保险期限、目标价格、保费、理赔结算价等。保险标的是指投保品种；投保数量是指投保林产品作物的数量；保险期限是指保险承保的期间；目标价格即触发赔付的价格；保费是投保人按合同规定的保险费率向保险公司支付的保险费用；理赔结算价一般是用标的期货合约在投保期间或采价期间每个交易日收盘价的算术平均值计算得出，若理赔结算价低于目标价格，则会触发保险理赔条件；理赔金额是目标价格与理赔结算价之间的差额与投保数量的乘积。

（二）投保主体购买保险产品

林业经营主体根据自身的避险需求，按照保险公司设定的目标价格及保险费率选择合适的保险产品，并支付相应保费。在"保险+期货"试点过程中，期货交易所承担了大部分保费，部分试点也获得了地方政府的资金支持。在投保之前，林业经营主体需要对保单有充分的了解和认识，并运用自己所拥有的知识储备和历史经验对投保标的未来价格进行预测，通过比较预测价格和保单中的目标价格，评估目标价格设定的合理性以及保单的投保价值。在此基础上，林业经营主体根据自身的风险承受能力选择最适合自己的风险保障水平，以实现自身利益最大化。在此环节，林业经营主体通过购买林业保险将林产品价格波动风险转移给保险公司，实现了第一次风险转移。

（三）保险公司买入场外期权

保险公司在卖出保单的同时也承接了投保者转嫁林产品价格波动的风险，由于价格波动风险属于系统性风险且不符合大数法则，因此，纯粹的价格风险单纯依靠保险公司无法进行分散，未来一旦林产品价格出现剧烈波动，保险公司则需承担巨额赔付风险。为转移巨额赔付风险，保险公司向期货公司购买场外期权产品进行再保险，以对冲林产品价格波动可能带来的巨额赔付风险。根据我国现行的法律法规，保险公司不能直接参与期货市场进行交易，因此，保险公司只能通过购买场外期权来避险。

（四）期货公司进行复制期权

目前，我国上市的场内期权品种数量有限，期货公司大都需要通过在期货市场上买卖期货合约以复制期权的方式来对冲风险。复制期权操作可以把期货公司承接来的价格风险转移到期货市场中。场外复制期权是有明显弊端的，与直接买卖期权合约相比，复制期权的成本更高、风险更大，增加了期货公司的运营成本。

三、功能作用

"保险+期货"模式就是一个价格风险转移的过程。林业经营主体通过购买保险将林产品价格下跌的风险转移给保险公司，保险公司通过向期货公司购买场外期权将这个风险再转移给期货公司，而期货公司通过期货市场对冲，又将价格风险转移到了期货市场上，从而实现了林产品价格的风险转移。而到期以后如果价格下跌，期货市场上的对冲盈利又逆向转移，通过期货公司、保险公司转移到林业经营主体手上，补偿林业经营主体因林产品价格下跌而产生的损失，从而实现了一个风险转移、收入补贴的闭环。保险公司发挥其分布广、门槛低的优势，将小而分散的林业经营主体聚集起来，从而跨越了期货市场的门槛；期货公司发挥其价格风险对冲的专业优势，进行风险分散，间接为林产品价格套期保值。因此"保险+期货"模式充分发挥了保险公司以及期货公司的优势，规避了其各自的短板，从而有效地为林业经营主体服务。期货保险合作机制有以下几个方面的功能作用：

（一）完善价格波动风险防范机制，有利于稳定林业收入水平

为了稳定林业经营主体的收入，政府在林业产业管理上投入巨大的财力和人力。随着时间的推移，国内外环境不断变化，我国逐步将林产品市场化改革和保障林业经营主体利益放在首位，大力推广"林业保险+期货"模式。林业经营主体购买保险后，如果林产品价格下跌，林业经营主体可以通过购买的保险得到价格下跌的补偿；如果价格上涨，林业经营主体可以以更高的价格卖出林产品，从而保障了林产品的最低售价，最终稳定了林业经营主体的收入。

（二）充分发挥期货价格发现功能，有利于形成理性预期价格

价格发现功能是指在期货市场上通过期货交易形成的期货价格能够真实地反映现货价格的走势。期货市场之所以具备价格发现功能，是由期货市场的交易机制决定的。首先，期货交易的参与者众多。期货市场集聚了大量的生产者、经营者以及投机者等，他们通常熟悉市场行情，拥有参与期货交易所需的专业知识和可靠的信息来源，能够依据各自的信息和经验，运用科学的分析方法预判未来商品的供求关系和价格走势。通过期货交易形成的期货价格在很大程度上反映了绝大多数人的预测，所以期货市场价格可以准确地反映未来现货市场的价格走势。其次，期货交易的透明度高。期货市场是集中化的交易场所，在规范化市场通过公开竞价形成的期货价格，能够比较客观地反映现货市场的价格走势和供需状况，因而期货价格具有预测性、权威性、公开性。期货价格能够及时有效地反映现货市场的价格走势，在现货市场中形成理性价格预期，为林业生产经营主体提供可靠的价格预期和生产决策依据，同时也为林业保险的定价提供了重要参考依据。

第二节 典型案例与合作模式

一、典型案例

为进一步优化林业保险与林业期货合作模式，本节从实践角度搜集了我国"保险+期货"典型案例，从具体做法和模式成效角度出发，剖析林业保险与林业期货合作模式中可复制、可参考的关键环节，以为"保险+期货"合作模式的后续发展提供有效经验借鉴。

（一）广西壮族自治区东兰县"林业保险+期货"模式

广西壮族自治区河池市东兰县是纸浆生产的重要产地之一，2022年受国际形势、新冠疫情等因素影响，纸浆期货及现货价格波动剧烈，给东兰县林业经营主体带来较大影响。林木造纸业是典型的长链条、重资产、需求多样的长周期型行业，林木的成熟周期较长，需要至少5年以上才能采伐用于生产，且生产纸浆与机制纸需购入大型造纸设备并配套投放产能，周期在2~3年左右，而下游各类需求在经历高速成长阶段后增速放缓，周期性正逐步取代成长性，众多因素一直阻碍着当地林业产业的发展。广西地区生产规模较大的纸浆林经营主体对木材存在保值需求，这部分林业经营主体在砍伐木材后会直接自行加工成木片，并向纸浆加工厂进行销售，若纸浆价格下跌，纸浆加工厂利润压缩，则木材收购价降低，从而降低林业经营主体的销售收益。可见，仅依靠林业保险无法帮助林业经营主体实现规避市场价格波动的风险管理需要。为推动商品林经营和纸浆制造业上游的健康发展，在国家节能减排、实现"碳达峰"与"碳中和"目标的大背景下，通过保险与期货结合的综合金融工具可以保障实体产业发展。

1. 具体做法

为不断扩大金融工具的支农范围和惠农力度，加强纸浆林种植户的风险保障，2022 年 3 月 15 日，浙商期货有限公司联合华农财险广西分公司成功落地全国首单以纸浆为标的的"保险+期货"项目。保险公司根据林业经营主体的价格和收入需求，设计制定相应保险标的的价格保险，林业经营主体可以通过购买相应的价格保险来规避纸浆产品的价格波动风险。保险公司在浙商期货公司和风险管理子公司购买场外期权，将风险转移到期货公司和风险管理子公司，规避林产品价格大幅波动带来的赔偿风险；浙商期货公司通过场内或场外期权市场，复制所购买的相应的期权产品，将保险公司套期保值的风险转移到期货市场，以此形成交易的闭环。

在"林业保险+期货"合作模式的开展，首先，东兰县有效地克服了以往林业保险确定目标价格难的缺陷。期货市场的信息公开透明、参与者众多、交易合约标准化以及成交量大的特点使其具有价格发现功能，使得期货价格能够很好地反映当地纸浆的供求状况，因而"保险+期货"将期货价格作为确定目标价格以及理赔依据具有一定的科学性，这也成为该模式的一个很重要的特点。其次，东兰县"保险+期货"的另一个特点就是除了传统林业价格保险中的林业经营主体、保险公司和政府的参与外，还有了期货公司与期货交易所的介入，形成了一个完整的利益闭环，尤其是期货公司一方面承担了保险公司部分或者全部风险，获取权利金，另一方面保险公司的资金进入金融市场也促进了期货公司在金融工具方面的创新，使得期货公司的业务得到了发展。最后，传统林业价格保险的风险主要是保险公司自己来承担，而期货市场的另一个功能是实现风险转移，东兰县"林业保险+期货"合作模式的建立很好地利用了期货市场的这个功能，这也为其他地区林业风险的管理提供了一个新的思路。广西东兰县"林业保险+期货"合作模式具体如图 13-2 所示。

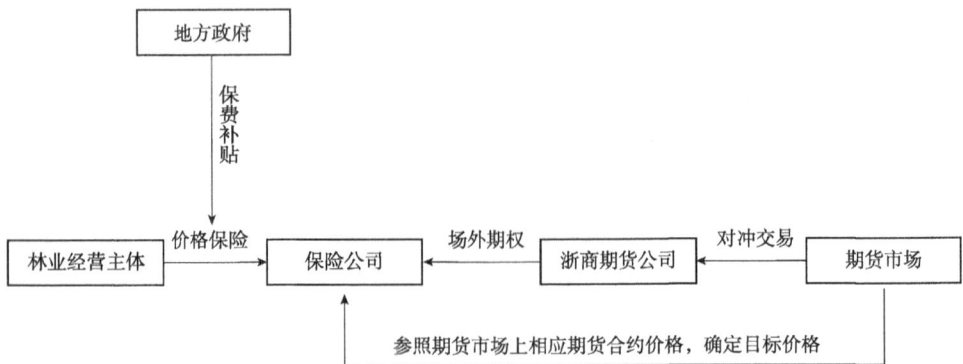

图 13-2　广西东兰县"林业保险+期货"合作模式

2. 实践成效

价格保险项目的顺利落地为当地林业经营主体提供了风险管理工具。该项目由华农财险承保，浙商期货负责期权端价格对冲，采取亚式虚值看跌期权模式，以上海期货交易所正式公布的纸浆期货基准价为依据，对应纸浆期货合约 SP2205。该项目共为广西河池市东兰县隘洞镇同乐村种植户的 500 亩造纸林提供风险保障 66.75 万元，并为广西河池市东兰县林木种植户 100 吨纸浆提供价格保障，有效化解了纸浆生产的市场风险，保障了纸浆的稳定供应。

(二)海南省保亭黎族苗族自治县"林业保险+期货"模式

橡胶行业是国民经济重要的基础产业和战略储备物资，它不仅为人们提供日常生活不可或缺的日用、医用等轻工橡胶产品，而且向采掘、交通、建筑、机械、电子等重工业和新兴产业提供各种橡胶制生产设备或橡胶部件。保亭黎族苗族自治县(以下简称"保亭县")位于海南岛中部，原为国家级贫困县，于 2019 年脱贫摘帽。橡胶产业是保亭县重要的产业资源，近年来天然橡胶价格大幅波动，导致胶农收入不稳定。对于一个刚脱贫的地区来说，如何保障胶农的稳定增收是一个亟需解决的重要问题。

1. 具体做法

上海期货交易所自 2017 年以来在全国橡胶种植区推广天然橡胶"保险+期货"业务。在此基础之上，中信期货联合太平洋产险，通过在保亭县实地考察、现场调研等方式，充分了解该县脱贫攻坚和橡胶产业发展情况，积极探索出"保险+期货"的金融扶贫模式。中信期货和太平洋产险作为主要承接方，覆盖胶农分别为 9405 户，项目赔付率高达 95.2%。中信期货与太平洋产险充分发挥各自专业优势，其中太平洋产险使用"日日赔"模式实现精准赔付，中信期货及其子公司则开发出有效的橡胶期权对冲方案，实现精准赔付与期权对冲相结合的模式，不断优化赔付效果，有效应对天然橡胶的价格风险。2022 年海南保亭县"保险+期货"项目实现了当地胶农的增收，中信期货将继续践行"保险+期货"项目，用金融创新手段服务实体经济，帮助更多的胶农实现增收的梦想，为多地乡村振兴贡献期货力量。

保亭县"林业保险+期货"合作模式的运行原理是：太平洋产险利用林产品期货市场上标的林产品的期货价格精确定价而开发出林产品价格保险，保证最低卖价或收入以保障胶农的实际收入来锁定风险。当地胶农购买林业保险后，保险公司进一步选择场外期权进行再保险，故太平洋产险选择与中信期货的下属机构即风险管理公司来对交易场外看跌期权进行"再保险"，以对冲可能面临的林产品市场价格骤降而必须承担的赔偿风险；对应地，中信期货下属风险管理公司则在场内市场复制相应的看跌期权，继续转移市场价格风险，并通过收取权利金获取合理收益，最终形成风险分散的闭环操作，保亭县"林业保险+期货"模式具体如图 13-3 所示。

2. 实践成效

2022 年，保亭县为 4700 吨天然橡胶价格提供风险管理服务，惠及橡胶种植 1.28 万户，其中少数民族 4156 户，主要为黎族和苗族同胞，覆盖原建档立卡户 3303 户。两年项目累计赔付 375 万余元，有效助力了乡村振兴。在 2022 年的项目中，期货交易所继续给

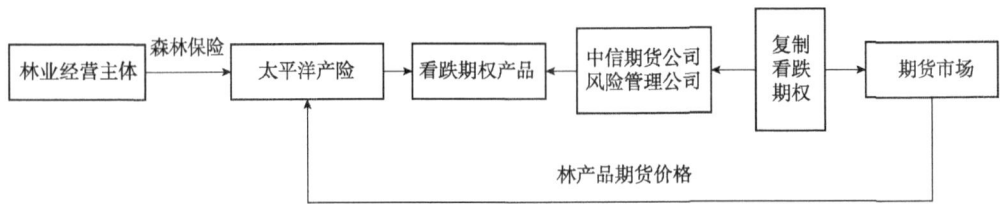

图 13-3 保亭县"林业保险+期货"模式

予全额保费支持，参保胶农无需缴纳保费，最终赔付胶农 174 万余元，保障了胶农的收入。通过项目运作，胶农不敢割胶甚至弃割的现象有所改变，项目通过引导胶农实现"大胆种，放心割"，促使胶农爱橡胶，橡胶产业反哺胶农，保障了橡胶产业有序平稳健康发展。

（三）山东省嘉祥县"收入保险+期货+订单合作"模式

随着居民消费结构的升级，我国对大豆的需求快速增加，每年大约在 1.1 亿吨，其中 90% 的大豆需要进口，大豆进口占农产品总额比例近年来稳定在 30% 以上，位于我国进口农产品品种第一。在这两年的中美贸易战中，大豆最受关注，因为我国进口大豆有 1/3 来自美国。我国大豆对外依存度过高也导致我国在该作物上处于被动地位。复杂的国际贸易形势叠加国内产需失衡，我国大豆产业未来的发展面临新的挑战，因此大豆振兴计划对于我国有重要的战略意义。2019 年 3 月农业农村部印发《大豆振兴计划实施方案》，指出："扩大种植面积，提高单产水平、改善产品品质，努力增加大豆有效供给，提高我国大豆产业质量效益和竞争力"。而大豆产业蓬勃发展的基石在于稳住和保障大豆种植农户的收入和提高其种植大豆的积极性。因此，通过发展繁种大豆"收入保险+期货"项目，保障豆农收入，确保繁种大豆优质优量，有着重大意义。

嘉祥县是我国农业农村部批准认定的国家首批区域性良种繁育基地，也是全国 5 个区域性大豆良种繁育基地之一，提供约三分之一长城以南的良种大豆需求量。嘉祥豆种具有籽粒大而饱满、色泽好、发芽率高、苗壮高产、适应性强等诸多优点，受到我国黄淮海及长江中下游区域夏大豆种植区农民的普遍欢迎，知名度较高。2019 年，在大连商品交易所牵头带领下，浙商期货携手鲁证期货、弘业期货和大有期货，联合太平洋财产保险股份有限公司，响应国家大豆振兴计划号召，开展以大豆为标的物的收入保险项目，为保障当地农户收入、促进国内大豆产业的稳定发展和振兴做出了贡献。

1. 具体做法

繁种大豆"收入保险+期货"项目，由太平洋产险公司、平安财险、浙商期货、大连商品交易所联合推出。大豆种植户向保险公司购买大豆收入保险，保险公司对投保户的保险工作落实后，向浙商期货风险子公司购买大豆看跌期权，进行期权对冲，锁定大豆价格。期货风险子公司在期货市场进行复制期权操作，负责价格风险的分散。到期后，若结算价格低于保险价格，保险公司则获得收益，弥补市场交易部分亏损，随后保险公司再向投保户进行保险理赔。该项目从产业链源头入手，为全县繁种大豆种植户提供收入保险，规避收入减少风险，保证产业健康、平稳地发展。此次项目的目标价格为 4200 元/吨，实际为当地繁种大豆现货销售参考价格，即 3600 元/吨期货价格加上繁种大豆较普通大豆的 600 元升水。配合 85% 的保险责任水平上限，最终目标收入为 750 元/亩及 800 元/亩，保障水平在全国范围内领先。而项目最终在产量、价格均出现较大幅度下跌的情况下，为农户实现理赔 1010.44 万元，赔付率 170.64%。销售收入方面，主要通过"订单种植+基差收购"模式，确保农户售粮收益。山东圣丰种业科技有限公司负责对此次项目的部分现货进行基差收购。嘉祥县繁种大豆产业多年来自发形成了成熟的订单种植和基差定价模式，且基差稳定在 600 元/吨，农户对期货定价的认知程度很高，为试点附加基差收购模式、全面保障农户种植收入扫清了障碍，因此试点项目仍将沿用 600 元/吨作为嘉祥繁种大豆基差标准。山东圣丰种业科技有限公司对 5693 吨大豆(占项目全部现货 30%)开展基差收购，并于 10 月 25 日全部完成，农户点价价格为 3420 元/吨，加上 600 元升水后，最终销售价格为 4020 元/吨，解决了期现价差问题，保障了农户收入。

此外，嘉祥县还利用卫星遥感技术结合地面采样，实现精确测产。中国农业科学院农业信息研究所为此次项目提供遥感服务，具体包括大豆种植区的长势监测、产量评估，并提供动态生产管理建议。实际亩产由农科院信息研究所卫星遥感数据及地面测产专家组(济宁农技站、大豆研究所和当地专家)按测产结果的一定权重计算而来。这样的测产方式可确保测产结果的权威、公平、公正，解决了收入保险中最易产生纠纷的测产问题，在受灾严重产量大幅下降的情况下，充分保障参保农户收益，得到了政府及农户的双重认可，大幅提高了理赔效率，嘉祥县"农业保险+期货"模式具体如图 13-4 所示。

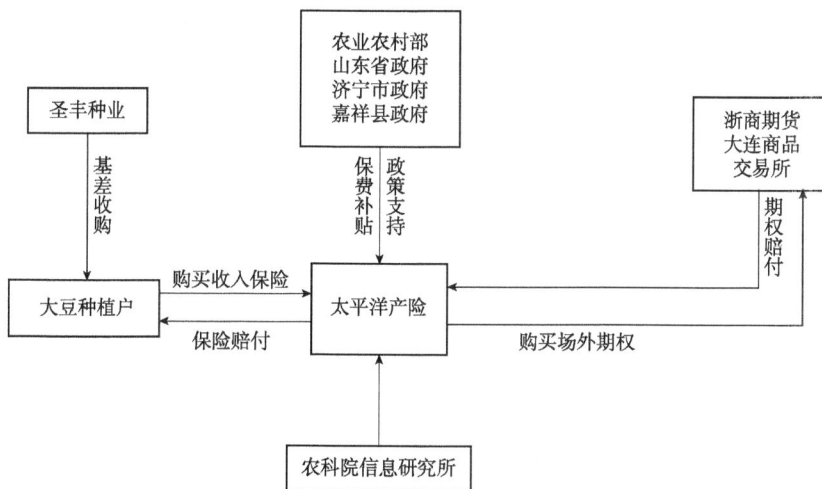

图 13-4 嘉祥县"农业保险+期货"模式

2. 实践成效

在以往"保险+期货"项目中，除交易所以及政府全额补贴的项目外，面对部分农户风险管理意识薄弱、经济条件限制等诸多方面的问题，保险项目很难做到县域种植区域 100% 全覆盖。通过期货公司、保险公司、嘉祥县及下属各乡镇的大力宣传，嘉祥县大豆种植户对项目运作方式及效果均有了客观的认识与了解。各乡镇结合与种子企业签订的订单情况，以行政村、种植大户、龙头企业(农业生产经营组织)或合作社为单位进行统一投保，成功实现收入保险100%全覆盖。2019年12月，经过4个月的运营，项目顺利完结，开始进行理赔工作。在嘉祥县持续遭受干旱与病虫害双重灾害影响，大豆产量大跌，同时大豆价格持续低位振荡的背景下，试点项目保障了6865位大豆种植户收益，赔款金额达1010.44万元。

二、合作模式

"保险+期货"模式将林产品价格波动风险转化为保险赔付风险，并通过场外期权交易将保险公司的赔付风险转移给期货公司，最终由期货公司进行期货交易将风险转移到期货市场，从而形成林业风险管理的闭环。依据保险产品和合作环节的不同，"保险+期货"模式可以具体分为"价格保险+期货"合作模式、"收入保险+期货"合作模式、"保险+期货+订单"合作模式。

(一)"价格保险+期货"合作模式

价格保险是指林业经营主体和保险公司签订一个保险合同，约定在一定时间内相应的林产品的最低价格，如果后期该林产品的价格低于合同约定的价格，保险公司需要按照合同内容对林业经营主体理赔。因此在这种价格保险中，保险公司只对林产品因价格波动导致的与目标价格的差额进行赔付。而保险公司为了对冲保险合同中林产品的价格风险，会向期货公司的现货子公司购买一个标的林产品的场外看跌期权，将价格风险转移出去。期货公司的现货子公司通过场内期货或者期权进行对冲交易，将价格风险转移到期货市场。后期如果价格下跌，期货公司现货子公司将对保险公司进行获利了结，保险公司将价格下跌的收益再赔付给投保主体，林业经营主体因此得到价格下跌的补偿，保障了自身的收入，从而实现一个风险的转移和闭环。

"价格保险+期货"是"保险+期货"最基础的模式，这种模式中如果保险公司是将全部保险数量在期货公司购买对应期限的场外期权进行风险对冲，那保险公司在风险转移闭环中仅起到转嫁风险的通道作用而不需要承担价格风险。由于价格保险相对简单，因此也更适合前期的推广和市场开拓，容易被理解和接受。该模式一方面可以分散林业经营主体价格风险，保障林业经营主体林产品销售价格或收益；另一方面也将保险公司承担的系统性风险再次转移到期货市场，保证了保险公司的可持续经营，如图13-5所示。

(二)"收入保险+期货"合作模式

收入保险是指保险公司在承保过程中，既要保障林业经营主体因为林产品价格下跌而产生的亏损，也要保障林业经营主体因为产量下降导致的减产减收，因此与价格保险相比，两者的区别主要体现在保险责任方面，即分散收入风险和分散价格风险的差异。由于收入保险仍然需要承担系统性的价格风险，因此保险公司也需要通过期货市场进行风险转移，具体合作模式可以表述为：农户从保险公司购买农业收入保险，进行风险转移，稳定收入；保险公司购买期货公司的看跌期权产品进行"再保险"，对冲农产品价格下降可能带来的赔付风险，转移自身的价格风险；期货公司进行场外期货交易转移自身风险。"保险+期货"合力保障农户收入，最终实现农户、保险公司、期货公司的三方共赢，如图13-6所示。

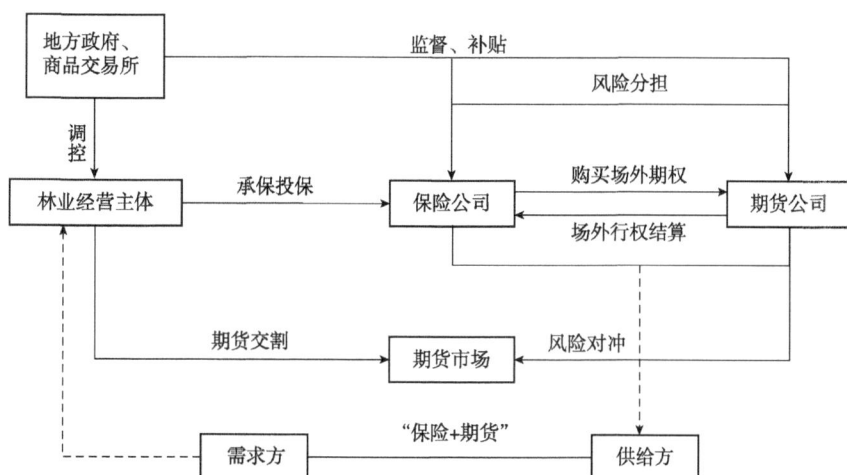

图 13-5　"价格保险+期货"合作模式

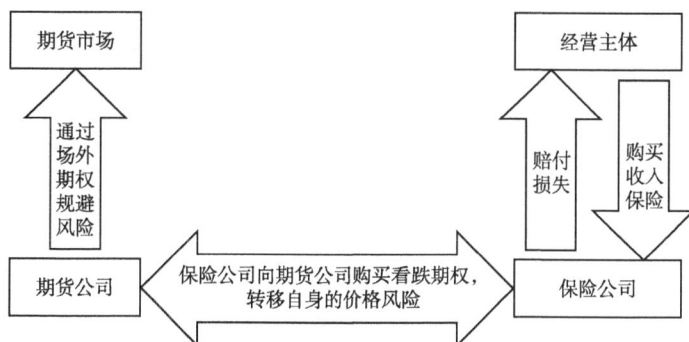

图 13-6　油茶"收入保险+期货"合作模式

"收入保险+期货"与"价格保险+期货"模式相比具有以下 3 个方面的优势：第一，对于农户而言，"收入保险+期货"模式中的收入保险可以锁定价格、产量和收入，很好地弥补了价格保险仅对价格提供保障的不足。第二，对于保险公司而言，"收入保险+期货"模式将农民利益、保险利益和"三农"保险政策统一协调起来，充分发挥了保险公司和农产品期货市场的优势实现产品创新和结构优化，有效解决了保险服务农户"最后一公里"的难题。第三，对于国家宏观经济来说，"收入保险+期货"模式有利于稳定和提高农民收入，在促进农林业结构调整等方面发挥重要作用。

（三）"保险+期货+订单"合作模式

"保险+期货+订单"即在"保险+期货"的模式上，进一步引入收购企业，提前与当地合作社签订收购协议，以"期货价格+基差"的方式来收购。这种模式可以稳定林业经营主体预期收入，同时也解决了林业经营主体购买林业保险的期现价差问题；收购林产品的企业也可以用对应林产品的场外期权来进行风险对冲，从而形成了一个风险转移的闭环。收购企业可以是现货企业，也可以是互联网平台。

"保险+期货+订单"实质上是"保险+期货"模式和"订单农业+基差贸易"模式的有效结

合，"订单农业+基差贸易"模式就是收购企业与林业经营主体约定，将林产品的购买价格采用基差贸易的方式进行确定，即林产品出售价格=期货价格+基差，从而将林业经营主体的价格风险转移到期货市场。通过"保险+期货+订单"模式引入新的参与者，解决了市场调节的滞后性，进一步降低了林业经营主体的风险，让林业经营主体可以以"销"定"产"，在前期的生产过程中明确销售途径和销售量，避免盲目种植，导致产量过剩、林产品滞销等情况造成的浪费和损失，同时也为林业经营主体提供了销售的主动权。从林产品收购企业来看，提前与当地合作社签订订单，明确了收购渠道，保证了供货的稳定性，有利于保障企业的日常生产运营，避免短期因市场供货不足导致高价收购给企业带来的损失。另外，基差定价方式的确定，也便于让企业及时利用期货市场对冲和化解风险，稳定原料成本。因此该模式对于收购企业和林业经营主体来说是个双赢的模式(图13-7)。

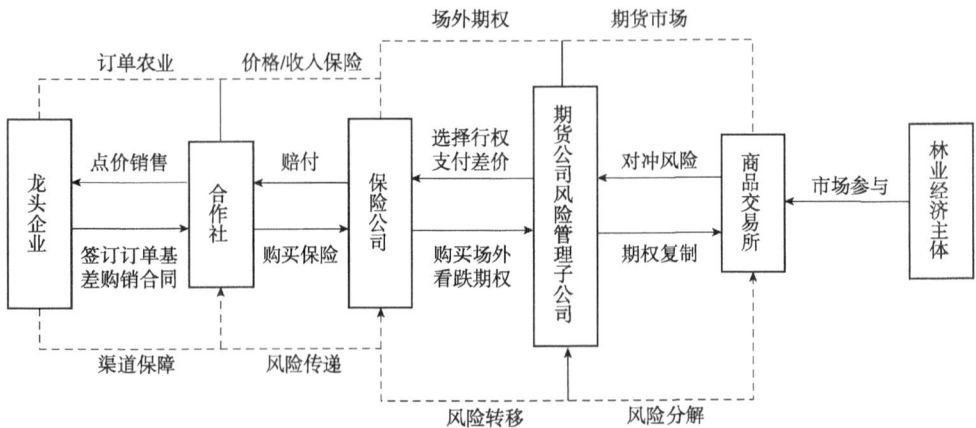

图13-7 "保险+期货+订单"合作模式

第十四章　林业保险财政补贴机制

本章主要围绕林业保险为什么补、怎么补、补多少等的问题，从林业保险财政补贴依据、财政补贴方式、财政补贴标准、财政补贴责任划分4个方面进行阐述。

第一节　财政补贴依据

一、林业保险的准公共物品属性

在市场经济体系中，人们需要的物品可以分为4类：第一类是私人物品，第二类是公共物品，第三类是自然垄断物品，第四类是共有资源。这里只讨论公共物品和私人物品。私人物品的收益和成本具有内部性，消费具有竞争性、排他性和效用的可分割性，此类产品在市场机制下可通过价格的调节达到资源的最优配置。与私人物品不同，当存在公共物品时，由于市场使得私人部门在生产和提供公共物品时无利可图，市场机制就会出现失灵，资源配置也就无法达到最优状态。一般的商业性保险产品具有私人物品性质，只有缴纳保费才能享受保障，少缴少保，不缴不保，保费和保额计算清楚，成本和收益的外部性较小。与一般私人物品和公共物品相比较，林业保险产品具有如下基本特征：

(一)林业保险在效用上具有一定的不可分割性

林业的使用价值一方面属于有形效用，即其木材和林产品能为人们直观感觉并满足人们生产和生活需要，因此出售这种使用价值，可以使其价值立即得到实现；而另一方面林业所提供的无形的生态效用，即涵养水源、固碳释氧、保持水土、调节气候、美化环境等，却被整个社会无偿享用，因此，林业保险受益者不仅仅是林业经营主体，还包括全体社会成员。

(二)林业保险在消费上具有一定的非排他性

非排他性是指任何人即便他不愿意为某物品或为他提供的服务付费，也不可能把他排除在该物品和服务的消费之外。一般来说，林业经营主体需要支付对价才能获得林业保险灾后补偿功能，即"谁投保，谁直接受益"，一定程度上体现了林业保险的私人物品的属性。但是在开展成效上看，林业保险的开展不仅使得投保标的实现了风险管理，也同时降低了周围未投保林木的风险损失概率，并在一定范围内发挥了维护生态稳定的效益，这表明林业保险在消费上具有一定的非排他性。

(三)林业保险在经营上具有利益计算的模糊性

因为保险的经营必须依赖大数法则，林业保险的经营规模如果不够大，就不可能在时间上和空间上分散风险，一旦发生灾害，将会造成更大的赔付，经营林业保险的成本就会很高。

当投保主体在林业生产中遭受自然灾害时，保险能够使其迅速得到灾损补偿，恢复生产，从而减少自然灾害造成的生产波动；林业再生产的恢复和生态效益的保持使整个社会的福利水平也得到了提高。但能够衡量的林业保险服务收益只能源于被保险对象，而整个经济社会获得的收益则无法详细计算。

由上述分析可见，林业保险产品从根本上来说，既不是完全意义上的私人物品，也不是典型的公共物品，而是介于二者之间，但更多趋近于公共物品，因此可以称其为"准公共物品"。

二、林业保险的正外部经济性

外部性是指某人或某单位的经济活动对其他人或单位所产生的非市场性的有利或有害的影响，前者称为外部经济，后者称为外部不经济。林业保险的收益具有一定的社会性和公共性。如图 14-1 所示，假定在没有保险时，林业的供给曲线是 S_0，需求曲线是 D，此时消费者剩余是 $P_1 A P_0$，生产者剩余是 $P_0 A O$。林业经营主体购买林业保险以后，由于保险有助于增加林业的供给，必然使供给曲线向右下方移动。移动后的消费者剩余净增量为 $P_0 A B P_2$，价格的变化使生产者剩余由原来的 $P_0 A O$ 变化为 $P_2 B O$。生产者剩余增量是正值还是负值，取决于林业保险费用与新增收入的差额。但对整个社会而言，社会福利的增量($\triangle ABO$ 的面积)总是正值，这说明引入林业保险可以提高整个社会的福利水平。从理论分析可见，引进林业保险，保险人并不得益，投保的林业经营主体在一定程度上获益，而消费者是最大和最终的受益者。从这个意义上讲，林业保险具有正的外部性。

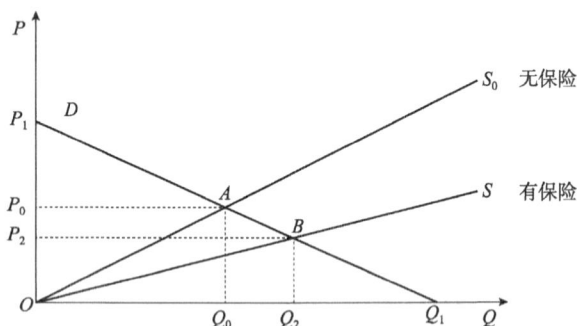

图 14-1　林业保险社会福利分析图

另外，从购买林业保险所获保障的直接效果来看，林业保险的消费具有排他性，不购买林业保险就不能在灾后获得经济补偿。然而，从经营林业保险的完整环节来看，却无法排除没有购买林业保险的林业经营主体从林业保险中受益的情况。保险公司在对林业保险标的物采取防灾防损措施时，没有购买林业保险的林业经营主体可以搭便车，如森林防火工作往往带有区域性，因而临近的未投保的林地也能从中受益。从这个角度来说，林业保险同样具有正的外部性。

(一)林业保险"消费"的正外部性与有效需求不足

如图 14-2 所示，林业经营主体购买林业保险进行消费时，其所获得的边际私人收益

为 MPR，而整个社会从中获得的边际社会收益为 MSR，此时，边际私人收益小于社会收益，即 $MPR<MSR$。在这种情况下，如果政府不给予保费补贴，林业经营主体自行承担林业保险的全部购买成本，会导致林业经营主体的边际私人成本大于整个社会的边际社会成本，即 $MPC>MSC$。在市场经济条件下，林业经营主体与社会林业保险的市场均衡量 Q_1 和 Q_2 均是按照边际成本等于边际收益的原则确定，此时，$Q_1<Q_2$，林业保险便产生有效需求不足的现象。

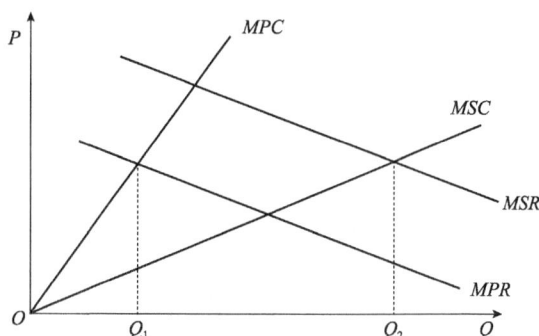

图 14-2　林业保险"消费"的正外部性与"有效需求不足"

目前我国林业经营主体从事林业生产的经济效益相对较低，用于林业生产与购买林业保险的可支配收入较少，这也导致林业经营主体的有效需求不足。同时，我国林地分布范围广，分权到户后，林业经营主体尤其是林农的林地经营规模小且分散，且林业经营主体因自给性需要与多样性种植以及经营土地空间布局的分散化与小型化，使得林业经营主体客观上产生了一种内在的风险调节与分担机制，这在一定程度上降低了遭受风险灾害的影响，进而影响了林业保险的有效需求。此外，林业经营主体会比较参保前后的预期利益。随着城镇化的加速，农村外出务工人口不断增加，林业收益在农民家庭收入中所占比例不断下降，即使遭受灾害损失，也不会对其家庭生活与林业生产经营造成严重的影响；即使有部分农户的支付能力较强，但因其对林业本身的预期收益不高，因此，在自愿投保且无补贴的条件下，其投保意愿普遍偏低。

（二）林业保险"生产"的正外部性与有效供给不足

林业保险承保风险的发生概率偏高，且损失集中，覆盖面大，导致其赔付率远高于一般的财产保险。同时，林权制度改革后，林业生产经营多为小型分散化，这导致林业保险的展业、承保、定损、理赔难度与强度加大，且林业保险运行中的道德风险与逆向选择问题，使得承保方经营成本与监督管理成本都较高。林业保险的高赔付率与高成本最终导致我国林业保险经营亏损严重。

如图 14-3 所示，在不考虑外部性的情况下，保险公司按照 $MSC=MPR$ 所决定的均衡数量 Q_1 提供林业保险。但由于林业保险的正外部性，保险公司所获得的边际私人收益小于边际社会收益，MPR 上升至 MSR 社会总的产出水平应为 Q_2，其中 $\triangle ABC$ 为边际外部收益。从利润最大化的角度看，对保险公司来说，提供 Q_1 的产量是相对合理的，此时价格为 P_1。而价格维持 P_1，保险公司提供社会所期望的产量 Q_2，必然会导致保险公司经营亏损。因此，在政府不对保险公司开展林业保险业务提供经营费用补贴与资金支持以及税收优惠等政策性扶持的情况下，林业保险的正外部性会产生这样的结果：保险公司的最佳供给量小于社会期望的最佳供给量。在此情况下，必然会导致林业保险的供给不足，造成市场失灵。

(三) 林业保险财政补贴纠正林业保险消费的正外部性

从社会福利角度来看，资源配置出现了低效率状态，帕累托最优未能实现。外部性干扰了资源的最优配置，为了达到一个较好的经济效率，政府要为正外部性的制造者提供经济补偿，促使其扩大生产规模，以满足社会需求。政府应补贴产生正外部性的生产者或消费者，实现正外部效应的内在化，使社会产出水平达到最优。图 14-4 为林业保险财政补贴效应示意图，林业保险需求曲线为 D，由于林业保险具有高风险性，保险公司追求利润最大化，供给数量较少，供给曲线为 S，在自愿投保条件下，由于没有政府财政补贴，林业保险处于市场失灵状态，需求曲线 D 和供给曲线 S 不会相交或相交于很小的均衡数量水平上。若相对价格维持在原有水平，当政府对保险公司补贴额度为 T_1 单位时，保险公司的供给曲线向左下方平移至 $S+T_1$，与需求曲线 D 相交于均衡点 Q_1。当政府对投保林业经营主体提供保费补贴 T_2 时，提高了林业经营主体的支付能力，林业保险的需求曲线向右上方平移至 $D+T_2$，与供给曲线 S 相交于均衡点 Q_2。而当政府对保险公司和林业经营主体同时提供补贴时，这时的供需均有一定程度的增加，实现均衡产量 Q_3。由此可以看出，政府通过对林业保险市场进行财政干预，使市场失灵现象得以改善，优化了资源配置，实现了林业保险有效供求量的增加。因此，可以说林业保险保费补贴具有转移性支出的性质，其目的就是纠正林业保险消费的正外部性，从而促进林业保险市场有效发展。

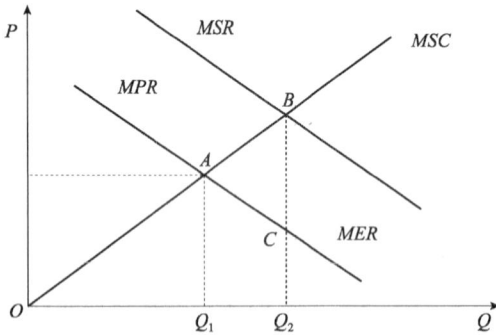

图 14-3　林业保险"生产"的正外部性
与"有效供给不足"

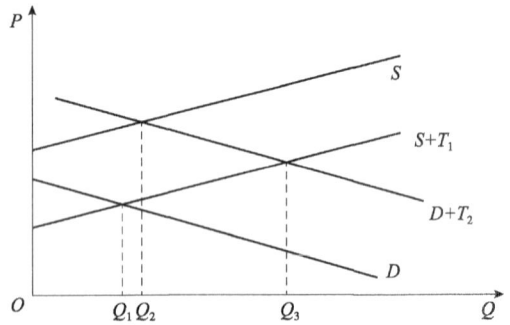

图 14-4　林业保险财政补贴效应

三、林业保险财政补贴的经济学机理

如前所述，林业保险是一种准公共物品，具有极大的正外部性，因此，政府的直接经营或大量补贴是林业保险发展的必要条件，也是发达国家林业保险发展中的共同做法。

（一）林业保险补贴福利最大化

在图14-5中，没有林业保险的商品市场中林产品的供给曲线用S_0表示，现假设引进林业保险制度，林业经营主体支付全部的保险费用，保险会减少林业经营主体的生产损失，供给曲线由原先的S_0下移至S_1。当需求缺乏弹性时，林产品价格由原先的P_0降到P_1，消费者获得的消费者剩余为P_0ADP_1。林业经营主体原来生产Q_0产量的成本可以减少AC，净节省费用$\triangle OAC$；这种费用的节省会使林业经营主体即使没有补贴也会购买林业保险。对整个社会来说，净福利大小是$\triangle OAD$的面积，其大小取决于供给曲线由S_0到S_1的移动程度。因为所支付的保险费已经包含在S_1里，因而$\triangle OAD$的面积所显示的福利所得就可以衡量引进无补贴的林业保险的社会价值。当林业经营主体的参与程度提高，林产品供给弹性增大，社会福利的增量会增加。但生产者剩余逐渐减少并向消费者转移，以至生产者的最终利益比引入林业保险前减少，导致林业的平均利润下降。因此，政府应通过补贴林业保险，把此部分超额剩余返还到林业经营主体手上。补贴实际上使供给曲线进一步下降到S_2，均衡产量由Q_1增加到Q_2，而林产品价格也进一步下降到P_2。很显然，补贴后社会福利增加了$\triangle ODG$，小于补贴的成本P_2P_3FG，但这部分社会净损失已通过政府补贴的形式转移给保险公司。其本质只是政府对社会资源的合理再分配，这种合理分配的结果是使消费者获得更多消费者剩余，林业经营主体因参保获得较高的风险保障，保险公司获得了政府补贴并进一步增加林业保险的供给，最终实现了社会福利的最大化。

（二）林业保险补贴规模最优化

将林业经营主体的个人需求曲线加总，可得到林业保险的私人需求曲线D_X（图14-6），由于林业保险具有正的外部效益，其社会需求曲线应是个人外部效益需求曲线的纵向加总D_S。林业保险的社会总需求$\sum D$是D_X与D_S的横向加总而得。若没有政府补贴，市场均衡点在E_1点，价格为P_1，数量为Q_1。但由于该均衡点并未考虑到社会需求，因而相对而言是无效率的。政府介入林业保险市场后，通过财政补贴，可以使均衡点移至E_2点，但此时的价格为P_2，而林业经营主体个人消费实际负担价格为P_3，其间的差额就是需要政府补贴的部分。此时林业保险供求的均衡数量为Q_2，实现了资源配置效率的最优。

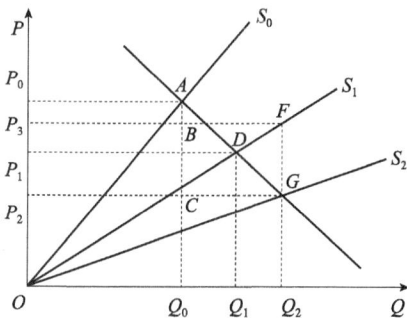

图14-5　有无补贴时的林业保险产品
　　　　消费者和生产剩余比较

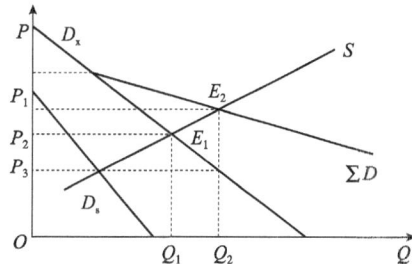

图14-6　林业保险最优补贴规模

第二节　财政补贴方式

根据以上分析可知，为了使林业保险市场实现供求均衡，政府既可以采用对林业经营主体进行保费补贴的方式，也可以采用对保险公司进行经营管理费用和再保险补贴的方式，而具体采用何种补贴方式关键取决于保费的构成形式。

一、直接补贴方式

直接补贴方式主要是指对投保主体即参与林业保险的林业经营主体提供保费补贴的方式。林业保险的保费补贴是针对投保方的一种转移性支出，其职能就是纠正林业保险消费的正外部效应，解决林业保险市场有效需求不足问题。通过对林业经营主体的保费进行补贴，减轻其保费负担，提高其投保积极性，以维护林业保险市场运营的有效性，发挥林业保险在保证森林覆盖率和促进林业产业振兴等方面的基础保障作用。从政府财政补贴形式上来看，主要是采用有条件、不封顶的配套补助方式，对被保险人提供林业保险保费补贴。

理论上，如果林业保险的费率厘定充分考虑了林业保险保费构成的所有要素，充分反映了林业保险经营成本、附加风险和盈利状况，即林业保险的实际费率等于其公平精算费率，那么，政府只需要对投保林业经营主体提供适度的保费补贴即可，因为保险公司的经营管理费用和利润都包含在保费中，因而无需对保险公司提供任何形式的财政补贴。

目前，我国林业保险采取的是针对投保方(林业经营主体，包括林农和新型林业经营主体)给予保费补贴的直接补贴方式。林业保险补贴工作运行机构层级一般为中央、省级、地级市、县(市、区)四级，在省直管县的地区，补贴层级则为中央、省、试点县(市、区)三级。

二、间接补贴方式

间接补贴方式主要针对林业保险市场上承保主体有效供给不足问题，通过降低保险公司经营成本和费用，并建立风险补偿机制来提高保险公司承保积极性。

主要包括：其一，经营成本补贴。其二，税收优惠：直接减免保险业务的所得税和营业税；允许保险公司将盈利年份的部分保费收入不计入当期利润，而是作为未来赔付的准备金放入专门账户，以备大灾之年赔付之用。其三，提供再保险支持。其四，巨灾风险补偿基金：由中央政府或省级政府建立巨灾风险补偿基金。其中前两者是对保险公司经营成本的补贴，后两者是针对林业保险产品的高风险特性，建立风险补偿机制。

采取多样化的补贴方式，有利于从供求双方解决林业保险市场失衡的矛盾，有助于提高财政补贴效率。因此，除了保费补贴方式，发达国家基于林业保险高风险和高经营成本的特征，普遍对保险公司给予经营费用补贴，并建立了完善的巨灾风险补偿机制；国外实践证明了间接补贴模式的有效性。本部分仅对经营成本补贴、税收优惠、再保险这3种间接补贴方式予以讨论。

(一)经营成本补贴

经营成本补贴主要针对林业保险市场上承保主体有效供给不足问题，林业保险业务经营成本高，为降低保险公司经营成本和费用，充分调动保险公司开展林业保险业务的积极性，需在一定比例范围内对林业保险提供经营成本补贴。同时，为防止林业保险经营管理费用补贴导致保险公司淡化责任、保险工作效率不高的问题，在采用经营管理费补贴这种方式时，一定要合理测定不同地区的林业保险业务的费用率，根据费用情况的差异，实行差别费用补贴比例。此外，为了激发基层林业管理部门和工作人员为林业保险经营机构的承保、查勘、定损等工作提供宣传和技术支持，财政也可对基层林业部门给予一定的协办费用补贴，以解决基层林业站林业保险工作经费缺乏的问题。

(二)税收优惠

对林业保险各参与主体进行税收优惠也是林业保险财政补贴的一项重要内容。对林业保险经营机构来说，税收优惠政策实施的意义在于减轻其经营负担，获得收益。因此，为了提高林业保险经营主体的自我积累能力与承保积极性，应积极扩大对林业保险业务的税收优惠力度。具体包括以下几个方面：①对于各种林业保险经营主体，不论商业保险公司或是林业经营主体共保组织，可享有直接免征或减征保险经营所得税的优惠。②允许林业保险经营主体从经营盈余中扣除一定比例的资金作为保险准备金放入专门账户，并允许其在税前扣除，以备大灾之年赔付之用，增加林业保险经营主体的资金实力和风险抵抗能力。③扩大营业税和印花税的免征范围，为林业保险顺利开展提供更为宽松的税收条件。

(三)再保险机制

提供再保险支持旨在针对林业保险产品的高风险特性，建立风险补偿机制。林业风险的发生具有地域相对集中的特点，普通保险所遵循的大数原理难以在较小地域内实现，需要在全国范围内实行再保险。但实际情况是，许多商业性再保险公司考虑到林业风险的特殊性、经营林业风险收益的可观性以及自身承受风险能力，往往不愿意开办与林业保险相关的业务。解决这个问题的一个有效途径就是建立政策性的林业再保险体系，依托现有的中国再保险公司，由政府对林业再保险业务提供财政支持，并进行监督管理。

政策性再保险公司可以在以下两个方面发挥作用：一是运用再保险机制扩大林业保险在全国的开展范围，使更多的林业经营主体参与其中，从而提高其从事林业生产经营的积极性，保障林业生产的收益；二是对每个地区林业保险经营机构的亏损进行适当的补偿，担当后盾的角色。当遭受严重的林业风险灾害时，保险公司要提供较高的赔付额，这导致保险公司自身的收益偏低；而政策性再保险公司可对保险公司进行经济补偿，确保保险公司获得不少于社会市场平均水平的利润，保障保险公司的正常经营与运转。此时所产生效益的受益者是参与保险的各个主体，因而也就同时调动了被保险人、保险人双方的积极性。因此，政策性林业再保险公司具有降低保险公司经营风险、提高其承保能力、维持其业务稳定的优点，同时也保证了林业经营主体以可以接受的保费率参与林业保险，一定程度地刺激了林业经营主体的参保需求，具有很大的可行性和效益性。目前我国再保险市场较为薄弱，尤其需要从国家层面提供再保险支持。利用政策性再保险公司的巨灾风险分散功能，既可以使林业风险在全国范围内得以最大程度分散，维持全国林业生产稳定，又可以补贴各省份林业保险亏损。

三、直接与间接补贴相结合方式

直接补贴与间接补贴相结合方式即是指对供需双方提供财政补贴。由于林业风险具有风险单位与保险单位的非一致性、广泛的伴生性和弱可保性等特点，导致林业风险的识别、度量和评估存在难以克服的困难，林业保险的公平精算费率难以准确厘定。而我国林业保险经营技术水平较低，科学的保费厘定机制尚未建立，再加上林业风险灾害种类多、发生频率高、损失规模大等特点，使得林业保险的纯保费率、经营费用率和附加费率都很高，这导致林业保险的公平精算费率要比普通财产保险高出数十倍。目前，由于现行的保费定价机制并没有涵盖林业保险保费成本的所有影响因素，我国林业保险的实际保费率(如商品林综合险费率为 2‰~5‰，公益林综合险费率为 2‰~4‰)远低于其公平精算费率，如果采取单一针对林业经营主体的保费补贴方式，将无法有效解决林业保险市场的供需矛盾问题。因此，根据我国林业风险和林业保险特点，财政补贴方式应进行适当的调整，政府除了向林业经营主体提供保费补贴以外，还应该对保险公司提供管理费用和再保险补贴等(图 14-7)。

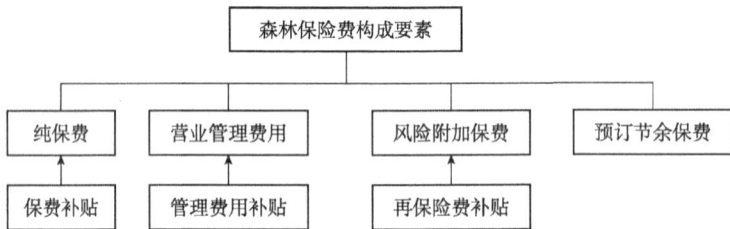

图 14-7 林业保险保费分解与财政补贴方式选择

根据以上对林业保险保费的分解，无论是实行单一的保费补贴，还是同时实行保费补贴、经营管理费用补贴和再保险补贴，其实质都是对公平精算保费的补贴，两种情况本质上是一致的。而且在第二种情况下，保险公司并没有获得额外利益，因为这些费用成本本应是保险价格的组成部分，只是承担主体不同而已。

第三节　财政补贴标准

财政补贴标准主要涉及财政补贴规模和财政补贴比例两个方面。在本节讨论林业保险补贴标准时，主要是指保费补贴标准。

一、财政补贴规模

(一)财政补贴规模与决定因素

财政补贴规模即财政补贴额，指绝对数量。就林业保险来说，财政补贴规模是财政对林业保险的补贴额，一般指保费补贴额。补贴规模=保费×补贴比例=保险金额×保费率×补贴比例。根据这一定义式，保险金额、保费率及政府财政实力等是决定财政补贴规模的主要因素。一般来说，保险产品的纯费率越高，财政补贴越多，而纯费率越低，财政补贴则越少；保险项目或产品的保障水平越高，财政补贴率越低，而保障水平越低，财政补贴率则越高；政府财力越充足，财政补贴也就越多，反之，财政补贴就越少。

（二）补贴规模确定模型

目前，针对投保主体的保费补贴是财政补贴最主要的方式，因此，就林业保险保费补贴规模进行探讨。林业保险最优保费补贴规模的确定主要包括基于政府最优效益视角的补贴模型和基于供需均衡视角的补贴模型。

1. 政府最优效益视角的补贴模型构建

在构建中央和地方林业保险补贴比例模型中要考虑如下几个原则：

一是体现林业保险的公共产品特征。由于林业具有裸露于自然的特殊性，气候的变化不可避免地使林业遭遇各种风险，这种风险还会造成一些公益性功能的损害，林业公益效益属于公共产品的生产，具有明显的非竞争性和非排他性，因此，应对其灾害风险给予一定的财政补贴。公共产品的提供一般强调政府的责任，需要借助政府的力量，因此无论是地方还是中央财政，必须承担主要的供款责任。

二是符合事权与财权一致性的要求。分权制要求财权与事权相对应，依据职责分工划分各级政府的事权，进而划分其支出责任。中央政府相应的事权需要有相应的财政支持，才能确保跨区域林业公益效益的发挥。对于地方享有的林业公益效益，地方财政负责具体的管理事务，也必须承担相应的财政责任。

三是考虑受灾林业恢复责任的现实分担机制。林业公益效益是一种公共产品，每个公民既有享受的权力，也有提供某种形式贡献的义务。然而，不可能每个人都参与林业经营，实际上只能由林业经营主体负担林业生产与经营工作，当林业因为林火或者病虫害、气象灾害等受到损毁，林业恢复的工作往往是由林业经营主体承担主要责任，而那些实际收益者并没有参与其中，因此开展林业保险补贴更有利于实现公共产品成本费用分摊与受益的直接挂钩，即得到多少，就应该负多大责任，对于公众的义务履行，显然政府是最好的代表。

四是满足补贴的效率要求。林业保险补贴的负担比例还不能以林业效益发挥的比例来简单地确定，一方面是效益总量的优化，另一方面是要兼顾到东西部之间、城乡之间差距，更好地弥补林业发展和资金的不平衡，同时还存在地方资金与中央资金使用的效率差异问题。根据以上原则，设：

政府收入为 GI，区分为中央政府收益 GIC 和地方政府收益 GIL，则有：

$$GI = GIC + GIL \qquad (14\text{-}1)$$

政府补贴金额为 C_g，其中中央政府补贴金额为 CC_g，地方政府补贴金额为 CL_g，则有：

$$C_g = CC_g + CL_g \qquad (14\text{-}2)$$

中央和地方林业保险补贴的优化模型可以建立如下，同时要满足政府总收益的最大化：

$$\text{Max}(GI - C_g) = (GIC + GIL) - (CC_g + CL_g) \qquad (14\text{-}3)$$

根据保险补贴确定模型计算的政府最佳补贴额度为 C_g，此处 C_g 是常数。则根据范围经济理论，约束条件为投入的边际收益相等时效益最优，即：

$$\frac{\partial\ GIC}{\partial\ CC_g}=\frac{\partial\ GIL}{\partial\ CL_g}=0 \tag{14-4}$$

对目标函数求导可以得到，$\text{Max}(GI-Cg)=0$ 时，总效益最优。因此会得到最优化条件为：

$$\frac{\partial\ GIC}{\partial\ CC_g}=\frac{\partial\ GIC}{\partial\ CL_g}=0 \tag{14-5}$$

即中央和地方林业保险投入的边际效益均为 0 时，中央和地方林业保险补贴处于最优状态。如图 14-8 所示，林业公益效益并不是随着保险补贴的增加而无限增长，而是存在一定的点，使得增加保险补贴带来的林业公益效益达到最大。中央和地方财政补贴的效益函数不同，因此会出现不同的比例。

实际上可能存在一种极端的情况，即如果中央和地方都不补贴，林业保险工作不能开展，同时林业恢复工作不能有效进行，此时假设林业公益收益和投入资金之间的关系在初期为线性增长，增长到一定程度后出现极值点，如图 14-9 所示。此时，$GIC=aCC_g$，$GIL=bCL_g$，a、b 是系数。

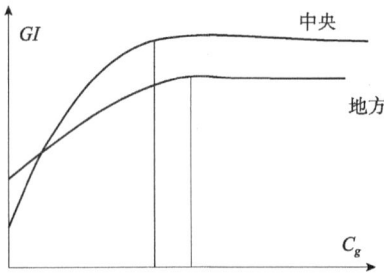

图 14-8　中央和地方林业保险补贴及效益　　　图 14-9　线性分布的补贴效率

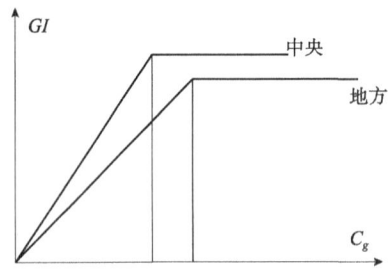

中央和地方补贴比例可以表示为：

$$\frac{CC_g}{CL_g}=\frac{bGIC}{aGIL} \tag{14-6}$$

式中，a，b 分别是中央和地方财政资金的投入效率。此时也存在极端的情况，即假设中央政府与地方政府的资金投入效率相等，即 $b=a$，则 $\dfrac{CC_g}{CL_g}=\dfrac{GIC}{GIL}$。

过高的财政补贴会有两方面的弊端，一是财政资金投入到并不是必然需要补贴的地方，影响了资金的使用效率；二是现有的补贴过多地补给了保险公司，没有起到城市对农村转移支付的作用，削弱了财政的平衡经济杠杆的效能。从模型的推导来看，如果林业经营主体和保险公司之间的利益关系只有单方制约关系的话，就没有一个最优点，往往是保费越高，保险公司收入越高，如果存在一定的垄断，保险公司会从自身效益出发，制定更有利于自身效益增长的费率水平；实践证明，垄断不但损害了经济福利，同时也损害了经济效率。为了达到财政补贴均衡状态，需要发挥市场作用，使农户作为市场生产经营的主体，而市场中有多家保险公司供选择，这样通过一段时间的竞争，市场会自己寻求一个优化的均衡。只有鼓励竞争的市场机制，才能够使得农户参与林业保险的福利效益达到最优的状态。

2. 市场供需均衡视角的补贴模型构建

只有当需求方林业经营主体对林业保险愿意支付的最高保费大于供给方保险公司愿意接受的最低保费时，一份保险合同才有可能在这两个价值之间的某个价格成交。而当需求方林业经营主体对林业保险愿意支付的最高保费小于供给方保险公司愿意接受的最低保费时，无法完成合同交易；此时，政府对林业保险进行补贴就是要弥补这个差额，这样可使得需求方林业经营主体和供给方保险公司双方都能得到满足。

假定某一地区可供选择的保障水平为 $V_i(i=1, 2, \cdots, n)$，n 为所提供的林业保险保障水平层次，投保主体可依据自身风险保障需求自主选择；该地区的林业保险费率水平为 r。当林业经营主体计划为某一林地进行投保，且在 V_i 保障水平下该林业经营主体愿意为此林地支付的保费额为 P（一般情况下，$P \leqslant r \times V_i$）；此时，政府需弥补保险公司保费水平与林业经营主体支付意愿之间的差额，即政府需补贴的财政支出额 S 为：

$$S = V_i \times r - P \tag{14-7}$$

则政府保费补贴率 t 为：

$$t = \frac{V_i \times r - P}{V_i \times r} \tag{14-8}$$

此外，不同地区林业保险费率水平不同，且不同地区林业经营主体的风险管理与保障偏好及其对林业保险的支付意愿等均存在差异，导致政府对不同地区的保费补贴水平也不同。此外，林业保险保费补贴水平还随着各个地区的保险赔付比例、经营成本比例以及保险公司利润水平的不同而有所变化。

二、财政补贴比例

财政补贴比例由财政补贴规模和财政体制决定，财政补贴规模的确定可相应地确定财政补贴占总保费的比例，即总财政补贴比例。同时，根据财政体制确定总财政补贴比例在各层级政府的分配，也即在确定财政补贴规模后，补贴额需在各级政府间进行份额分配。我国中央财政补贴的林业保险工作运行机构一般为中央、省级、地级市、县(市、区)四级，在省直管县的地区，补贴层级则为中央、省级、试点县(市、区)三级(图14-10)。

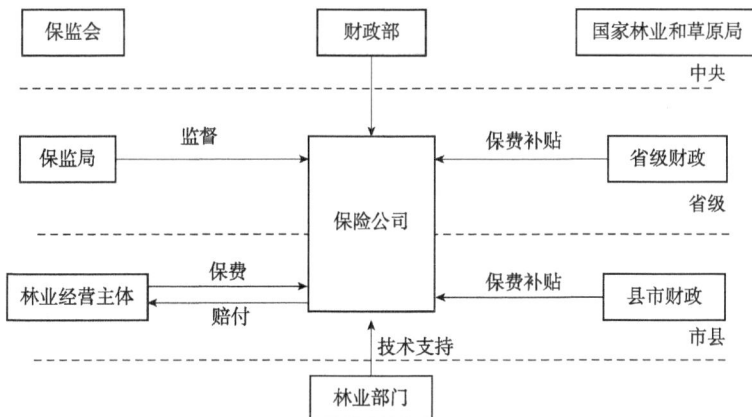

图 14-10 中央财政林业保险保费补贴运作模式

> **专栏**
>
> ### 我国森林保险财政补贴方式
>
> 　　我国中央财政补贴的森林保险工作运行机构为中央、省级、地级市、县(市、区)四级,在省直管县的地区,补贴层级则为中央、省级、试点县(市、区)三级。中央财政的补贴比例为30%,省级财政的补贴比例低则25%,高则30%;市级及以下财政承担的补贴比例低则5%,高则25%。2018年,我国公益林保费合计25.39亿元,财政补贴合计24.16亿元,占95.14%,其中,中央财政补贴13.20亿元,省财政补贴7.63亿元,市县财政补贴3.33亿元,所占比例分别为51.98%、30.03%、13.13%;商品林保费合计9.37亿元,财政补贴合计7.00亿元,占比为74.72%,其中,中央财政补贴2.81亿元,省财政补贴2.85亿元,市县财政补贴1.34亿元,所占比例分别为30.05%、30.38%、14.29%。
>
> 　　目前,我国财政对森林保险实行的是固定比例和"倒补贴"的政策,要求在林业经营主体保费收缴、县市和省级财政的补贴到位后,才予以配套中央财政补贴。

第四节　财政补贴责任划分

　　财政补贴责任划分是指林业保险财政补贴责任如何在中央与地方财政之间作合理界定与划分。林业保险的发展离不开政府财政补贴的支持,但为保障政府财政补贴的有效性,需要对政府财政补贴责任进行划分界定,明确具体责任。

　　由于林业保险的准公共物品属性,在分级财政、预算约束的财政体制下,应强化中央财政支持的核心作用,同时发挥地方政府的积极性,构建中央财政与地方财政相结合的林业保险财政补贴体系。中央政府所追求的是在保险公司不受损的情况下,实现社会整体福利水平的最大化,中央承担的财政责任是地方政府收益之外的具有全局性的林业功能的恢复,即追求以较小的财政支付获取最大化政策目标的实现,主要包括生态和社会两个目标。而地方政府所追求的则是区域社会效应、生态效益以及经济效益的最大化,既希望林业保险的实施能加大中央财政的转移支付,使得地方生态安全得到保障,同时又能推动地方生态与经济的协调发展,主要包括生态和经济(政绩)两个目标。

一、责任划分依据

　　财政事权是各级政府应当承担的使用财政资金提供基本公共服务的任务和责任,即"政府需要做什么",以及对财政资金的支配、使用和管理权力;支出责任是政府各级履行财政事权的支出义务和保障,也就是"政府需支出资金"。财权属于各级政府增加财政收入的权利,包括税权、费权和债权,而自筹财政资金加上上级转移支付就形成了一级政府的总财力,即"政府可获得资金"。政府间财政事权和支出责任划分的理论框架表现为"政府需要做什么——政府需支出资金——政府可获得资金"的关系链,这个关系链将财政事权、支出责任、财力和财权4项连接在一起。

　　财政事权划分的前提是界定政府与市场之间的边界,定义政府和市场各自的职能,如公共服务由于非盈利性,市场缺乏自动力,所以提供者只能是政府。在此基础上,按公众不同的服务需求，各级政府根据公共服务属性来界定、划分财政事权的范围，这是支出责任的前提，各级政府承担多大的财政事权，则需承担多大的支出责任；同时，支出责任也是财政事权顺利实施的保障，因此，有必要确保财政事权与支出责任相协调。接下来便是按照政府支出责任的规模决定筹集资金的数量，体现为财力、财权与支出责任的匹配。我国作为一元制中央集权国家，不宜采用西方联邦制度下的财政分权体制，中央政府适当地集中财权以统筹安排，同时政府将利用转移支付来调整地方财政差距、促进基础公共服务均等化更符合我国国情，此时中央政府财权大于财力需求。地方政府财权小于财力需求，地方政府需要依靠自筹资金和上级转移支付，来确保财力与支出责任相匹配，以满足公众服务资金需求的目标。此外，根据受益范围，政府是基本公共服务的提供者；根据公共物品理论，公共物品按其外部性进行区域划分；根据其外部性，公共产品和国家公共产品分为不同的层次。因此，地方政府提供地方基本公共服务，政府提供国家基本公共服务。

中央政府和地方政府的激励机制是一种很好的内部激励机制，政府应履行职责，提高政府运行效率；同时，在公共选择理论中"经济人"假设表明政府本身具有"经济人"的特征，会选择做出有利于政府官员的决定。这将以一种平衡的方式实现财政权力与支出责任的匹配。此外，公共产品的外部性决定成本与效益的不匹配，解决外部性问题的途径是整合外部性使得成本内部化。奥茨的"分权定理"提出，如果在全国范围内，一些公共物品在圈地内平均分配，由中央政府和地方政府提供，而在商品成本相同的情况下，让地方政府做出帕累托最优，向当地居民提供产出总是比中央政府更有效，因为地方政府更了解辖区内居民的效用和需求。这说明财政权力的划分应充分考虑信息获取的比较优势。

二、事权划分特征

在现行管理办法下，我国林业保险保费补贴责任是由多方共同承担的。不同的政府部门、不同层级的政府都对林业保险保费补贴承担着相应的事权责任。

（一）中央及地方政府共担补贴责任

林业保险保费补贴是中央和地方政府共同的事权。2021年财政部下发的《中央财政农业保险保费补贴管理办法》明确，地方政府自愿对于已基本完成林权制度改革、产权明晰、生产和管理正常的公益林和商品林开展保费补贴工作。在地方自愿开展补贴工作，并且地区情况符合条件的基础上，财政部按照林业性质给与相应的补贴支持。就当前开展较为广泛的公益林保险来看，中央承担的森林保险保费补贴责任最大，省级财政次之，市县级财政补贴为补充支持；对于一些特殊地区，如大兴安岭林业集团公司，中央政府实行单独的补贴政策，加大中央转移支付力度。

（二）中央主导地方参与的补贴模式

林业保险保费补贴政策是中央为保障林业资源的可持续发展而建立的政策，体现了中央对于加强生态环境建设的战略布局。在对补贴政策进行起草和发布的过程中，中央都处于主导地位，由中央规定保险标的认定标准和央地间补贴责任划分比例。地方政府除参与保费补贴政策的实施外，中央还鼓励地方政府结合本地区的情况，对险种、保费、费率进行合理调整，以制定更加适应当地发展的补贴模式。地方政府需依据当地林业保险的实际开展状况，对林业保险进行一定比例的保费补贴。就当前我国林业保险保费补贴机制而言，中央财政的转移支付是在地方各级财政按时缴纳最低比例补贴的前提下进行的，只有当下一级政府完成补贴责任的支付后，上一级政府才会开始履行补贴责任；而当下级政府无法按时支付补贴金额时，上一级政府也不会启动补贴流程，最终导致中央政府不会对该地区的林业保险进行补贴支持。

三、责任划分影响因素

在央地共同承担林业保险保费补贴事权的前提下，如何科学地划分央地责任比例成为一项需要深入研究的课题。现行的森林保险财政补贴机制采取的是各地区一刀切的补贴比例，中央对除计划单列市和森工集团有特殊政策外，其余地区均采取统一的央地补贴比例。此方法有明显的平均化倾向，区域间不公平性问题突出，拉大了各地区林业保险发展的差距。在进行央地责任分配时应明确责任划分依据，综合考虑自然条件、灾害水平、经济实力等因素，并针对不同因素的重要程度，确定合理的权重水平（表 14-1），进而结合地方实际情况制定出央地政府转移支付的差异化比例政策。

表 14-1　细分指标体系

一级指标	二级指标
林业资源状况	森林与林地面积等
林业产业发展情况	林业总产值
	林业经济贡献率
风险灾害水平	火灾次数
	火灾受损率
	病虫鼠害受损率
财政经济实力	地区 GDP
	财政收入
	农村居民人均可支配收入

（一）各地区林业资源状况

各地区林业资源状况是对总体保费补贴规模影响最大的基础指标。由于自然、历史原因，我国各地区林业资源分布情况有很大的差异。我国东北、西南地区，林业资源分布相对集中；华北、中原及长江、黄河中下游经济发达地区，林业资源分布较少。林业资源状况是决定保费总额的主要数据，地区林业资源越丰富，如森林与林地面积越大，林业保险需求就越高，进而保费总额就会越大，导致地方政府对该地的保费补贴支出负担就会越大。因此，在进行央地责任划分时，中央财政应适当加大对林业资源地区的转移支付力度，减轻地方政府的财政负担压力，保证林业资源丰富地区林业保险的稳步推进。

（二）各地区林业产业发展情况

林业总产值与林业经济贡献率是反映地区林业产业发展情况的重要指标。林业总产值反映地区林业产业的总体发展情况；林业总产值越高，说明林业经济对当地的经济发展越重要。林业经济贡献率即林业产值占当地 GDP 比重，反映地区经济对林业经济的依赖程度；对于林业经济贡献率高的地区，林业保险保额的设定应适当提高，以保证在发生风险灾害时当地经济发展不受到重大影响，且各级政府越应加大对这一类地区林业保险的补贴支持力度，提高对当地林业资源的保护程度，同时在进行央地责任划分时，中央财政应适当加大对这一类地区的转移支付力度，减轻地方政府的财政负担压力，保证这一类地区林业保险的稳步推进。

(三) 各地区风险水平

各地区风险水平主要指地区林业发生灾害的概率，风险水平的高低影响当地保费率的高低。目前我国林业灾害主要以火灾和有害生物灾害为主。各地区由于地理位置、环境气候条件以及监管水平的差异导致灾害发生的概率不同。在年平均气温高、湿度低且风力大的地区，林业火灾发生的概率和总体受灾面积往往要大于其他地区。对于出险次数较多的地区，往往保费水平也会相应较高，地方财政的补贴责任也会增加。中央政府应对灾情高发地区提高转移支付比例，替地方政府承担更多的补贴责任。

(四) 各地区财政实力

各地区的经济实力是影响地方政府顺利推行林业保险的重要因素。由于我国实行中央、省、市、县四级财政联动的"倒补贴"机制，地方政府能否按时按额提供保费补贴影响着中央政府能否按时进行转移支付。当地方财政实力较弱、经济发展水平过低导致地方政府和林业经营主体无法足额缴纳基础保费时，该地区将无法持续开展林业保险业务。因此在进行央地责任划分时，中央政府应充分考虑地区的财政与经济实力，对于地方财政与经济实力弱的地区，中央应增加转移支付比例，减轻地方政府补贴压力；对于地方经济实力强的地区，中央应减少转移支付比例。通过差异化的转移支付比例，增加中央财政的资金使用效率，降低区域间财政不公平现象，提高地方政府推进林业保险的积极性，保障各地区林业保险共同发展。

参考文献

曹兰芳，彭城，文彩云，等，2020. 集体林区异质性农户森林保险需求及差异研究：基于湖南省 500 户农户面板数据[J]. 农业技术经济(5)：82-92.

冯祥锦，2012. 森林保险投保行为研究[D]. 福州：福建农林大学.

冯祥锦，黄和亮，杨建州，2012. 森林保险投保行为博弈分析[J]. 福建农林大学学报(哲学社会科学版)，15(2)：59-62.

富丽莎，汪三贵，秦涛，等，2022. 森林保险保费补贴政策参保激励效应分析：基于异质性营林主体视角[J]. 中国农村观察(2)：79-97.

高播，张英，赵荣，等，2016. 政策性森林保险制度设计创新研究[J]. 林业经济，38(2)：27-32.

黄文才，2008. 森林保险问题探讨[J]. 中国林业经济(3)：60-62.

黄祖梅，2014. 不完全信息下带有免赔额条款和共保条款的森林保险博弈分析[J]. 征信，32(8)：74-77.

孔繁文，刘东生，1985. 关于森林保险的若干问题[J]. 林业经济(4)：28-32.

冷慧卿，2011. 我国森林火灾风险评估与保险费率厘定研究[D]. 北京：清华大学.

冷慧卿，王珺，2011. 我国森林保险费率的区域差异化：省级层面的森林火灾实证研究[J]. 管理世界(11)：49-54.

李彧挥，孙娟，高晓屹，2007. 影响林农对森林保险需求的因素分析——基于福建省永安市林农调查的实证研究[J]. 管理世界(11)：71-75.

李彧挥，颜哲，王雨濛，2014. 政策性森林保险市场供需研究[J]. 中国人口·资源与环境，24(3)：138-144.

林凯旋，2020. 农业信贷与保险联动支持农业发展：内在逻辑与改进路径[J]. 保险研究(04)：69-76.

秦涛，田治威，潘焕学，2017. 我国森林保险保费补贴政策执行效果、存在的主要问题与建议[J]. 经济纵横(1)：105-110.

秦涛，田治威，潘焕学，等，2014. 林业信贷与森林保险关联关系与合作模式研究[J]. 中国人口·资源与环境，24(3)：131-137.

秦涛，吴今，邓晶，等，2016. 我国森林保险保费构成机制与财政补贴方式选择[J]. 东南学术(4)：101-110.

孙晓敏，秦涛，张晞，等，2020. 基于文献计量分析的森林保险研究进展与展望[J]. 林业经济，42(11)：75-87.

吴希熙，刘颖，2008. 森林保险市场供求失衡的经济学分析[J]. 林业经济问题(5)：440-443.

许慧娟，张志涛，蒋立，2009. 关于构建复合型森林保险体系的探讨[J]. 林业经济(4)：30-37.

曾小艳，郭兴旭，2017. 我国林业巨灾风险的分散路径研究：基于大数定理的分析[J]. 林业经济，39(12)：68-71，79.

张长达，高岚，2011. 我国林业保险发展及制度探索[J]. 宏观经济管理(10)：50-51.

张长达，高岚，2011. 我国政策性森林保险的制度探讨：基于福建、江西、湖南森林保险工作的实证研究[J]. 农村经济(5)：83-86.

祝仲坤，2016. 农业保险中的道德风险：一个文献综述[J]. 农林经济管理学报，15(5)：613-618.

BRUNETTE M, COUTURE S, GARCIA S, 2014. Determinants of insurance demand against forest fire risk: an empirical analysis of French private forest owners [R]. Laboratoired'Economie Forestiere, AgroParisTech-INRA.

BRUNETTE M, COUTURE S, PANNEQUIN F, 2017. Is forest insurance a relevant vector to induce adaptation efforts to climate change? [J]. Annals of Forest Science(2)：41.

BRUNETTE M, COUTURE S, 2008. Public compensation for windstorm damage reduces incentives for risk management investments [J]. Forest Policy and Economics, 10：491-499.

BRUNETTE M, HOLECY J, SEDLIAK M, et al., 2015. An actuarial model of forest insurance against multiple natural hazards in fire (*Abies alba* Mill) stands in Slovakia[J]. Forest Policy and Economics, 55：46-57.

CIPOLLARO M, SACCHELLI S, 2018. Demand and potential subsidy level for forest insurance market in Demand and potential subsidy level for forest insurance market in Italy[R]. 7th AIEAA Conference - Evidence - based policies to face new challenges for agri - food systems Conegliano (TV)(06)：14-15.

HOLECY J, HANEWINKEL M, 2006. A forest management risk insurance model and its application to coniferous stands in southwest Germany[J]. Forest Policy and Economics(2)：161-174.

HOLTHAUSEN N, BAUR P, 2001. On the Demand for an Insurance against Storm Damage in Swiss Forests[J]. Journal Forestier Suisse, 155(10)：426-436.

LIU C, LIU H, WANG S, 2017. Has China's new round of collective forest reforms caused an increase in the use of productive forest inputs? [J]. Land Use Policy, 64：492-510.

MA N, LI C, ZUO Y, 2019. Research on forest insurance policy simulation in China[J]. Forestry Economics Review, 1(1)：82-95.

MA N, ZUO Y, LIU K, et al., 2015. Forest insurance market participants' game behavior in China: an analysis based on tripartite dynamic game model[J]. Journal of Industrial Engineering & Management, 8 (5)：1533-1546.

O'DONOGHUE E, 2014. The effects of premium subsidies on demand for crop insurance[R]. USDA-ERS Economic Research Report Number, 169.

PEREIRA R S, CORDEIRO S A, ROMARCO M L, et al., 2018. Cost of forest insurance in the economic viability of eucalyptus plants[J]. Revista rvore, 42(3): 22-28.

QIN T, GU X, TIAN Z, et al., 2016. An empirical analysis of the factors influencing farmer demand for forest insurance: based on surveys from Lin'an County in Zhejiang province of China [J]. Journal of Forest Economics, 24: 37-51.

RIBEIRO N D A, PINHEIRO A C, 2013. Forest property insurance: An application to portuguese woodlands[J]. International Journal of Sustainable Society(3): 284-295.

SABIROV, AYDAR, 2014. Problems of risk insurance at natural disasters in agriculture and forestry[J]. Vestnik of the Kazan State Agrarian University(4): 51.

SACCHELLI S, CIPOLLARO M, FABBRIZZI, 2018. A GIS-based model for multi scale forest insurance analysis: The Italian case study[J]. Forest Policy and Economics, 92(1): 106-118.

SAUTER P A, HERMANN D, MUSSHODD O, 2018. Are foresters really risk-averse? a multi-method analysis and a cross-occupational comparison[J]. Forest Policy and Economics, 95: 37-45.

SAUTER P A, MÖLLMANN T B, ANASTASSIADIS F, et al., 2016. To insure or not to insure? analysis of foresters' willingness-to-pay for fire and storm insurance[J]. Forest Policy and Economics(73): 78-89.

XIN F, DAI Y W, 2019. An innovative type of forest insurance in China based on the robust approach[J]. Forest Policy and Economics, 104(7): 23-32.